教育部哲学社会科学研究重大课题攻关项目
"女性高层次人才成长规律与成长路径研究"
（项目批准号：10JZD0045-2）

教育部哲学社会科学研究重大课题攻关项目
《女性高层次人才成长规律与发展对策》系列丛书
主编 罗瑾琏

职业女性的发展与工作—家庭关系研究

闫淑敏等 著

WOMAN

中国社会科学出版社

图书在版编目（CIP）数据

职业女性的发展与工作—家庭关系研究/闫淑敏等著．—北京：中国社会科学出版社，2015.4

（《女性高层次人才成长规律与发展对策》系列丛书）

ISBN 978 – 7 – 5161 – 5837 – 1

Ⅰ．①职…　Ⅱ．①闫…　Ⅲ．①女职工—工作—关系—家庭—研究　Ⅳ．①C913.68

中国版本图书馆 CIP 数据核字（2015）第 063902 号

出　版　人	赵剑英
责任编辑	王　曦
责任校对	周晓东
责任印制	戴　宽

出　　　版	中国社会科学出版社
社　　　址	北京鼓楼西大街甲 158 号
邮　　　编	100720
网　　　址	http：//www.csspw.cn
发　行　部	010 – 84083685
门　市　部	010 – 84029450
经　　　销	新华书店及其他书店

印　　　装	北京君升印刷有限公司
版　　　次	2015 年 4 月第 1 版
印　　　次	2015 年 4 月第 1 次印刷

开　　　本	710×1000　1/16
印　　　张	16.5
插　　　页	2
字　　　数	285 千字
定　　　价	52.00 元

凡购买中国社会科学出版社图书，如有质量问题请与本社营销中心联系调换
电话：010 – 84083683

目　　录

序言……………………………………………………………………… 1

第一章　女性与职业发展………………………………………………… 1

　第一节　职业女性职业生涯发展的特殊性…………………………… 1

　第二节　女性角色对职业发展的影响………………………………… 3

　　一　角色定位带来的工作—家庭问题……………………………… 3

　　二　企业组织环境带来的职场障碍………………………………… 4

　　三　性别特征带来的职业变动……………………………………… 5

第二章　职业女性的工作—家庭研究脉络……………………………… 6

　第一节　研究框架与方法……………………………………………… 6

　第二节　相关研究综述………………………………………………… 7

　　一　职业生涯发展阶段理论………………………………………… 7

　　二　职业路径………………………………………………………… 9

　　三　职业生涯发展国内外研究动态………………………………… 11

　第三节　职业女性的工作因素研究…………………………………… 14

　　一　工作中的"玻璃天花板"……………………………………… 14

　　二　组织中的导师制………………………………………………… 14

　第四节　职业女性的家庭因素研究…………………………………… 16

　　一　家庭生命周期…………………………………………………… 16

　　二　家庭中的职业女性发展的阶段性特征………………………… 17

　　三　影响家庭中的职业女性成长的因素…………………………… 18

　第五节　职业女性的工作—家庭关系研究…………………………… 19

　　一　工作—家庭关系的相关理论…………………………………… 19

　　二　工作—家庭关系的相关概念…………………………………… 20

　　三　工作—家庭关系的研究动态…………………………………… 23

第三章 职业女性工作—家庭问题研究的家庭视角
　　——家庭生命周期 ··· 28
　第一节 家庭生命周期的相关概念与研究动态 ·················· 28
　　一 家庭生命周期的概念 ··································· 29
　　二 起源与发展 ··· 31
　　三 适合中国的家庭生命周期 ······························· 35
　　四 家庭方面对工作—家庭平衡的影响 ······················· 36
　第二节 职业女性的家庭生命周期的数据研究与设计 ············ 37
　　一 研究设计 ··· 37
　　二 问卷的信度和效度 ····································· 42
　　三 影响工作—家庭增益的数据分析 ························· 47
　　四 影响工作—家庭冲突的数据分析 ························· 58
　第三节 职业女性的家庭生命周期对工作—家庭关系的影响 72
　　一 不同家庭生命周期的工作—家庭平衡程度 ················· 72
　　二 工作—家庭增益影响原因讨论 ··························· 72
　　三 工作—家庭冲突影响原因讨论 ··························· 74
　　四 家庭生命周期引起的显著差异 ··························· 76
　　五 建议 ··· 77

第四章 职业女性工作—家庭问题研究的家庭视角
　　——生育带来的职业生涯中断 ······························· 79
　第一节 职业生涯中断理论与研究动态 ························· 82
　　一 职业生涯中断的含义 ··································· 82
　　二 职业生涯中断的影响 ··································· 82
　　三 职业生涯中断对职业发展影响的原因分析 ················· 83
　第二节 女性管理者职业生涯中断的数据研究与设计 ············ 87
　　一 扎根理论研究方法的提出 ······························· 87
　　二 资料的收集与整理 ····································· 87
　　三 问卷编制 ··· 88
　　四 数据收集与信度效度分析 ······························· 89
　　五 被试者个人背景信息统计结果 ··························· 89
　第三节 职业生涯中断对女性管理者晋升和薪酬的影响 ·········· 89

　　一　职业中断对管理者晋升和薪酬的调节作用 …………… 90

　　二　职业中断时长对管理者晋升和薪酬的调节作用 ………… 93

　　三　性别的调节作用 ……………………………………… 96

　　四　结论 …………………………………………………… 99

第五章　职业女性工作—家庭问题研究的工作视角

　　　　——"玻璃天花板" ……………………………… 104

　第一节　"玻璃天花板"概念与研究动态 ………………… 104

　　一　"玻璃天花板"的概念界定 ………………………… 104

　　二　"玻璃天花板"的相关研究 ………………………… 105

　　三　"玻璃天花板"现象原因分析 ……………………… 108

　　四　组织环境的变化和机遇 ……………………………… 109

　第二节　女性管理者"玻璃天花板"突破轨迹的数据研究与

　　　　　设计 ……………………………………………… 110

　第三节　女性"玻璃天花板"突破模式动态模型构建 …… 114

　　一　动因层 ………………………………………………… 115

　　二　目标层 ………………………………………………… 115

　　三　情景层 ………………………………………………… 115

　　四　冲突层 ………………………………………………… 116

　　五　行动层 ………………………………………………… 116

　　六　结果层 ………………………………………………… 116

　　七　模型构建 ……………………………………………… 116

第六章　职业女性工作—家庭问题研究的工作视角

　　　　——导师制 ………………………………………… 120

　第一节　导师制的相关概念与研究动态…………………… 120

　　一　导师制相关研究……………………………………… 122

　　二　主动性人格 ………………………………………… 125

　　三　师徒关系 …………………………………………… 128

　　四　职业成功 …………………………………………… 133

　第二节　师徒关系与女性管理者职业成功的数据研究与设计… 137

　　一　研究变量 …………………………………………… 137

　　二　研究假设 …………………………………………… 137

三 研究模型 …………………………………………… 141

四 变量的度量 ………………………………………… 141

五 研究方法 …………………………………………… 143

六 定性研究与定量分析 ……………………………… 145

第三节 师徒关系与女性管理者职业成功：主动性
人格的视角 ………………………………………… 162

一 师徒关系的中介作用 ……………………………… 162

二 本书的学术贡献 …………………………………… 164

三 对管理实践的价值 ………………………………… 166

第七章 职业女性的工作—家庭增益研究
——工作投入视角 …………………………………… 168

第一节 工作投入与工作—家庭增益的相关概念与研究动态 …… 168

一 工作—家庭增益 …………………………………… 171

二 工作投入研究 ……………………………………… 188

第二节 工作投入对工作—家庭增益的影响的数据研究与
设计 ………………………………………………… 195

一 研究设计 …………………………………………… 195

二 统计分析 …………………………………………… 202

三 相关分析 …………………………………………… 209

四 结构方程分析 ……………………………………… 214

五 假设检验 …………………………………………… 218

六 人口统计学、组织因素差异性分析 ……………… 219

七 人口统计学因素、组织因素对工作—
家庭增益的影响 …………………………………… 228

第三节 工作投入对工作—家庭增益的影响 ……………… 229

一 工作投入对工作—家庭增益的预测作用 ………… 229

二 本书的学术贡献 …………………………………… 230

三 对管理实践的建议 ………………………………… 231

第八章 总结 ……………………………………………………… 234

参考文献 …………………………………………………………… 236

序　言

　　对职业女性工作—家庭问题的关注是源于我所教授的学生尤其是 MBA 和 EMBA 学员中有越来越多的女性在职场中拼搏，在和她们的交谈中发现工作和家庭是提及最多的话题，从找工作、晋升到跳槽无不与这两者相关，工作和家庭有时会发生冲突，有时又是互相促进的。同时，从找工作开始她们就体会到了性别的差异，已婚女性还面临着生育与晋升的选择，有些女性尽量推后生育计划，即使怀孕也尽可能晚地让公司知道，怕错失培训、晋升等机会。有些女性会根据家庭的情况调整自己的职业规划，越来越多的职场女性认识到陪伴孩子成长的重要性，她们会有意识地调整自己的工作节奏，尤其是在孩子的幼年期。访谈中有位女性称"我这几年的重心是生儿育女，工作过得去就行了，等孩子大点就调整重心，重出江湖"。另外，在与部分担任企业高管的女性交谈中发现，有不少女性谈到对她们晋升有重要影响的人和事，其中有人愿意教你、要积极主动、对工作要投入用心是很重要的晋升经验。

　　可见，女性扮演着家庭和社会双重角色，在为家庭奉献的同时，也追求着自身存在的社会意义和价值。对于职业女性而言，"家庭角色"与"社会角色"的协调转换问题以及由于两者之间的冲突与矛盾带来的种种困难对她们的事业、家庭生活、身心、社会活动等都带来很大的影响。女性的这种多重角色的冲突和矛盾随着经济的发展变得更加尖锐：一方面现代女性需要追求事业与个人理想的实现；另一方面由于物质生活和观念的变化，家庭、社会对女性的期望值大大提高，当今成功女性的内涵已不仅仅是贤妻良母，而是要在家庭和社会职场中全面协调发展。

　　本书从职业女性工作和家庭两个视角出发进行了梳理，对职业女性所面临的特有的和热点问题，如生育、升职、职业发展瓶颈、师徒关系以及工作—家庭增益等进行了研究。

　　本书采用访谈、问卷调查并结合案例研究及理论分析等研究方法进行分析，在写作过程中，研究团队成员付出了大量的时间和精力，本书由闫淑敏总体设计统稿，胡志鹏、陈颖、金玥莲、周怡雯参与了部分章节的编著，李春燕、祁晓洁、谢旭辉和步兴辉参与了编辑整理和校对工作。

本书是作者及科研团队承担教育部哲学社会科学研究重大课题攻关项目"女性高层次人才成长规律与成长路径研究"（项目批准号：10JZD0045 - 2）的研究成果。本书所呈现的系列研究离不开科研团队成员的贡献及相关机构的支持。

闫淑敏

2014 年 11 月 20 日

第一章　女性与职业发展

　　女性，特别是当今的职业女性，是人力资源中重要而又不可缺少的组成部分。女性人力资源如果能够得到高效的运用与开发，无论是对社会经济还是对人类自身发展都会起到积极的作用。但是在职业生涯发展中，相对于男性来说，职业女性面临各种问题与矛盾。职业女性是指在较长的时间周期内参与社会大生产，从事一定的社会劳动并能够获得一定经济来源的女性。职业女性具有以下四个特征：①社会性。在特定的社会大环境下，职业女性必须与其他从业人员相互联系、相互交流，从事一定的社会活动并扮演一定的社会角色。②规范性。职业女性必须在法律及社会职业道德规范的约束下从事相关的社会活动。③有偿性。职业女性参与社会活动是以获得一定的物质报酬为目的的，无报酬地参与社会活动则不属于职业女性的范畴。④角色双重性。女性除了要扮演一定的社会角色，也要扮演一定的家庭角色（李林，2009）。

第一节　职业女性职业生涯发展的特殊性

　　本研究组 2013 年对 363 位企业管理者的一项研究调查统计发现，与男性相比，女性的政治技能的外显真诚略高于男性，而社会敏感性却低于男性；对 263 位江浙沪地区企业内知识型员工的一项调查表明，不同性别个体在职外绩效中的人际促进维度上有显著差异（显著性水平为 0.05），男性知识型员工具有更高的人际促进水平。这些调查表明职业女性的政治技能与职外绩效等与男性均存在差异，在职业发展过程中，往往存在特殊性。

　　传统观点认为，与男性相比，女性在教育和工作经验方面的人力资本储备较少，这在现实中表现为女性较低的工资水平和有限的提升空间

(Tharenou，1994)。从自我性别感知论（gender self – schema）的观点出发，一般而言，男性的自我性别感知主要基于诸如收入提供者、统治、独立自主等适合描述男性的角色和信念，而女性的自我性别感知大多基于家庭主妇、养儿育女、顺从长辈等角色和信念。

对于不同国家的女性而言，其职业生涯发展模式往往不同。有研究者将女性职业生涯发展模式归为以下四种：一阶段模式（倒 L 形模式），即女性从参加工作一直持续到退休，如中国女性；二阶段模式（倒 U 形模式），女性结婚前职业参与率高，结婚特别是生育后参与率迅速下降，男性挣钱养家，女性做家庭主妇，如新加坡、墨西哥的女性；三阶段模式（M 形模式），女性婚前或生育前普遍就业，婚后暂时性中断工作，待孩子长大后又重新回到职场，如美国、日本、法国、德国等国的女性；多阶段模式（波浪形模式），多次阶段性就业，女性根据自身的状况多次进出职场，如北欧国家的女性。对于单个职业女性而言，其职业生涯通常呈现出"两个高峰和一个低谷"特点。"两个高峰"中的一个"高峰"是指在女性就业后的 6—8 年，即女性就业而未生育前；另一个"高峰"是在36 岁以后的十余年间，此时孩子基本长大或可托人代管，女性自身精力仍充沛、阅历渐丰富，女性事业辉煌通常在此时期。"一个低谷"是指在这两个高峰之间，通常是生育和抚养孩子的 8 年时间，女性的职业生涯发展处于停滞甚至下跌阶段。

目前，综观国内女性职业发展现状，有学者从女性职业总量、职业分布和职业发展历程等方面总结了当前中国女性职业生涯发展的特征。具体表现为：女性就业总量低于男性；女性多集中在报酬低、技术低的劳动领域，在一些重要的行业和重要的职位，女性所占的比重非常有限；各行各业的成功人士在男女数量和比例上相差悬殊，真正具有良好职业生涯并能够达到职业高峰的女性只占少数；女性的职业生涯相对起伏波动大，具有更强的不稳定性。已有研究表明：女性职业变动的发生率和强度总体上略低于男性；女性在职业变动中职业结构趋向高级化；女性职业的向上变动和向下变动交织在一起，呈现出职业的阶层分化与重组的复杂态势；女性倾向于由体制内单位向体制外单位和非单位流动；女性职业变动的范围不断拓展，地域间主体流向明确，局部流向呈多元化；女性职业变动显现出职业差异，个别职业复制能力较强（内生性强），跨职业变动性较弱；从初职到现职，单位制女性在纵向上有所发展，但与男性横向相比仍有差距；女性在职业变动中难以摆脱家庭角色与社会角色的双重困扰，同时遭遇劳动力市场的性别隔离和性别排斥（蒋美华，2009）。

第二节 女性角色对职业发展的影响

20 世纪 70 年代，学者就影响女性职业发展的相关因素，如性别刻板印象、职业刻板印象、职业抱负、自我效能等进行了深入研究，比较有代表性的理论有 Farmer（1976）的女性职业动机模式以及 Hackett 和 Betz（1981）的自我效能理论等。近年来，受社会学习理论及结构主义的影响，女性职业生涯探讨的主题进一步拓展到职业成功、职业中断、工作—家庭平衡等。总体来说，研究方向已不单是个人背景因素对职业的影响，还有企业组织制度性因素尤其是组织结构对个体职业行为的作用。

一 角色定位带来的工作—家庭问题

传统文化实际上是一种以"男性为中心"的文化。由于受几千年来"男尊女卑"传统观念的影响，社会往往强调"男主外、女主内"的传统性别角色定位，对女性的要求只是贤惠、柔弱，而忽略了女性的聪明、能干、坚韧等品质。男性要成为建功立业的霸主，而女性只需要默默扮演那个支持性的角色即可。在这种普遍的社会认知下，人们对女性在事业上的要求远远低于男性，那么顺理成章给予女性表现的机会、成就女性的机会就大大降低。同时在这种文化的长久熏陶下人们形成了对女性能力的怀疑和不信任。凡此种种，无形中就形成了一种压力，就算女性同等优秀，但给予女性的机会还是会少一些，两性处于不平等竞争的态势中。

现代女性的角色构成基本上是由家庭角色（女儿、妻子、儿媳、母亲）和社会角色（社会劳动者）两大类复合而成的。所谓角色冲突，是指两类角色在一定条件下发展为对立状态，导致一种角色抑制另一种角色的情况。有角色冲突必然会带来角色困惑。家庭以及子女教育问题加重了女性的责任，制约了女性的职业生涯发展。夫妻关系、家庭支持、家庭经济压力和工作家庭冲突是影响女性职业生涯发展的重要变量。随着社会的发展，职业角色成为中国女性在扮演传统的家庭角色之外的重要社会角色。双重要求与标准带给女性的自然属性和社会属性决定了女性管理者必然面临家庭和事业两种矛盾的冲突。照顾家庭占有了女性管理者许多时间，于是在安排家庭与工作时难免应接不暇。女性如果得不到家庭的支持，事业就会举步维艰。这个问题如果不能处理好，女性就常常会陷入"要家庭"还是"要事业"的两难选择中。随着时代的发展，越来越多的女性参与到社会工作中来。女性走出家庭，走向社会和男性一样努力工作，却面临着家庭、孩子、传统思想等压力。家庭和事业究竟是鱼与熊掌不可兼得还是两者相辅相成不可或缺呢？《第二期中国妇女社会地位抽样调查主要数据报告》显示，女性平均每天用于家务劳动的时间比男性多2.7小时。同时报告还指出，在市场经济环境下，传统性别观念对社会成员的影响不可忽视。对"男人以社会为主，女人以家庭为主"的传统性别分工模式，有53.9%的男性和50.4%的女性表示赞同。由此可见，性别分工会影响到女性的职业发展。解决女性工作与家庭之间的冲突，实现工作—家庭增益就显得尤为重要。近年来，工作—家庭增益逐渐成为研究的热点。以科研工作者为例，许多有潜质的女性科技工作者，在家庭重担的压力下，逐渐失去与男性竞争的能力；还有一些则彻底放弃了科研，这对一个热爱科技的女性来说是一个痛苦的结局。对于国家而言，女大学生、女研究生数量和比例的增多，是一项重要的人力资本投资，我们需要更多女性在事业上贡献她们的聪明才智。

二 企业组织环境带来的职场障碍

组织环境是影响女性职业生涯发展的外部力量。发展空间小、工资待遇低、单位发展前景不佳、缺乏工作认同和认可、缺乏职业生涯管理等会阻碍女性的职业生涯发展。单位体制与文化、工作环境、管理制度以及外部交流情况，均对女性职业生涯发展产生影响。中国国有企业的组织文化受到中国传统儒家文化价值观和政治体系的影响。中国儒家文化对人情、关系的重视十分突出。讲究差序格局的儒教伦理非常注重人际和谐、面子关系，和谐是儒家文化的重要传承。而女性往往在处理职场人际关系时偏重自身情感因素。所以进入职场，女性员工更需要一位老员工来带领自己融入企业的人际网络。通常情况下，这位老员工被称作"师傅"或者主管。师傅，也可称为导师，通常被定义为愿意为资浅的员工提供支持来帮助他们在组织中发展的具备丰富经验和知识的资深员工，他可以来自组织内部或是外部，不一定是被辅导者的直接上级；而相对的被辅导者被称为学徒。企业通过引进导师制来帮助新人将所学知识应用到实践，以更好地实现人才的成长与发展。除此之外，在组织中，主管是员工直接接触的领导，主管如何看待、对待自己，员工会把这些看作组织的态度和意见，尤其相对男性，女性员工情感更加敏感，对主管看法的感知也更为细腻。主管支持是促进女性职业生涯发展的重要因素。主管对女性的刻板印象阻碍女性的职业生涯发展，而主管的指导和支持、良好的上下级关系则有助于女性的职业生涯发展。所以主管支持对于女性员工的职业发展有着重要的作用。由于个体的女性身份，工作场所中的性别偏见约束了女性向更高权力层次的发展，缺乏胜任高层重要工作的特定经验与技能，所以造成向公司高级管理层晋升的障碍，这就是时下重点研究的女性职业发展中遇到的"玻璃天花板"。《中国青年报》曾报道：一项对中国自然科学界中女性的专门研究显示，全国和省级学会女会员占总会员数的1/4，但女会员获得的研究项目数却仅占总项目数的1/10。一些国家的不平等现象甚至更加糟糕。如日本女物理工作者获得教授头衔平均比她们的男性同事晚10年。在美国一些名校，女教授与她们的男性同事相比，拥有较少的实验室、较小的办公空间和较低的工资。在那些与传统女性角色不相符的职业领域（如政治、管理、科研等），性别歧视对女性的职业生涯发展影响尤为突出，表现为：相对男性而言，行政女性、企业女性管理者数量少且职位晋升更困难；科技女性数量少且在职称评定、项目申请和科研团队建设等方面更为困难。

三　性别特征带来的职业变动

女性同男性相比，最本质的差别便是生育，这无疑会导致女性的职业生涯中断。近年来，随着单独二胎政策的放宽，可以预见，女性职业生涯中断可能不止一次，这必然会对女性的职业发展带来影响。生育对女性职业生涯的阻碍表现为：职业自主权和职业机会减少；工作家庭冲突增加；职业成就动机降低；职业地位降低等。

另外，自身能力不够将直接导致职业生涯规划范围有限，职业变动难度较大。而较强能力可以适当扩大职业选择余地。成功女性的气质特征包括合作性、可塑性、丰富性、物质性和时尚性。而心理学家认为，女性不喜欢靠竞争来满足自己的愿望；大部分女性潜意识排斥权力，主观上要求晋升、追求事业成功的态度就会表现得不如男性积极，而且比男性更容易放弃管理职位（江超萍，2007）。阻碍女性员工职业生涯发展的心理特征有一般自我效能、避免失败的成就动机、职业期望、家庭导向和依赖性等几个方面；还有学者指出，相比男性，女性的角色身份和教育背景往往导致其政治敏感度不够，使得其在办公室政治中不占优势，从而阻碍晋升。

第二章 职业女性的工作—家庭研究脉络

第一节 研究框架与方法

现代女性要想在职场上取得成功，往往比男性付出得更多。她们要照顾好家庭，做好本职工作，又要提防被岁月偷走健康和美丽，真正做到"上得了厅堂，下得了厨房"，家庭和睦、工作成绩显著又自得其乐的女性实在是屈指可数。为了追求这一切，她们不得不在承受压力和寻找平衡间周旋。有调查发现，职业女性的压力主要来自家庭和职场发展等方面。专业职业顾问分析：女性的职业生涯中通常具有三个转折点：高中毕业时、大学毕业后和参加工作 5—10 年以后。换言之，当女性步入职场，如果职业规划得好，就会得到提升与良好的发展。女性的职业发展相对男性而言受到更多因素的影响。特别是女性到达第三个转折点（参加工作 5—10 年以后）的时候。此时，大多数女性朋友面临着家庭与事业的双重压力，职业发展可能遭遇到了"瓶颈"期。目前，职业女性的压力主要有哪些？据凤凰网报道，在国内某知名媒体的调查中，71.1% 的人选择"家庭和工作难以兼顾"。其次是"受到性别歧视，影响发展前途"，57.7% 的人选择此项。57.3% 的人认为是"生育和升职的矛盾"。专业心理咨询师分析，现代社会，女性不仅在工作中要承受和男人一样的压力，受传统观念的影响，还要做好家庭主妇，家庭和工作的冲突与压力，成为很多女性重压的主要来源。长期的压力直接影响职业女性的身心健康。抑郁和焦虑等精神心理问题的发病概率，女性本来就比男性高出一倍，而职业女性因为压力，则更容易出现抑郁、焦虑强迫症、社交恐惧症、进食障碍、疲劳综合征等心理疾病。受心理压力的影响，不少白领女性出现更年期提前现象。此外，长期处于高压状态，使职业女性很容易患上各种妇科疾病。所以，职业女性如何做到工作与家庭平衡，一直以来备受关注。

本书从职业女性工作和家庭两个角度出发，围绕此主题从工作视角重点探讨了女性管理者突破"玻璃天花板"的轨迹并构建了动态模型；研究了导师制对女性管理者的影响，并从主动性人格视角出发探讨了师徒关系对女性管理者职业成功的影响。从家庭视角重点研究了职业女性在不同家庭生命周期对工作—家庭关系的影响并进行了性别比较。除此之外，还研究了生育带来的职业生涯中断对职业女性管理者晋升和薪酬等方面的影响。从工作和家庭的视角对职业女性的工作—家庭增益进行了研究，调查分析了工作投入对工作—家庭增益的影响。研究框架如图2－1所示。

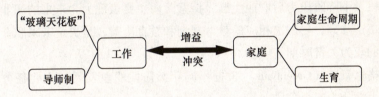

图2－1　职业女性的工作—家庭研究

本书涉及的研究方法有：①扎根理论质性研究方法：对研究对象企业员工进行深度访谈，运用扎根理论对所搜集的访谈资料进行分析、整理、理论抽样之后，借助开放式编码、主轴编码和选择性编码提炼、归纳，对研究的量表进行修正，并就本书的相关要素进行分析提炼。②问卷调查法：在研究对象的初选以及量表修正和模型设计等环节都会采用问卷调查的方法进行研究，根据问卷调查结果进行统计分析。③定量研究法：对收集的数据进行甄选、整理，运用结构方程研究方法，借助 SPSS、AMOS等相关软件进行探索性和验证性分析。④对比研究法：采用对比分析法分析职场中女性与男性的特征异同，总结和发现其中的规律，为提出有针对性的企业建议提供依据。

第二节　相关研究综述

一　职业生涯发展阶段理论

职业生涯理论研究起源于 20 世纪 60 年代，近半个世纪的发展大致经历三个发展阶段：第一阶段，60 年代末对就业咨询和职业生涯规划的讨论；第二阶段，80 年代对组织职业生涯规划的研究；第三阶段，90 年代以后追求个人与组织平衡的职业生涯开发。

职业生涯的发展常伴随年龄的变化，虽然每个人职业不同，但在相同的年龄阶段表现出大致相同的职业特征、职业需求和职业发展任务。

美国职业指导专家萨伯（Super）经过大量实验研究，提出了人一生完整职业发展的五阶段模式，包括成长阶段（0—14 岁）、探索阶段（15—24 岁）、确立阶段（25—44 岁）、维持阶段（45—64 岁）和衰退阶段（65 岁以上）。每个阶段都有一定的特质和职业发展任务，会影响后一阶段的职业发展任务。成长阶段和探索阶段为前职业生涯，确立阶段、维持阶段及下降阶段为后职业生涯，探索阶段主要表现为为未来的职业生涯发展奠定基础，要做出相应的教育规划和教育决策，是决定未来职业生涯发展的较为关键时期。

格林豪斯（Greenhaus）根据不同年龄阶段职业发展的主要任务，把职业生涯分为五个阶段：

（1）职业准备（0—17 岁），主要任务是发展职业想象力，接受必要的职业教育。

（2）进入组织（18—24 岁），主要任务是在一个理想的组织中获得一份工作。

（3）职业生涯初期（25—40 岁），主要任务是为职业成功做好各种准备包括经验。

（4）职业生涯中期（41—55 岁），主要任务是固定职业，努力工作，有所成就。

（5）职业生涯后期（55 岁后），主要任务是准备退休，职权交接，安度余生。

金兹伯格（Ginzburg）侧重研究青少年职业心理发展过程，将职业生涯发展分为幻想期（11 岁前）、尝试期（11—17 岁）和现实期（17 岁以后）三个阶段。其中，儿童期（11 岁前）对世界充满幻想和好奇，尝试期就开始具有独立意识，并培养职业兴趣。17 岁以后，形成了具体的、现实的职业目标，开始职业发展。

施恩（Schein）根据人生命周期的特点及不同年龄阶段面临的问题和任务，将职业生涯分为：成长、幻想、探索阶段（21 岁前），进入工作世界（16—25 岁），基础培训，早期的正式成员资格（17—30 岁），职业中期（25—34 岁）、职业中期危险阶段（35—44 岁），职业后期（44 岁后），衰退，离职及退休。

职业发展与年龄有较大的关系，每个人的职业经历都是沿着时间轴的变化曲线。虽然每个人的情况不尽相同，但不同学者还是总结了一些规律。现将前三位学者的职业发展与年龄阶段理论整理如表 2－1 所示。

表 2－1　　　　　　　　　　职业发展与年龄阶段理论

相关学者	不同年龄阶段与职业发展								
萨伯	成长阶段（0—14 岁）			探索阶段（15—24 岁）			创业阶段（25—64 岁）		衰退阶段（65 岁以上）
	4—10 岁 幻想期	11—12 岁 兴趣期	13—14 岁 能力期	15—17 岁 尝试期	18—21 岁 过渡期	22—24 岁 初步承诺期	25—30 岁 稳定期	31—44 岁 提升期	45—64 岁 维持期
格林豪斯	职业准备（0—17 岁）			进入组织（18—24 岁）			职业生涯初期（25—40 岁）	职业生涯中期（41—55 岁）	职业生涯后期（56 岁至退休）
金兹伯格	幻想期（11 岁前）			尝试期（11—17 岁）			现实期（17 岁后）		

国内学者廖泉文提出职业发展阶段的"三、三、三"理论：人生发展阶段可分为输入、输出和淡出三个阶段。其中，输出阶段包含就业到退休的过程，是职业发展最重要的阶段，输出阶段可分为适应阶段、创新阶段、再适应阶段，是适应职业发展的三个心理过程。最后，再适应职业发展阶段可分为顺利晋升、原地踏步和下降到波谷三个阶段。"三、三、三"理论对人生职业发展阶段从大、中、小三个层次进行弹性、动态、开放细分，相比年龄阶段理论，更有弹性，视角也较独特，如图 2－2 所示。

二　职业路径

职业路径是一个人一系列工作经历所形成的轨迹，是关于时间的函数。对每一个时间段上的一系列职业位置的连续性考察，可以反映出相关工作经历的过程或结果。职位的数量构成职业路径长度（career length），职位的变化构成了职业路径方向，体现为职业变迁（career mobility），包括职位变迁、部门变迁、职业变迁等。

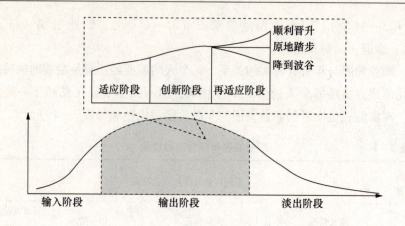

图 2 - 2　职业发展的"三、三、三"理论

在职业发展路径的相关理论中，较为完整而且影响较大的是施恩的三维职业发展路径模型。施恩（1992）提出个人在特定组织内职位变动的三种流动方式（如图 2 - 3 所示），包括纵向流动，即组织中个人职位等级的升迁（从 A—B 或 C—D 的职位变迁）；横向流动，即个人在组织中的职务沿着职能部门同一等级进行变迁（从 A—C 或者 B—D 的职位变迁）；核心地位流动，即个人组织外围逐步向组织的"权力"内核变动（从 A—O 或 C—O 的职位变迁）。该模型描绘了个人在组织中的三种发展路线：随着组织职务阶梯上向上爬，在组织内部不同功能部门之间轮换，以及向组织权力核心靠拢。实践中，这三种职位变动模式可能单独发生，也可以进行有机组合。如纵向流动与横向流动相结合的职位变动模式，用于培养企业继任管理人员。

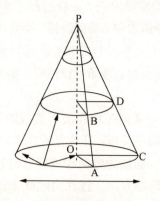

图 2 - 3　职业发展路径三维模型

三维发展路径主要基于同一组织的职业发展与变迁，体现了传统职业发展特点，对组织职业生涯路径的开发和管理有重要意义。吴贵明（2004）总结了直线型、螺旋型、跳跃型和双重型四种职业发展路径。

（1）直线型发展路径。一生从事单一职业，追求垂直向上的职位晋升。

（2）螺旋型发展路径。一生从事两种或两种以上职业，在不同职业甚至不同行业中寻求发展，培养灵活的就业能力，使职业道路四通八达。

（3）跳跃型发展路径。通过越级晋升实现在职务等级或职称等级上的发展，它需要特殊的机遇或个人特别的努力，并非普遍适用的路径。

（4）双重型发展路径。组织中设置两个可以相互跨越的职业发展通道，即管理型和技术型职业发展通道，员工可自行决定其职业发展的方向，大多为专业技术人员。

吴贵明的这四类职业发展路径立足于个人职位和职业转换，描述职业发展路径形态，而施恩的三维职业发展路径立足于组织，关注职业发展和变迁的方向和趋势。此外，还有学者对组织职业发展模式进行概括：①单阶梯模式，在"走技术道路"和"走管理道路"中做出单一选择；②双阶梯模式，在技术道路和管理道路上同时得到发展；③多阶梯模式，在双阶梯模式基础上进一步细化，如"三通道"分法。

三　职业生涯发展国内外研究动态

（一）国外职业生涯发展研究现状

美国职业指导专家帕森斯提出特质—因素理论，这是最早的职业辅导理论。帕森斯的理论是在清楚认识、了解个人的主观条件和社会职业岗位需求条件的基础上，将主客观条件与社会职业岗位对自己有一定可能性的相对照，最后选择一种与个人特长相匹配的职业。该理论的核心是人与职业的相匹配，分为两种类型：条件匹配和特长匹配。依据特质—因素理论，在人们进行职业选择的过程中，首先，分析个人的特质；其次，分析职业对个人的要求；最后，人—职匹配。帕森斯的人—职匹配理论，作为职业选择的经典性原则，至今仍然正确、有效，并对职业生涯管理学、职业心理学的发展具有重要的指导意义。他认为，人们可以通过心理测验认识到自己的个性，并通过观察、问卷、个案分析等方法了解各职业对人们能力的要求，最终帮助人们找到最适合自己的职业。

另一种比较有代表性的理论是人格类型—职业类型匹配理论，这一理论是由美国著名职业指导专家霍兰德从心理学价值观理论出发，经过大量的职业咨询指导的实例积累而指出的。这一理论首先将职业归属为六种典型的"工作环境"中的一种。这六种环境分别是现实的、调查研究性的、艺术性的、社会性的、开拓性的、常规性的。根据劳动者的心理素质和择业倾向，将劳动者划分为现实型、调研型、艺术型、社会型、企业型、传统型六种基本类型。当属于某一类型的人选择相应类型的职业时，即达到了匹配。霍兰德人格与职业类型匹配模型是沿用至今且被公认为有效的重要理论和方法。

萨伯是美国的一位职业管理学家。他认为，每个人的一生都要经历许多阶段，职业生涯也不例外。不同的职业生涯发展阶段需要不同的职业知识和职业能力与其相匹配。他将职业生涯发展划分为成长阶段、探索阶段、确立阶段、维持阶段和衰退阶段五个阶段。

金兹伯格是美国著名的职业指导专家、职业生涯发展理论先驱。他通过对人从童年到青少年阶段的职业心理发展过程的研究，将职业生涯发展划分为空想阶段、尝试阶段、现实阶段三个阶段，从而揭示了早期职业心理或职业心理意识对职业选择的影响。

格林豪斯是美国著名的心理学博士。他侧重于对职业生涯不同阶段的主要任务的研究，将人的职业生涯发展划分为五个阶段：①准备阶段；②进入组织；③职业生涯初期；④职业生涯发展时期；⑤职业生涯后期。

美国著名的职业指导专家施恩教授于1978年出版的《职业动力论》一书从职业发展观出发，勾勒出了个人与组织相互作用的基本图示。同时该书首次提出了"职业锚"的概念。他认为，职业生涯发展实际上是一个持续不断的探索过程，在这一过程中，每个人都在根据自己的天资、能力、动机需要、态度和价值观等慢慢形成较为明晰的与职业有关的自我概念。职业锚是指当一个人不得不做出选择的时候，他无论如何都不会放弃职业中的那种至关重要的东西或价值观。施恩根据自己多年的研究，提出了五种职业锚：技术或功能能力型、管理能力型、安全稳定型、自主独立型和创造型。同时，施恩依据人生不同年龄段所面临的问题和不同年龄段职业的主要任务，将职业生涯发展划分为九个阶段：①成长、幻想、探索阶段；②查看工作世界；③基础培训；④早期职业的正式成员资格；⑤职业中期；⑥职业中期危险阶段；⑦职业后期；⑧衰退和离职阶段；⑨离开组织或退休。

法国巴黎第十大学人力资源管理教授阿兰·贝尔纳在 1992 年出版的《年轻干部的发展》一书中对年轻管理人员的职业生涯开发管理进行了有意义的研究。

国外职业生涯发展理论的研究时至今日，已经比较成熟，研究范围涉及职业选择理论、职业发展阶段理论、职业生涯管理模型、职业兴趣、职业能力、职业人格特征等方面，这将为我国职业生涯发展与规划提供有益的经验和启示。

（二）国内职业生涯发展研究现状

我国职业指导的出现是在 20 世纪初。1916 年，清华大学校长始创职业指导。我国最早倡导职业指导的社会团体是中华职业教育社。之后的十几年，由于我国特殊的国情，关于职业指导方面的研究几乎停滞。直到改革开放后，才为职业指导提供了良好的发展机遇。

21 世纪后，伴随着全球化、信息化、科技化的发展趋势，国内学术界从不同的角度研究、探讨，并依据国外的研究成果，结合本国国情，提出了一系列关于职业生涯发展研究的理论。

职业生涯发展研究主要有：五阶段论，即根据职业发展的进程，将个人的职业生涯分为职业准备期、职业选择期、职业适应期、职业稳定期和职业结束期。中国人事科学研究院考核评价技术研究室主任罗双平的年龄阶段论，即 20 岁至 30 岁为一个阶段；30 岁至 40 岁为一个阶段；40 岁至 50 岁为一个阶段；50 岁至 60 岁为一个阶段。

黄英忠博士是台湾地区著名的人力资源管理研究者。其专著《人力资源管理》用一整章的篇幅讲述了职业生涯开发的意义、职业生涯开发与人性需求的关系、影响职业抉择的因素、职业生涯规划、职业生涯管理等内容。对我国的职业生涯发展研究起到了很大的发展作用。

中国科学院心理研究所的龙立荣教授经过一系列的研究，分析了职业生涯管理与员工心理行为之间的关系，并采取开放式问卷调查和访谈的方式，结合国外职业生涯管理经验，编制了适合我国国情的组织职业生涯管理问卷。经过实证研究，发现组织职业生涯管理对员工的职业承诺、组织承诺、工作绩效、职业生涯需求满意度、工作卷入度等产生积极的影响，证实了职业生涯管理在员工职业生涯发展中的核心作用。

华中师范大学、华中科技大学管理学院、中国科学院心理研究所、暨南大学人力资源研究所的龙立荣、方俐洛和凌文辁在《组织职业生涯管理及效果的实证研究》中，对于我国的职业生涯管理和其实际的效果进行了实证研究。阮爱君等重点研究了不同组织特性下的职业生涯管理的各种组合模式，龙立荣等从心理学的角度研究了职业承诺的理论与测量。

第三节　职业女性的工作因素研究

一　工作中的"玻璃天花板"

Morrison（1987）首先将"玻璃天花板"定义为"阻碍女性晋升到公司特定层级的明显障碍"，指仅仅由于个体的女性身份造成的向公司高级管理层晋升的障碍，而非缺乏胜任更高层级工作的能力。美国劳工部将"玻璃天花板"定义为"阻碍有资格的个体向上晋升到组织管理位置的，人为的组织态度上的偏见"（U. S. Glass Ceiling Commission，1995），是"不可见的，然而却是阻碍少数群体和女性升入企业上层阶梯的无法达到的障碍，无论她们资格与成就如何"。"玻璃天花板""反映了劳动力市场的歧视，而不仅仅是不平等"。总结为以下四点：一是"玻璃天花板"的不平等性代表了性别或种族的差异，而这种差异无法用雇员的其他与工作相关的特征（教育背景、经验、能力、动机等）来解释；二是这种不平等中表现出来的性别或种族差异在等级制度的高层比低层更严重；三是"玻璃天花板"不平等体现在向高层晋升时性别或种族差异导致的机会的不平等，而不仅仅是不同性别或种族目前在高层职位中所占的比例；四是这种性别或种族不平等在其职业生涯的发展过程中不断加深（Cotter 和 Hermsen）。

二　组织中的导师制

师徒关系最早出现在手工业领域，后来随着生产规模的扩大，尤其是到了工业革命时期，由于机器的广泛使用和分工的细化，雇主的工种更多的是一些操作性、重复性的工作，因此更加需要通过手把手传授来提高技工的操作能力，这种师徒关系也被称为"传帮带"师徒制，此时的师徒关系已经逐渐转为一种职业教育的模式来满足扩大生产的需求。西方国家是工业革命的发源地，因此对于师徒关系理论的探讨也一直持续着，他们更多地称为"导师学徒关系"（见表 2 - 2）。在《现代汉语词典》中，师傅被定义为擅长某种技能的年纪大的人，他们传授文化、技术，在某些方面值得他人学习；在西方，师傅被称为导师（Mentor）。

表 2 − 2 师徒关系定义（举例）

师徒关系的定义	提出者（年份）
师徒关系被定义为一个拥有权力的人找到徒弟，并给予徒弟一定的建议，成功将徒弟引荐给组织其他有权力的人	Fagenson（1989）
师徒关系被定义为一个高级经理向一个缺少经验的人提供情感支持、事业指导与赞助	Kirchmeyer（1995）
在师徒关系中，强调师傅不同于管理者及同事，主要通过非正式的沟通向徒弟提供技术或职业生涯的建议、指导与信息	Seibert（1999）
师徒关系被定义为工作环境中一个有影响力、拥有丰富职场经验与专业知识的个体（往往是组织中的资深人士）和一个渴望得到职业提升或支持的个体间所构建的关系	Forret 和 de Janasz（2005）
在师徒关系中，师傅被定义为一个愿意给予别人职场建议的资深人士；同时徒弟的直接领导也有可能是其师傅（这是一种获得资深人士指点的特殊的师徒关系）	Dreher 和 Chargois（1998）；和 DreherCox（1996）
师徒关系被定义为处于组织中较高级别和拥有一定影响力的师傅，会利用自己的专家性角色，将自己的知识及经验以榜样的形式濡染徒弟，并提供徒弟以指导、支持和建议。师傅可以来自企业内部或是外部，但不可以是徒弟的直接上级；师傅被认为是他/她所在领域内的专家；大多数的师徒关系是以长期为导向的，以实现职业目标为主	Van Emmerik、Baugh 和 Euwema（2005）
师徒关系被描述为在组织内部一个更加有经验与资深的人（师傅）与一个新人或是经验不足的人（徒弟）之间的"一对一"的关系；其中师傅不但具有一定影响力与丰富的经验与知识，而且往往愿意为徒弟的职业生涯晋升提供指导	Scandura 和 Williams（2001；2004）
在师徒关系中，师傅被定义为一个经验丰富的、被视为模范的人，他/她往往愿意为徒弟提供支持、方向引导、有关职业生涯发展的反馈、人际关系的扩展等。师徒关系包括正式与非正式两种：其中正式师徒关系是在组织安排下构建起来的，同时也能够获得组织的协助；非正式师徒关系是自发发展起来的互动关系	Day 和 Allen（2004）

　　而且关于师徒关系的定义也经历了一定的发展历程，从最开始单一的职业职能角度，逐步扩展到师徒关系对徒弟的社会心理职能与角色模范的影响。尽管学者们对于师徒关系的定义都有所不同，但都肯定了师傅在关系中的重要地位及对徒弟产生的重要影响。

第四节　职业女性的家庭因素研究

一　家庭生命周期

家庭生命周期的概念起源于 1903 年，由 Rowntree 最先提出。自 20 世纪 40 年代开始，家庭生命周期理论得以发展，于 1950 年被引入营销领域，目前已被广泛应用于研究大范围的家庭金融特征和消费类型。Lansing 和 Morgan 运用基于家庭主人年龄和最小孩子年龄变量建立的 7 个阶段家庭生命周期模型，研究收入、资产以及住房和耐用品方面的消费在家庭生命周期中的变化。

Wells 和 Gubar 的研究是这一领域重要的研究之一，他们扩展了 Lansing 和 Morgan 的模型，建立了 9 个阶段的家庭生命周期模型。这一领域的研究许多都是建立在 Wells 和 Gubar 的模型之上，这个模型被用于食品、服务、耐用品和业余时间等的家庭消费研究。但是 Wells 和 Gubar 的模型并没有包括所有的家庭，一些非传统家庭被排除在模型之外。Murphy 和 Staples 指出，由于非传统家庭被排除在 Wells 和 Gubar 的家庭生命周期模型之外，很多信息丢失掉了。Murphy 和 Staples 将研究扩展到非传统家庭，对 Wells 和 Gubar 的家庭生命周期模型做了改进，在原来的分类标准中增加了几个变量，如在配偶的社会地位上加上离婚类别（有无孩子）等，家庭主人的年龄被分成 3 个具体阶段，即小于 35 岁、35—64 岁、大于 64 岁。尽管 Murphy 和 Staples 的划分可能显得过于武断，但是社会学的研究表明这 3 个阶段确实存在较大的差异，最后该模型共划分出 13 个家庭生命周期阶段。尽管 Murphy 和 Staples 的家庭生命周期模型（在本书中简称 MS 模型）包括许多离婚人群的情况，但仍有一些家庭被排除在模型之外，如超过 18 岁孩子的家庭、非离婚的单亲家庭、小于 65 岁的寡妇、大于 34 岁的单身、超过 64 岁仍和孩子一起生活的家庭等。尽管如此，MS 模型也将美国未能分辨的家庭百分比降低到 17.2%—19.4%。Gilly 和 Enis 重新定义了一个有 13 个更为完备阶段的家庭生命周期模型，而且这个模型更好地适应了美国家庭演进；建立模型所依据的主要衡量指标包括女性作为持家者的比例上升、单身家庭比例上升、母亲主家的单亲家庭上升、延迟生小孩或不想要小孩的夫妇数量增多、已婚女性进入劳动力市场的比例上升等。Gilly 和 Enis 指出，以女性的年龄和其家庭角色作为参考的主要原因是他们认为女性的年龄与后代的成长有着重要的关系，而且女性在社会上将扮演越来越重要的角色。

二 家庭中的职业女性发展的阶段性特征

职业女性成长呈现出阶段特征，Hall（2002）认为个体在一生中要经历探索期、尝试期、立业期、维持期四个职业发展阶段，在不同职业发展阶段，个体会重新开始输入信息、学习知识、积累经验、提高技能以适应新的职位要求。郭新艳（2004）认为，人才成长要经过预备阶段、适应阶段、迅速发展和稳定阶段、停止和退缩阶段以及持续成长阶段共五个阶段；同时，她还指出这里所划分的"阶段"只是一个概念框架而已，并不是严格、清晰的边界，实际上人才成长过程是渐进的，阶段之间的分离以及阶段之内的稳定都是相对的。

家庭中的职业女性成长的阶段有其独有特征。廖泉文（2004）总结了女性职业发展的几种模式：一阶段模式，即倒 L 形模式。其特点是女性参加工作之后，持续工作到退休，结婚生育后女性承担工作和家庭双重责任。如中国女性现在的就业模式。二阶段模式，即倒 U 形模式。其特点是女性结婚前劳动力参与率高，结婚特别是开始生育后参与率迅速下降，反映出传统家庭分工：男性挣钱养家糊口，女性婚后做家庭主妇。如新加坡、墨西哥等国的女性就业模式。三阶段模式，即 M 形模式。其特点是女性婚前或生育前普遍就业，婚后或生育后暂时性地中断工作，待孩子长大后又重新回到劳动力市场。如美国、日本、法国、德国等发达国家的女性就业模式。多阶段就业模式，即波浪形模式。女性就业是阶段性就业，女性根据自身的状况选择进入劳动力市场的时间，可以多次进出。这种模式是近十年中出现的，如社会福利高的北欧国家就开始流行这种女性就业模式。隐性就业模式。女性就业主要在家庭经济中，结婚后女性只是换个家庭工作。家庭中就业一般不被官方纳入就业统计范畴。如较落后的发展中国家的女性就业模式。

廖泉文（2004）提出的人生发展的"三、三、三"理论来对比女博士生和企业女性管理者成长的阶段性不同。他所提出的"三、三、三"理论分别对应人生发展的三个三阶段，其中，第一个三阶段是指：输入阶段、输出阶段、淡出阶段；第二个三阶段主要是指输出阶段中职业发展的三个阶段：适应阶段、创新阶段、再适应阶段；第三个三阶段是指再适应阶段中发展的三个阶段：顺利晋升、原地踏步、下降波谷。

不同于大多数文献仅仅对人才的职业发展阶段进行划分，"三、三、三"理论能够全面地概括人才的成长阶段。这也是本书为什么在之后的模型分析中运用此理论的原因。但同时，由于本书研究的是女性高层次人才成长的影响因素，意图为处于发展上升过程中的女性提供理论参考，所以本书在分析女性高层次人才在不同成长阶段关键因素的时候，只选取了输入阶段、适应阶段、创新阶段以及晋升阶段这四个上升阶段作为划分的参考。

三 影响家庭中的职业女性成长的因素

国内关于处于职场中的人才成长因素的研究以质性访谈为主，已经有一系列的成果。罗青兰（2012）总结出影响高层次人才成长的影响因素包括宏观的文化制度、中观的组织支持、微观的个体价值观、社会网络及胜任力。梁红静（2008）及吕江洪、赵永乐和王济干（2009）认为影响人才成长的内在因素主要有学习能力、知识结构和情商、智力因素、身体素质；而影响人才成长的外在因素主要有政策环境、法律环境、市场环境、技术环境和文化环境等社会宏观环境（文魁和吴冬梅，2006）。

国外关于处于职场中的人才成长研究则以实证分析为主，主要从性别歧视、能力（Hopkins and Bilimoria，2008）、组织支持（Ng、Eby and Sorensen et al.，2005）、价值观（Kuchinke、Kang and Oh，2008）、社会网络（Seibert、Kraimer and Linden，2001）、体质（Judge and Cable，2004）等视角探讨了人才成长的影响因素。

职业女性成长，除一般性规律外，也有自身独特规律。国内学者认为传统思维定式、女性群体自我认同缺失、外部客观现实强化、内在基本素质弱化都影响到了女性高层次人才成长（郑敏芝，2008）；包容开放的社会环境和良好的制度环境、多元支持系统优化，以及优秀的个人素质，均会对女性领导人才产生影响（北京党政女性领导人才成长规律课题组，2009）。

国外学者对女性职业生涯发展的研究主要是围绕两个主题展开的：①工作价值观、能力素质、人格特质等个体因素对其职业成功的影响，值得注意的是，两性在职业成功主客观衡量标准重要性认知方面存在差异（Callanan，2004）；②阻碍女性职业成功的社会因素和组织因素（Melamed，2008），如广泛的社会性别歧视和缺乏组织支持（Goodman、Fields and Blum，2003），女性不容易进入男性主导的社会网络中获取职位晋升所需的社会资源（Wellington、Kropf and Gerkovich，2003）。研究表明，女性创新人才的创新绩效受到多方面的外在因素影响。

第五节　职业女性的工作—家庭关系研究

一　工作—家庭关系的相关理论

过去由于性别角色的"男主外、女主内"的传统思想，工作与家庭相互影响不大。直到 20 世纪 70 年代，才开始研究工作—家庭关系。

（一）工作—家庭角色理论

角色理论是最早被用来解释工作与家庭之间关系的理论，直到现在仍然受到该领域研究者的关注和广泛引用，绝大多数的工作—家庭理论都是在角色理论的基础之上。在心理学中，从角色的观点出发，来分析和研究一个人的社会行为活动，就称为角色理论。多角色理论主要是探讨多社会角色参与及其对个人幸福感的影响。而 Sieber（1974）的角色增强假说也正是站在多角色理论上的。角色理论可以说是工作—家庭理论的基础。

（二）工作—家庭关系理论

1980 年，Staines 回顾了之前研究者们对工作和家庭之间关系的讨论，从中总结出了三种类型：分割（segmentation）、溢出（spillover）和补偿（compensation）。

在 20 世纪 70 年代之前，由于性别角色的男主外女主内的传统思想占主流，工作和家庭被认为是两个独立而分割的维度，二者对彼此的影响都较小。这就是分割理论的主要思想。

由于时代的变化，女性在社会中的角色越来越重要，溢出理论出现了。该理论认为，人们会将在工作中建立的情感、态度、技能和行为带进家庭领域，同样也有从家庭带入工作的。这种溢出并不一定是正向积极的，也可以是消极的。

而补偿理论则是对溢出理论的一种引申，它在完善溢出理论的同时，引入了个体卷入水平的问题。该理论认为卷入水平在工作和家庭的维度上是对立的，即当个体在工作领域有高水平的卷入时，在家庭领域的卷入水平就会降低；同样，在家庭领域的高水平卷入就会导致在工作领域的低水平卷入。这也从一定的角度解释了工作—家庭冲突与员工的卷入水平有一定的关系。

（三）工作—家庭边界理论

在之前的工作—家庭关系的分割理论的基础上，Clark（2000）提出了工作—家庭边界理论。该理论同样将工作和家庭看作两个不同的范围，但与分割理论不同，该理论认为个体生活在这两个领域中，并且在工作和家庭的边界上徘徊。边界是对工作或家庭范围的界定，边界可以是物理的、世俗的或者是心理的。

该理论将频繁在工作和家庭之间转移的个体定义为边界跨越者，而对定义范围和边界有特别影响的范围成员被定义为边界维持者。个体既是边界的跨越者同时也是维护者，个体如何处理和界定边界和范围，决定了工作—家庭关系是否平衡。边界理论也弥补了许多对溢出和补偿理论的不足。因为工作—家庭的溢出理论和补偿理论只是认为个体从主观情感方面将工作和家庭联系起来，却没有考虑到在主观情感以外，还有工作和家庭之间的空间或行为的连接。该理论进一步丰富了工作—家庭的关系理论，学者们对之前的工作—家庭关系理论的批判在边界理论中都得到了解决和完善，同时对工作—家庭平衡的影响作出解释。

二　工作—家庭关系的相关概念

组织行为学学者主要有两种视角和观点：一种是关注于工作和家庭之间的消极作用，即对工作—家庭冲突的研究。另一种是关注于二者间的积极作用，即对工作—家庭促进的研究。

（一）工作—家庭冲突

Greenhaus 和 Beutell 在 1985 年描述工作—家庭冲突（Work - Family Conflict，WFC）这一概念为"来自于工作和家庭领域的角色压力在某些方面互不相容现象"。Greenhaus 和 Beutell 试图通过这个定义来说明角色压力是工作—家庭冲突的来源，这种不相容的现象则是工作—家庭冲突的成因，这将工作—家庭冲突定义为一种角色上的冲突。

在 1985 年 Greenhaus 就提出工作—家庭冲突具有双向性。之后，Frone（1992）也认为工作—家庭冲突是双向的概念。Frone（1992）提出的工作—家庭是双向性概念，可以分为工作对家庭的冲突（WIF）与家庭对工作的冲突（FIW）。个人在工作上的问题和压力干扰到家庭任务的完成时，这些未完成的家庭任务便会反过来影响其工作情况；反之，家庭活动中遇到的问题干扰了工作任务，未完成的工作任务便会干扰其家庭活动。尽管工作—家庭冲突有两个方面，但许多研究证明，工作对家庭的冲突是家庭对工作冲突的 3 倍 (Frone、Russell Cooper，1992)。

Greenhaus 和 Beutell (1985) 认为工作—家庭冲突可以从三个维度进行分类：基于时间的冲突 (time - based conflict)、基于压力的冲突 (strain - based conflict) 和基于行为的冲突 (behavior - based conflict)。之后的学者也认同这三种维度的分类，众多的研究以及量表的制定都是在这三个维度上分类的。如今的研究则将 Greenhaus 和 Beutell 的三维度和 Frone 的双向性结合起来，形成了六个维度，来进一步细分、深化对工作—家庭冲突的研究。

(二) 工作—家庭增益

以往的研究大多着重研究工作—家庭关系中消极的一面，即冲突。但目前越来越多的学者认为应该给予工作—家庭增益同等的地位。

工作—家庭增益的概念源于 Sieber (1974) 对工作—家庭冲突理论的质疑。Sieber 抛开以往对工作—家庭关系消极面的关注，提出了角色增强假说，即个体在角色表现中积累的收益会弥补甚至超过其角色投入造成的损失，而且个体可以通过参与多种角色活动来获得满意感以及其他有意义的资源。Sieber 是在角色理论的基础上，从多角色理论的角度，认为个体在一个角色上的良性体验会让个体在另一个角色上获得正向的收获。这种解释也说明了增益的形成原理。

由 Sieber 开始，学者们渐渐将目光投向了工作—家庭关系中积极的一面。相应地出现了许多的定义，类似的词汇有：丰富 (enrichment)(Greenhaus & Powell,2006)、良性溢出 (positive spillover)(Crouter,1984)、增进 (enhancement) (Sieber, 1974) 和促进 (facilitation) (Grzywacz, 2002) 等，因而导致了许多相似的概念直接混用。其中，目前学者们普遍认可的定义是增益或丰富 (enrichment)。Carlson (2006) 定义的增益就是 "个体在某一领域取得的角色绩效有利于个体在其他领域的表现"。工作—家庭增益理论的起步较晚，国外的研究中理论与实证相辅相成，却不丰富，国内研究就更少。唐汉瑛和马洪宇教授在总结目前国内研究时评论 "关于工作—家庭增益的实证研究还比较少，更多的则是停留在了理论方面"。因此，需要更多的实证研究来给予理论方面的支持。

与工作—家庭冲突相似的是，工作—家庭增益的双向性是普遍被认可的。Grzywacz 和 Nadine (2000) 提出了工作—家庭双向溢出模型 (如图 2 -4 所示)。

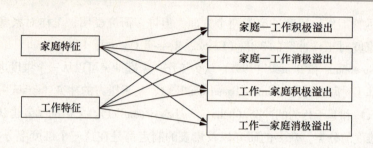

图 2 – 4　Joseph G. Grzywacz 和 Nadine F. Marks 的工作—家庭双向溢出模型

　　这个模型充分展示了工作与家庭的双向性，但是这个模型的不足在于只考虑了家庭和工作特征对工作—家庭关系的影响，却忽略了其他的因素。Greenhaus 和 Powell（2006）提出"工作—家庭促进双路径模型"，认为工作和家庭间的促进作用（关注于个体层面）是通过工具路径和情感路径实现的。这样，就得到了一个四维的分析方法，并得到了认可。

　　（三）工作—家庭平衡

　　工作—家庭平衡（work – family balance）是指工作和家庭功能良好，个体得到满意的心理状态，使角色冲突最小化，能平等地参与工作和家庭角色活动，并能获得同样的满足。一般认为工作—家庭平衡有三种含义：取得某种平衡（名词），使工作需求和家庭需求平衡（动词）以及过上一种平衡的生活（形容词）。它包括三个组成部分，即时间平衡——花在家庭中和工作中的时间相等，投入平衡——对工作和家庭中的心理投入相等，满意平衡——对自己工作的角色和家庭中的角色的满意度相等。当这三个部分都处于较高水平时，称为积极平衡（Positive Balance）；反之，当它们处于较低水平时则称为消极平衡（Negative Balance）。

　　这个领域中的探索也取得了一定成果，并涉及工作—家庭平衡的前因变量和结果变量问题。工作—家庭平衡研究中的前因变量主要有人格特征、角色环境和角色投入。人格变量主要有前瞻性人格、神经质人格和乐观人格。Bateman（1993）提出，前瞻性人格（proactive personality）的个体会主动地采取措施或积极地参与到其中去解决工作—家庭冲突以促进工作—家庭平衡。前瞻性人格与工作—家庭平衡呈正相关关系。另外一个人格变量是神经质，Wayneetal（2004）认为神经质与工作—家庭平衡呈负相关，神经质人格的个体不善于促进工作—家庭平衡。乐观性也是工作—家庭平衡的重要前因变量，它和个体的工作—家庭平衡水平呈正相关，高乐观性的个体非常善于在工作和家庭生活之间寻求平衡。最后一个前因变量是角色投入，个体的角色投入水平与其工作—家庭平衡水平是呈正相关关系。研究表明，工作—家庭平衡与个体的工作满意度和组织承诺呈正相关。另外，还有学者考察了性别在个体工作—家庭平衡中的调节作用，结果发现男性比女性更容易解决冲突，走向平衡。

三　工作—家庭关系的研究动态

（一）工作—家庭冲突

工作—家庭冲突研究涉及的前因变量主要有三个领域，即工作领域变量（工作投入、工作所花时间、工作支持、时间弹性和工作压力）、非工作领域变量（家庭支持、家庭压力、孩子数量、配偶工作状况及婚姻状况）和人口统计学变量/个体变量（性别、收入、个体的应对方式）。Byron（2005）通过严格的标准对61篇研究进行了综合分析，结果发现不同领域的前因变量对工作—家庭冲突的两种方式的影响是不同的。工作—家庭冲突结果变量的研究是最丰富的，但存在的争议也最多。工作—家庭冲突研究中的结果变量包括工作相关结果变量（工作满意度、组织承诺、离职意向、缺席、工作表现、职业满意度）、非工作结果变量（生活满意度、婚姻满意度、家庭满意度、家庭表现、休闲满意度）和压力相关结果变量（心理压力、生理症状、压抑、物质滥用、工作相关的压力、家庭相关的压力）。在工作—家庭冲突压力相关结果的研究中，学者们的结论还是比较一致的，即认为工作—家庭冲突与压力相关结果呈正相关关系。另外，在工作—家庭冲突的研究中，还涉及部分的调节变量，目前文献中提到的调节变量包括应对策略（Coping Strategies）、负性情感（Negative Affectivity）和角色再定义（Role Definition）等。

目前，关注负面情绪（Bruck，1988；Carlson，1999；Stoeva et al.，2002；Bruck et al.，2003）和大五人格（Bruck et al.，2003）与工作—家庭冲突的关系的研究比较多。神经质人格作为大五人格中的一个维度，有研究（Grzywacz & Marks，2000；Wayne、Musisca & Fleeson，2004）证明其与工作—家庭冲突的消极情感相联系。此外，工作—家庭冲突与消极情感和A型人格正相关（Michel & Clark，2009），而与自我效能感和特质情绪智力（Biggart et al.，2010）负相关。还有研究发现，应付风格和技能、心理控制源（Ngah、Ahmad & Baba，2009）等非特质人格变量也是工作—家庭冲突的重要影响因素。

工作—家庭冲突与工作相关变量的研究：Burke（1988）对警官样本的研究发现，高水平的工作—家庭冲突和更高的心理倦怠、疏离以及较低的工作满意度相关。近年来，Thomas 和 Canster（1995）报告在健康看护样本中，工作—家庭冲突和工作满意度存在负相关，和抑郁、身体不适有正相关。Lyness 和 Thompson 曾检验了三种类型的组织承诺与工作—家庭冲突的关系，得出如下结论：工作—家庭冲突与情感承诺（affective commitment）呈负相关；与持续承诺（continuance commitment）呈正相关；与标准承诺（normative commitment）不相关。有研究显示，高工作—家庭冲突的个体往往被其上司知觉为低绩效者，并因此而较少获得晋升机会（Hoobler、Wayne & Lemmon，2009）。

非工作相关变量的研究主要集中于婚姻和家庭满意度。研究表明，工作—家庭冲突与低婚姻满意度和家庭满意度相关（Karatepe & Sokmen，2006）。工作—家庭冲突不仅与低家庭生活质量相关，还会导致低家庭绩效（Frone 等，1997）。

（二）工作—家庭增益

工作—家庭增益中的前因变量主要有个体特征、工作—家庭认同、工作—家庭支持等。个体特征是工作—家庭增益的一个重要前因变量，不同的个体所体验到的增益程度是不同的。目前，研究结果一般认为工作认同和家庭认同与工作—家庭增益是呈正相关的。其次是工作—家庭支持（work - family support），它有四种形式，其中工作领域中的支持为官方支持和非官方支持，家庭领域支持为工具性支持和情感性支持。工作—家庭支持与工作—家庭促进也是呈正相关的，随着个体感知到的工作—家庭支持的增多，工作和家庭之间相互促进的程度越大，对于工作满意度、组织承诺、组织公民行为及离职意向的积极作用也越强。这些变量的研究结果表明，工作—家庭增益与工作满意度、组织承诺、组织公民呈正相关，与离职意向呈负相关。

由于个体性格和特性各不相同，有些人总可以从环境中获得更多的益处。因此，个体人格特质差异一直是研究工作—家庭关系的一个重要变量。Wayne 等（2004）研究了大五人格特质（外向型、宜人型、认真型、神经质型、开放型）与工作—家庭增益的关系，结果表明外向型与工作—家庭增益显著相关，宜人型和认真型与家庭对工作的增益正相关，神经质型与工作对家庭的增益负相关，而开放型与工作对家庭的增益正相关。Grzywacz 和 Butter（2005）研究了个体成长倾向对工作特征和工作—家庭增益关系的调节作用，但结果并没有支持这一假设。Aynee 等（2005）基于前瞻性人格（proactive personality）、神经质（neuroticism）人格和乐观主义来考察个体人格特质对工作—家庭增益的影响。Boyar 等（2007）认为核心自我评估是研究工作—家庭增益的重要变量，核心自我评估包括自尊、情绪稳定性、心理控制源、一般自我效能四个维度。

工作相关变量，包括工作总体特征（如丰富性、自主性）以及工作中可获得的具体资源等，对工作—家庭增益也会产生一定的影响。资源丰富的工作有利于工作对家庭的增益，当个体从事的工作具有更多自主性和多样性，而且工作要求个体具有一定的专业性社会技能时，个体能够获得更多的工作对家庭的增益（Grzywacz、Butter，2005）。一方面，由工作带来的对家庭有用的资源通常来源于工作结构和工作程序，如灵活性产生于时间结构（轮换）和程序（灵活的政策）。Grzywacz 和 Marks（2000）研究发现微观工作系统（如工作时间、决策权、工作压力、工作支持）会显著影响工作—家庭增益。另一方面，工作所提供的资源是工作—家庭增益的基础。但是，有关不同资源是否通过不同路径来影响工作—家庭增益的实证研究还非常少见（Wayne et al.，2004）。

目前，有关家庭相关变量影响工作—家庭增益的研究相对较少，学者们更多地把家庭领域的情境因素作为结果变量。Grzywacz 和 Marks（2000）运用生态系统理论考察了微观家庭系统因素（如婚姻状况、子女年龄、配偶的情感支持及其他家庭情感支持和负担）对工作—家庭增益产生的影响。Hammer 等（2005）研究发现，配偶感受到的工作—家庭增益与其一年后的紧张症状负相关。目前，有关家庭领域的相关变量影响工作—家庭增益的实证研究为数甚少，主要原因在于样本收集比较困难。未来的研究应该关注配偶的性格特征、家庭特征以及配偶特征和个体特征的交互作用对工作—家庭增益的影响。

目前有关工作—家庭增益结果变量的研究仍以个体的家庭满意度和组织满意度为主（Tompson、Werner，1997；Aryee et al.，2005）。也有一些学者关注工作—家庭增益对个体心理健康和生理健康的影响（Grzywacz，2000；Grzywacz、Bass，2003）。工作—家庭增益研究的结果变量与工作—家庭冲突研究的结果变量具有某些相似之处。如工作对家庭的增益会导致家庭系统效能的增强。高水平的增益（如工作对家庭的增益）主要表现为个体参与某种角色活动（如工作）会提高其参与另一角色活动（如家庭）的绩效。比如，员工把在工作中获得的新技能、新思想、自信心或自尊或者收入带回家庭，就能改善家庭状况，从而提高其他家庭成员对家庭系统的满意感。也有学者认为，个体从工作中获取各种心理、智力和情绪资源，根据交换理论和互惠原则，会对工作产生积极的情感和行为。实际上，已有实证研究表明，具有工作对家庭增益倾向的个体，往往对工作具有较强的满意感，因而会更加努力地工作（Wayne et al. , 2004）。

（三）工作—家庭平衡

人格变量研究较多的是前瞻性人格、神经质人格和乐观性人格对工作—家庭平衡的预测。Bateman 和 Crant（1993）认为具有前瞻性人格的个体不容易被情境中的压力所改变，反而能影响环境的改变。Aryee（2005）测量了前瞻性人格在工作—家庭平衡情景中的影响，发现该人格与工作—家庭冲突负相关，与工作—家庭促进正相关。神经质人格作为大五人格中的一个维度，有研究（Grzywacz & Marks, 2000；Wayne、Musisca & Fleeson, 2004）证明其与工作—家庭冲突的消极情感相联系。乐观性人格所拥有的高度自信能够增强个体的心理幸福感（Baruch、Barnett & Rivers, 1983），有利于克服生活中的压力。同时，具有乐观性人格的个体对行动的结果常有积极的期望，因而在行动中显得更为努力。Aryee（2005）的研究发现乐观性人格更容易获得社会支持，对压力情景会采取更多的应对方式，因而对平衡工作和家庭非常有利。

与工作相关的前因变量主要包括了工作特性、工作角色卷入和组织支持。工作特性中研究较多的是弹性工作时间、弹性工作地点和工作操作灵活性对工作—家庭平衡的影响。Hill（2001）研究发现，在同等工作任务量的条件下，弹性工作时间和弹性工作地点能让员工体验到更多的工作—家庭平衡，对个人和组织都有益。然而，也有研究者，如 Clak（2001）在对弹性工作时间与平衡的关系进行研究时，并未发现二者显著相关。工作操作灵活性的研究表明，其可以提高个体工作中的自主性，推进员工的工作—家庭平衡。此外，角色卷入是指个体心理的卷入，全神贯注在一个领域而无法完成另一个领域的需求或者责任（Aryee, 2005）。研究表明对工作角色的高度卷入会带来工作对家庭的不平衡，进而产生冲突（Greenhaus & Parasuraman, 1999；Aryee, 2005）。最后，根据 House（1981）对社会支持的理解：这是一种人际交换，包括情绪关注、工具性援助、信息或者理解。上级或者指导者、组织文化的支持通常有利于降低个体在平衡工作和家庭角色两个角色的冲突（Carlson & Perrewe，1999；Thompson、Beauvais & Lyness，1999）。Alan 等（2001）研究发现当组织实施与员工家庭相关的友好政策时，有助于个体的工作—家庭平衡，提高个体对工作的满意感。

家庭作为另一个主要的生活领域，其主要的前因变量包括家庭特征（如孩子的数量、年龄、家庭结构等）、家庭角色卷入和家庭支持。在家庭特征中，研究者们发现孩子的数量、年龄都会影响工作—家庭平衡。孩子数量越多，或者孩子的年龄在 18 岁以下，会给平衡带来挑战（Carlson，1999；Grzywacz & Marks，2000；Greenhaus et al.，2003）。另外，家庭结构也是影响平衡的重要因素。Salzstein 等（2000）研究发现，在典型的传统家庭结构中（男性工作，女性操持家务和照顾孩子），男性在平衡工作和家庭时难以满意，而同样的问题也存在于有孩子的双职工家庭的妇女身上。其次，也有研究者证实个体在家庭角色中的高度卷入会带来工作—家庭冲突，让个体体验不到平衡（Carlson & Perrewe，1999；Grzywacz & Marks，2000）。最后，缺乏家庭支持，特别是缺乏配偶支持的个体会感到难以平衡工作和家庭，体验到较高的工作—家庭冲突（Carlson & Perrewe，1999；Grzywacz & Marks，2000）。

对工作—家庭平衡的结果变量目前研究得比较少，多集中于平衡给工作和家庭带来的满意感、对生活质量的提高和组织承诺方面。Clark（2001）研究发现平衡的个体能体验到工作和家庭角色带来的满意感，降低角色冲突。Aryee（2005）也发现工作—家庭平衡与满意感相关。对于平衡与生活质量二者之间的关系，Kofodimos（1993）曾指出平衡的个体能降低角色冲突所带来的消极体验，进而提高生活质量，促进工作效率。Greenhaus（2003）也证实了当个体积极地投入到角色中时，不仅能获得满意感，而且能提高个体的生活质量。另外，平衡的结果还体现在组织承诺上。Allen 等（2000）研究发现平衡能够提高个体的组织承诺。Rhoades 和 Eisenberger（2002）的研究也发现，如果员工在平衡工作和家庭时得到了组织的支持，会提高他们对组织的承诺，而且这个研究结果在跨文化的情景中也得到了证实（Yoon & Thye，2002）。

第三章 职业女性工作—家庭问题研究的家庭视角

——家庭生命周期

就读 MBA 的张女士是苏州一家连锁酒店的人事经理，选择读 MBA 的初衷是想通过读书拿学位为进一步升职提供更大的空间，临近毕业时公司给了她升职的机会，拟提拔她到上海总部任职。这个机会很难得，但她经过和家人的协商，考虑到孩子小，如果夫妻两人都忙于事业，会减少对孩子的关爱，最终还是放弃了这次机会。像张女士这样的职业女性所面临的工作—家庭平衡的问题一直是一个热点话题，是否已有婚姻、是否有子女、子女的年龄等问题，都会影响女性的职业发展决策。本书以家庭为出发点，从家庭生命周期的角度，探究处于不同家庭生命周期的职业女性的工作—家庭平衡问题。

第一节 家庭生命周期的相关概念与研究动态

工作和家庭作为个体生活中的两个重要的领域，二者互相交织影响。自 20 世纪 90 年代起，中国由计划经济体制转变为市场经济体制，中国进入高速的工业化、市场化和城市化的发展。温饱问题已不再是人们工作目的的重点，实现个人的价值、提高生活品质成为更重要的原因。在这种新的价值观下，工作不是单纯地为家庭服务，家庭也需要为工作做出让步，成为工作的支持者，协助个人工作绩效的提升和获得工作满意感。而因市场经济体制产生的激烈竞争，使得员工面临更大的工作压力和工作强度，需要员工投入更多的时间和精力。基于稀缺性假设（Rothbard，2001），个人处理工作与家庭事务的时间和精力是有限的，这又使得工作与家庭的矛盾尖锐化。另外，中国社会目前大多数家庭都是双职工家庭，家庭的事务安排也越来越脱离了传统的性别角色。因而，在传统观念和社会现实的相互作用下，工作和家庭之间相互的影响越来越大。

工作和家庭的关系对个体、组织、家庭、政府和社会都是一个至关重要的问题。"如果工作与家庭出现不平衡，将可能导致职员离职、产生工作压力与倦怠、影响家庭关系与职员身心健康"。如何正确处理和解决工作与家庭的关系已成为一个亟待解决的问题。

工作—家庭平衡的话题一直处于热点的状态，但针对工作—家庭冲突和工作—家庭增益的研究，目前国内大多都是讲国外的理论引进，实证研究并不多见。国外对于工作—家庭平衡有一定的实证研究，但是由于中国和国外的家庭、工作情况存在一定的差异，国外的研究结论又难以直接应用到中国的企业和家庭中去。家庭生命周期多用于人口统计学中，在家庭生命周期的每一个阶段，都会因家庭的人口组成、年龄、家庭负担等因素发生差异，每个阶段的家庭都有其特有的任务和需求。由于家庭生命周期的这个特性，对于工作—家庭关系会产生一定的影响。运用家庭生命周期，从家庭的角度来研究工作—家庭平衡，是本书的一个创新。

研究探讨中国家庭环境下的工作—家庭平衡，不管是站在企业的角度，还是站在职员的角度上，都是有意义的。研究结果将为企业帮助职员，或个人平衡自身工作与家庭的关系提供参考依据，为企业或个人更好地取得工作—家庭平衡，提供帮助。

将工作—家庭平衡分为工作—家庭冲突与工作—家庭增益两个维度，探索中国式的工作—家庭冲突与增益的内容。通过理论与问卷的探索性因子分析，将工作—家庭增益划分为 4 个因子：工作对家庭工具性增益、工作对家庭心理性增益、家庭对工作工具性增益、家庭对工作心理性增益，将工作家庭冲突划分为 6 个因子：工作对家庭的时间冲突、家庭对工作的时间冲突、工作对家庭的压力冲突、家庭对工作的压力冲突、工作对家庭的行为冲突、家庭对工作的行为冲突。进而分析家庭生命周期的不同阶段对工作—家庭平衡的影响机制。本书的构想如图 3-1 所示。

一　家庭生命周期的概念

家庭生命周期（Family Life cycle）的理论最早源于 Evelyn Duvall 和 Reuben Hill 的家庭发展理论（Family Developmental Theory），指的是家庭会像人一样有成长和发展，会经历各种阶段。家庭发展理论无疑是一个科学的理论，在家庭发展理论形成之后，家庭生命周期作为第一个系统的研究方法，就此诞生。

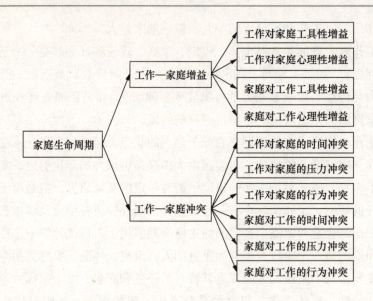

图 3 - 1　研究模型

　　家庭生命周期作为一个复杂的人口统计学细分变量，在家庭生命周期的每一个阶段，都会因家庭的人口组成、年龄、家庭负担等因素发生差异，每个阶段的家庭都有其特有的任务和需求（如表 3 - 1 所示）。这些任务不仅说明了家庭生命周期的成长阶段，还深深地影响到了家庭中的个体，包括压力和需求。

表 3 - 1　　　　　　　　　　家庭生命周期阶段与家庭发展任务

家庭生命周期阶段	任务
离家：单身	a. 区别自己和原生家庭的关系 b. 发展亲密的同侪关系 c. 从工作和经济的独立中建立自我
经由婚姻，形成家庭	a. 婚姻系统的形成 b. 扩大重组自己和配偶的家庭与朋友的关系
成为父母：生育孩子	a. 为孩子的来临调整婚姻系统 b. 加入教养孩子、经济和家务工作 c. 与大家庭关系的重组，包括养育下一代和照顾上一代的角色
孩子进入青少年阶段	a. 改变亲子关系，允许青少年在系统中进出 b. 重新关心中年婚姻和生涯的议题 c. 开始转移到照顾更老的一代

续表

家庭生命周期阶段	任务
中年家庭生活： 孩子离家	a. 重新审视婚姻系统 b. 和日渐长大的孩子发展成人对成人的关系 c. 重组姻亲和祖孙辈的关系 d. 处理父母（祖父母）的残疾和死亡
后期生活	a. 面对生理的衰退，维持自己和（或）夫妻的职责与功能，探讨新的家庭与社会角色 b. 给中生代更多角色的支持 c. 支持尊重长者的智慧和经验，而不给予太多指责 d. 处理失去配偶、手足和其他同侪的失落

在国内外研究中，作为一种研究者应用非常广泛的研究方法，家庭生命周期能够将家庭进行辨别、区分和归类。家庭生命周期研究中有几个具有代表性的模型，除此之外更重要的是，家庭生命周期没有一个完全固定的划分标准和模式，任何研究者都可以根据其研究内容、研究目的和研究对象，对家庭生命周期加以细化、分割，形成适用于各种文化和社会环境的模型。

二　起源与发展

在家庭发展理论的基础上，家庭生命周期的概念是由 Rowntree 于 1903 年提出的。Rowntree 将人的一生从出生到死亡分成了 9 个阶段，如图 3 - 2 所示。虽然这还不能算是严格意义上的家庭生命周期，但是 Rowntree 利用重要事件来划分家庭生命周期的阶段的思路，成为家庭生命周期划分的重要基础，影响了之后的几乎所有家庭生命周期模型。

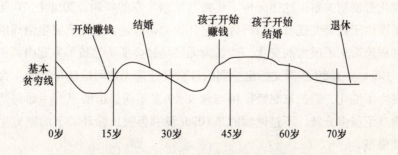

图 3 - 2　Rowntree 的家庭生命周期

之后家庭生命周期的概念渐渐完善，家庭生命周期从原来的模糊的概念变成一个比较完备的理论框架。这个时期的主要代表人物有希尔（R. Hill）、杜瓦尔（E. M. Duvall）、埃多斯（J. Aldous）、格里克（P. Glick）、罗杰斯（R. Rodgers）等人。

家庭生命周期的众多模型中最具有代表性的是 Paul C. Glick 在 1949 年的一篇论文中提出来的（见表 3 – 2）。和 Rowntree 一样，他根据标志每一阶段的起始与结束的重要事件，将家庭生命周期划分为形成、扩展、稳定、收缩、空巢与解体 6 个阶段。这个模型是被普遍接受和运用最为广泛的模型，此后的模型研究大多是基于 Glick 的模型上进行拓展的。

表 3 – 2　　　　　　　　　　Glick 的家庭生命周期模型

阶段	起始	结束
形成	结婚	第一个孩子的出生
扩展	第一个孩子的出生	最后一个孩子的出生
稳定	最后一个孩子的出生	第一个孩子离开父母亲
收缩	第一个孩子离开父母亲	最后一个孩子离开父母亲
空巢	最后一个孩子离开父母亲	配偶一方死亡
解体	配偶一方死亡	配偶另一方死亡

此外，Paul C. Glick（1947）在家庭生命周期研究领域，还有许多重大贡献。Glick 是第一位清晰界定家庭生命周期内容的学者，他的模型虽然受到不少批评，但仍然是家庭生命周期研究的重要基础，以后的研究大多是在此基础上进行扩展和修正的。

Glick 还提出家庭生命周期理论的基本模式与婚姻的稳定性、生育率的变化有密切关系，他还分析了离婚与单亲家庭的特质。20 世纪 70 年代的美国由于社会变迁，晚婚晚育情况开始变得普遍，这给家庭生命周期模型和理论带来了极大的变化，他认为无疑是社会变革导致了家庭内部的变化。Glick 在 1989 年撰文指出急剧的社会变迁毫无疑问地使得家庭生命周期发生了变化，新的家庭特征则与他在 40 多年前提出的家庭生命周期模型出现了很多分歧，不过遗憾的是 Glick 没有再提出新环境下的家庭生命周期模型。

与 Glick 同期，还有 Duvall 和 Hill（1948）的家庭生命周期模型，如

表 3 - 3 所示。Duvall 和 Hill 的家庭生命周期模型中增加了一个学龄阶段，更加注重的是家庭中子女的成长过程。Duvall 和 Hill 将孩子上学作为一个重要事件来处理，认为在孩子的成长过程中家庭成员的任务与需求会有极大的不同。

表 3 - 3　　　　　　Duvall 和 Hill 的家庭生命周期模型

家庭生命周期
无子女
扩展阶段（从生育第一个孩子到最后一个孩子）
学龄阶段
稳定阶段（从最后一个孩子出生到第一个孩子离家）
收缩阶段
老伴阶段（子女全部离家）
丧偶阶段

家庭生命周期的模型总是和特定时代背景下的家庭特征密切相关，后来的学者在 Glick、Duvall 和 Hill 的家庭生命周期模型的基础上，对家庭生命周期模型提出了各种更为精细的划分方法。国外的众多学者都根据自己的研究需要提出了各自的家庭生命周期模型，但能够广泛运用于各种研究的主要有三类，分别是 Gilly 和 Enis（1982）、Murphy 和 Staples（1979）、Wells 和 Gubar（1966）的模型，如表 3 - 4 所示。同类型的家庭中I、II、III阶段以家庭主人的年龄进行划分，以下三个模型的年纪划分有所不同（见表 3 - 4）。

表 3 - 4　　　　Gilly 和 Enis、Murphy 和 Staples、
Wells 和 Gubar 的家庭生命周期模型

Gilly 和 Enis	Murphy 和 Staples	Wells 和 Gubar
单身I	单身青年	年轻单身
单身II	已婚青年没小孩	新婚夫妇
单身III	离婚青年没小孩	满巢I
没小孩的夫妇I	已婚青年有小孩	满巢II
没小孩的夫妇II	离婚青年有小孩	满巢III
没小孩的夫妇III	已婚中年没小孩	空巢I：尚在工作

续表

Gilly 和 Enis	Murphy 和 Staples	Wells 和 Gubar
满巢 I	中年离婚没小孩	空巢 II：退休
满巢 II	已婚中年有小孩	独居 I：尚在工作
满巢 III	中年离婚有小孩	独居 II：退休
单亲 I	已婚中年孩子已独立	
单亲 II	中年离婚孩子已独立	
单亲 III	老年已婚	
空巢	老年未婚（离婚、鳏寡）	

我们可以从这三个模型中看到当时的美国家庭结构与 Glick 和 Duvall 时期相比已经发生了一定变化，他们的模型变得更为复杂，这是因为当时越来越多的年轻人选择同居或晚婚，结婚不生育或晚育，包括离婚率也在上升等。

细看这三个模型，还可以发现它们的区别。Wells 和 Gubar 以及 Murphy 和 Staples 的模型中都考虑到了老年已婚和离婚或丧偶阶段，Wells 和 Gubar 则依据是否工作再进行细分。Gilly 和 Enis 以及 Murphy 和 Staples 的模型则增加了离婚、单亲和分居阶段，从这一角度 Gilly 和 Enis 以及 Murphy 和 Staples 的模型是一致的。Gilly 和 Enis 还考虑到了当时的同居情况，还将同居者和已婚夫妇一样看待，这可能与 Gilly 和 Enis 的模型最晚出现有关，因为当时的晚婚同居现象也更为普遍明显，同时将离婚却没有孩子视为单身。

另外，在家庭中夫妇的年龄维度划分上也存在着重大区别，Wells 和 Gubar 用 45 岁来作为满巢 I 和满巢 II 阶段的划分界限，Gilly 和 Enis 以及 Murphy 和 Staples 的模型都以 35 岁作为划分界限。而 Gilly 和 Enis 以及 Murphy 和 Staples 的区别在于，Murphy 和 Staples 的模型选择男主人的年龄为划分依据，而 Gilly 和 Enis 的模型则选择女主人的年龄来划分，这是由 Gilly 和 Enis 开创的。Gilly 和 Enis 考虑到美国当时传统看法，大多数女性在 35 岁之后就不再生育了，这与孩子的成长有着重要联系，同时女性在家庭中扮演越来越重要的角色。

尽管这三个模型都有将非表格中划分的情况列为"其他"一类，但也存在着区别。除了 Gilly 和 Enis 的模型，同居者都被列入"其他"。单亲家庭也被 Wells 和 Gubar 列入了其中。Schaningen 和 Danko（1993）分析了这三种模型，发现 Gilly 和 Enis 的模型优于他者。Wells 和 Gubar 模型中"其他"占有 28%，Murphy 和 Staples 的"其他"也有 19%，而 Gilly 和 Enis 的模型中的"其他"不到 1%。同时 Gilly 和 Enis 的模型包含了美国全部家庭的 99.5%。

三　适合中国的家庭生命周期模型

Gilly 和 Enis 的模型是高度适合美国社会的家庭生命周期，而我国学者的家庭生命周期大多是"对某一（些）地区的消费者进行分析，难以全面分析我国的真实情况，从某一因素来划分人群，定性分析家庭生命周期各阶段的行为差异，对家庭生命周期的划分过于简略，直接针对我国特征的研究不多"（李瑶，2005）。因此，国内缺少详细且符合中国国情的家庭生命周期模型，这可能还需要一段时间的研究才能趋于成熟。

鉴于家庭趋同论的观点，中国的现代化过程对家庭发展的影响应该和美国是一致或相似的，但是中国家庭和美国家庭还是存在差异的。2013年美国人口普查局的报告显示，过去 40 年来，美国的传统家庭结构正在逐渐减少，高达 57% 左右的家庭没有子女。此外，更多人选择独自生活，近 1/3 的家庭是由一个人组成。而中国 2010 年人口普查数据结果显示中国平均每个家庭户的人口为 3.10 人，比 2000 年第五次全国人口普查的3.44 人减少 0.34 人，但是家庭规模仍要比美国大。另一个中国家庭特色就是主干家庭在中国所占的比例较美国高得多。主干家庭，又称直系家庭，是指由祖父母（或外祖父母）、父母及第三代同堂的家庭。主干家庭是中国最主要的家庭形式之一，尽管近年来中国家庭的规模逐步减小，但2010 年的数据显示仍有 11.6% 的家庭属于三代及以上同堂，而在美国这种家庭几乎已经消失。因此，适应中国情况的家庭生命周期模型还有待改进。为此，于洪彦和刘艳彬基于中国家庭上述的两大特色，建立了中国式家庭生命周期模型，如图 3-3 所示。

图中的模型增加了中国特有的主干家庭形式。Gilly 和 Enis 的模型用家庭女主人的年龄作为时间维度的划分，而该模型中采用的却是家庭成员中最小孩子的年龄，这样的划分方法更加符合中国家庭以子女为中心的情况。该模型将离婚、分居和配偶死亡重新划分至单身，但却未考虑单身却有未成年孩子的情况，是这个模型的缺陷。本书根据研究目的，结合

Wells 和 Gubar（1966）与 Gilly 和 Enis（1982）的理论，并参考于洪彦和刘艳彬（2007）的中国家庭生命周期模型对家庭生命周期进行了重新划分。

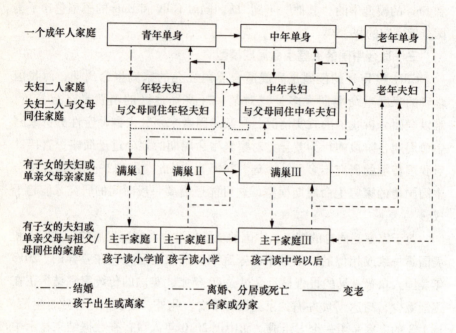

图 3 – 3   于洪彦和刘艳彬中国式家庭生命周期

四   家庭方面对工作—家庭平衡的影响

家庭方面因素在影响工作—家庭平衡中起到了巨大作用。

Byron（2005）通过元分析发现，相对于家庭层面的其他变量来说，家庭角色压力、家庭角色冲突对工作家庭冲突的影响最强烈，并且它们与工作对家庭冲突与家庭对工作冲突的相关程度都很相近。相对来说，已婚家庭比未婚者拥有更多的家庭角色压力与冲突。Shaffer（2001）发现已婚者体验到的工作家庭冲突会强于未婚者，其中的一个原因在于育儿的压力：育儿负荷越大，体验到的工作家庭冲突就会愈强（Aryee，1999）。同时，Netemeyer（1996）和 Rotondo（2003）发现子女的数量也是工作—家庭冲突显著的变量之一，子女数越多，个人体验到的工作—家庭冲突愈强。研究也表明孩子的年龄也是工作—家庭冲突的显著变量（Higgins and Duxbury，1994）。这与不同年龄的孩子需要父母付出不同的时间与精力有关。

　　Grzywacz（2002）的研究发现已经结婚的个体比没有结婚的个体体验到更多的工作—家庭增益；没有孩子的个体比有孩子的个体体验到更多的工作—家庭增益。这就正好与工作—家庭冲突相反。同时，Grzywacz 和 Marks（2000）发现家庭其他成员的情感支持和家庭—工作关系相关，其中包括了正向的溢出。

　　家庭生命周期的不同阶段正是对应这些特征。因此，将家庭生命周期作为工作—家庭平衡的影响因素进行研究。家庭生命周期的研究已经较为成熟。处在不同的家庭生命周期的阶段，家庭的需求也会随之改变，夫妻在家庭中将担任不同的角色，个人的心理、生理状况都会随之发生转变，包括对家庭、工作的投入比重也会发生转变，自然会对工作—家庭平衡会产生一定的影响。目前将家庭生命周期作为前因变量，分析工作—家庭平衡是目前研究中较少的，但又是有意义的。

第二节　职业女性的家庭生命周期的数据研究与设计

一　研究设计

（一）变量设计与测量

1. 家庭生命周期阶段的测量

　　在测量家庭生命周期阶段的问卷中，结合 Wells 和 Gubar（1966）与 Gilly 和 Enis（1982）的理论，在 Wells 和 Gubar 的 9 个阶段的家庭生命周期划分的基础上，增加了 Gilly 和 Enis 的单亲等因素，得到了新的模型。同时，参见于洪彦和刘艳彬（2007）的中国家庭生命周期模型，考虑到中国国情，将家庭成员中最小年龄者年龄作为家庭的划分标准之一，这样的划分符合中国家庭以子女为中心的现状，并且增加了中国的主干家庭形式。由于本书的目的是探讨不同家庭生命周期阶段对工作家庭平衡的影响，因此将过多的老年家庭阶段删除，但保留了夫妻在 65 岁前的家庭生命周期的阶段。最终，将生命周期划分为 12 个阶段：主要分为未婚、已婚和离异，拥有孩子的家庭分为中国式主干家庭和非主干家庭，各个阶段又以家中最小孩子的年龄划分为 0—6 岁、7—17 岁和 18 岁以上及没有孩子和孩子离开家庭工作几个阶段。如表 3 - 5 所示：

表 3 - 5　　　　　　　　　　　家庭生命周期阶段的测量

未婚
年轻夫妇（无子）
非主干家庭年轻夫妇 1（孩子处于学龄前 0—6 岁）
主干家庭年轻夫妇 1（孩子处于学龄前 0—6 岁）
单亲家庭 1（孩子处于学龄前 0—6 岁）
非主干家庭成熟夫妇 2（孩子处于上学 7—17 岁）
主干家庭成熟夫妇 2（孩子处于上学 7—17 岁）
单亲家庭 2（孩子处于上学 7—17 岁）
非主干家庭年长夫妇 3（孩子上大学或工作 18 岁以上）
主干家庭年长夫妇 3（孩子上大学或工作 18 岁以上）
单亲家庭 3（孩子上大学或工作 18 岁以上）
离巢期（孩子工作并且离开家庭 18 岁以上）

不过遗憾的是，由于样本收集时，单亲家庭的样本量过少，最后不得不放弃对单亲家庭 3 个阶段的研究，剩余 9 个家庭生命周期阶段。

2. 工作—家庭冲突的测量

本书采用 Carlson（2000）等研制的工作—家庭冲突量表，该量表包含两个方向（工作—家庭冲突和家庭—工作冲突），六个维度，共 18 个题目。量表的六个维度分别是工作—家庭时间冲突（time - based work - family conflict，WFTC）；工作—家庭压力冲突（strain - based work - family conflict，WFSC）；工作—家庭行为冲突（behavior - based work - family conflict，WFBC）；家庭—工作时间冲突（time - based family - work conflict，FWTC）；家庭—工作压力冲突（strain - based family - work conflict，FWSC）；家庭—工作行为冲突（behavior - based family - work conflict，FWBC），各包括项目 3 个题目。该量表采用李克特五点计分，"1" 代表 "非常不符合"，"2" 代表 "不太符合"，"3" 代表 "不确定"，"4" 代表 "比较符合"，"5" 代表 "非常符合"，所有题目均为正向评分。得分越高，冲突程度越高。

3. 工作—家庭增益的测量

本书采用的是唐汉瑛、马红宇等（2009）编制的工作—家庭增益问卷。该问卷包括两个方向（工作—家庭增益和家庭—工作增益）、4 个维度、14 个题目。量表的四个维度分别是，工作—家庭工具性增益（work - family instrumental enrichment，WFIE）、工作—家庭心理性增益（work - family psychological enrichment，WFPE）、家庭—工作工具性增益（family - work instrumental enrichment，FWIE）、家庭—工作心理性增益（family - work psychological enrichment，FWPE），工具性增益各为 3 个题目，心理性增益各为 4 个题目。该问卷具有良好的内部一致性信服、结构效度和效标效度；工作—家庭增益的 α 系数为 0.86，家庭—工作增益的 α 系数为 0.84，总的工作—家庭增益问卷的 α 系数达到 0.89。该量表同样采用李克特五点计分，从"1"到"5"代表"完全不同意"到"完全同意"，所有题目均为正向评分。得分越高，表示个体感受到的增益越多。

（二）样本的选取与收集

本书针对在职的员工进行取样。主要在企业和向 MBA 学生发放纸质问卷，并向发放对象说明是用于研究，以保证问卷的真实有效。同时也在网上发布问卷来增加样本多样性。第一次发放问卷 350 份，回收问卷 291 份。根据家庭生命周期与工作家庭平衡问卷题量，在 95% 的水平下确定的有效样本量需要 250 份。但由于个别被试没有完成全部测验问卷（个别题目未作答或者大部分题目未作答），或存在随意作答现象（如所有项目都做同一选择），经过筛选有效样本数为 229 份，为确保本书的严谨性，与第一次抽样时隔一个月，进行了第二次抽样，抽样仍是针对企业员工，采用纸质和网络共同取样的方式。最终，发放问卷共 500 份，回收问卷数 412 份，回收率为 82.4%，有效问卷数 352 份，有效率为 70.4%。

（三）数据分析方法

在问卷回收后，本书采用 SPSS19.0 统计软件进行数据分析。利用 SPSS 进行各量表的信度和效度检验、描述性统计分析、探索性因子分析、相关分析与方差分析等。

1. 描述性统计

数据分析时一般首先对数据进行描述性统计分析。描述性统计是指利用常规检测记录或通过专门调查获得的数据资料，按不同地区、不同时间及不同人群特征进行分组，以揭示数据分布特征的方式汇总并表达定量数据的方法。描述性统计分析可以对调查总体所有变量的有关数据进行统计性描述，主要有数据的频数分析、数据的集中趋势分析、数据的离散程度分析、数据的分布以及一些基本的统计图形。描述性统计的目的是描述测量样本的各种特征及其所代表的总体特征以发现其数据的内在规律，再选择进一步的分析方式。

本书采用横断面研究，即在特定时间点与特定范围内，以个人为单位收集并描述人群中的有关变量（因素）的分布情况。用其频数和占比来描述样本的分布与比例，以了解样本中员工的基本特征和分布情况，是进一步进行实证分析的前提。

2. 信度检测

信度是指测验结果的一致性、稳定性及可靠性，一般多以内部一致性来表示该测验信度的高低。信度检测，也叫可靠性测试，主要是检验量表在度量相关变量时是否具有稳定性和一致性。检测信度的方法有 4 种。再测法，即使用同一份问卷，对同一群受测者，在不同的时间，前后测试两次，求出两次分数的相关系数，此系数又称为稳定系数。复本相关法，即将内容相似、难易度相当的两份测验，对同一群受测者进行检测，两份分数的相关系数为复本系数或等值系数。折半法，即在同一时间施测，将整份试卷的题目按单、双数分成两组来分别计分，算出两组分数的相关系数，然后再计算整份试卷的信度系数。Cronbach's α 系数，为目前社会科学研究最常使用的信度检测方式。测量一组同义或平行测验总和的信度，如果尺度中的所有项目都在反映相同的特质，则各项目之间应具有真实的相关存在。若某一项目和尺度中其他项目之间并无相关存在，就表示该项目不属于该尺度，而应将之剔除。

本书运用 Cronbach's α 系数和 CITC 系数。Cronbach's α 系数给出了特定量表的最小信度，也是评估量表信度的最基本指标，评估量表结果的内部一致性及稳定性的程度，信度越高表示量表的误差就越小。一般认为 Cronbach's α 值介于 0.7—0.9 表示具有高信度值。一般认为项目总体相关系数 CITC 应高于 0.5，凡是 CITC 小于 0.4 的项目，且剔除后可以增加 Cronbach's α 系数的题目都应当删除（Tian、Bearden 和 Hunter，2001）。

3. 效度检测

效度（Validity）即有效性，它是指测量工具或手段能够准确测出所需测量的事物的程度。效度是指所测量到的结果反映所想要考察内容的程度，测量结果与要考察的内容越吻合，则效度越高；反之，则效度越低。要确定测量在解决某方面问题时的效度，通常需要收集充分的客观事实材料和证据，这种大量收集资料和证据来检测效度的工作过程就叫作效度验证。效度检测一般包含内容效度与建构效度；内容效度是指项目对预测的内容或行为范围取样的适当程度；建构效度又分为判别效度与聚合效度。

本书采用内容效度以及建构效度 KMO 检验进行效度分析。一般认为，广泛使用的问卷量表具有良好的内容效度，KMO 值高于 0.5，表示具有良好的建构效度，并且系数越大表示越相关。

4. 探索性因子分析

因子分析是指研究从变量群中提取共性因子的统计技术。因子分析的基本目的就是用少数几个因子去描述许多指标或因素之间的联系，即将相关比较密切的几个变量归在同一类中，每一类变量就成为一个因子，以较少的几个因子反映原有数据的大部分信息。因子分析可在许多变量中找出隐藏的具有代表性的因子。将相同本质的变量归入一个因子，可减少变量的数目，还可检验变量间关系的假设。

本书选择探索性因子分析，目的是将复杂的结构简化，找出变量的本质结构，经过分析检验后得到各个因子和题目之间的相关性后，将具有高相关性的题目归为一类，在后期分析时能够更为简易明了，也可对量表中的维度划分进行进一步的检验。使用 Kaiser 法，即特征值≥1.0 的标准来划分因子，将变量降维。

5. 方差分析

方差分析，又称变异数分析或 F 检验，用于两个及两个以上样本均数差别的显著性检验。由于各种因素的影响，研究所得的数据呈现波动状，造成波动的原因可分成两类，一类是不可控的随机因素，另一类是研究中施加的对结果形成影响的可控因素。方差分析是从观测变量的方差入手，研究诸多控制变量中哪些变量是对观测变量有显著影响的变量的方法。

本书用方差分析法来检测不同样本之间平均数的差异，若存在显著差异则采用 LSD 分析方法做事后检验，以了解各组之间的差异。如果 P 值 >0.05，不能否定"差别由抽样误差引起"，则接受 H_0；如果 P 值 <0.05 或 P 值 <0.01，可以认为差别不是由抽样误差引起的，可以拒绝 H_0。

6. 相关分析

相关关系又称联想关系、类缘关系、非等级关系。指类目之间或检索词之间除等同关系和等级关系以外的其他各种关系。相关分析是研究现象之间是否存在某种依存关系，并对具体有依存关系的现象探讨其相关方向以及相关程度，是研究随机变量之间的相关关系的一种统计方法。

本书采用相关分析，目的在于研究家庭生命周期不同阶段与工作—家庭平衡的相关性，是否存在某种依存关系。同时也确定相关关系的性质与密切程度。

二 问卷的信度和效度

（一）描述性统计

使用 SPSS19.0 对样本进行描述性统计分析。

表 3－6　　　　　　　　　　基本资料分析

变项	次数（次）	百分比（%）
性别	男：165	46.9
	女：187	53.1
年龄	20—29 岁：191	54.3
	30—35 岁：87	24.7
	36—45 岁：49	13.9
	46—55 岁：19	5.4
	56 岁及以上：6	1.7
学历	高中及以下（含中专）：26	7.4
	大专：43	12.2
	本科：211	59.9
	硕士及以上：72	20.5
婚姻状况	已婚：177	50.3
	未婚：172	48.9
	离异或丧偶：3	0.8
家庭结构	与父母居住：163	46.3
	独立生活：189	53.7
工作年限	1 年及以下（含 1 年）：129	36.6
	1—3 年（不含 1 年、3 年）：68	19.3
	3—5 年（不含 3 年、5 年）：65	18.5
	5 年及以上（不含 5 年）：90	25.6

续表

变项	次数（次）	百分比（%）
职位	中高层管理者：37	10.5
	基层管理者：78	22.2
	一般工作人员：237	67.3
企业规模	100 人以下：33	9.4
	100—500 人：133	37.8
	500—1000 人：57	16.2
	1000 人以上：129	36.6

由表 3-6 得知，男女比例分别为女性 53.1% 与男性 46.9%，基本相当。年龄主要分布在 20—45 岁，从婚姻状况看，未婚占 48.9%，已婚 50.3%，以及其他 0.8%。有 46.3% 的家庭属于中国式主干家庭。教育程度大部分都是大专及本科以上。从工作年限来看，1 年及以下（含 1 年）的居多，1—3 年（不含 1 年、3 年），3—5 年（不含 3 年、5 年）的比例相近。职位基层管理者 22.2% 与一般工作人员 67.3% 占了绝大多数。企业规模，100 人以下为 9.4%，100—500 人为 37.8%，500—1000 人为 16.2%，1000 人以上为 36.6%。

家庭生命周期阶段分布情形如表 3-7 所示：

表 3-7　　　　　　　　　　家庭生命周期阶段次数分配

变项	次数（次）	百分比（%）
未婚	172	48.9
年轻夫妇	31	8.8
非主干家庭年轻夫妇 1	31	8.8
主干家庭年轻夫妇 1	40	11.4
单亲家庭 1	2	0.6
非主干家庭成熟夫妇 2	30	8.5
主干家庭成熟夫妇 2	11	3.1
单亲家庭 2	1	0.3
非主干家庭年长夫妇 3	15	4.3
主干家庭年长夫妇 3	11	3.1
单亲家庭 3	0	0.0
离巢期	8	2.3
合计	352	100.0

家庭生命周期阶段在未婚阶段的比例为 48.9%，占了近一半。

非常遗憾的是，单亲家庭的样本量少，给单亲家庭的生命周期阶段分析，带来了一定的局限性和不准确性，因此本书的后续研究中将排除单亲家庭阶段，只研究前九个阶段对工作—家庭平衡的影响。

（二）量表的信度

1. Cronbach's α 系数

分别对工作家庭增益和工作家庭冲突量表进行 Cronbach's α 系数的运算，情况如下：

如表 3 - 8 和 3 - 9 所示，工作家庭增益量表与工作家庭冲突量表的 Cronbach's α 皆大于 0.7。说明两个量表都具有较好的信度。

表 3 - 8 工作家庭增益的 Cronbach's α 系数

Cronbach's α	项数（项）
0.898	14

表 3 - 9 工作家庭冲突的 Cronbach's α 系数

Cronbach's α	项数（项）
0.904	18

2. 项目总体相关系数 CITC

工作—家庭增益和工作—家庭冲突量表的总体相关系数情况如下：

如表 3 - 10 和表 3 - 11 所示，工作—家庭增益量表与工作—家庭冲突量表中所有问题的 CITC 系数均大于 0.5，有较好的信度。

表 3 - 10 工作—家庭增益的 CITC 系数

	校正的项总计相关性	已删除的项 Cronbach's α 值
增益 1	0.593	0.892
增益 2	0.563	0.893
增益 3	0.563	0.893
增益 4	0.627	0.890

续表

	校正的项总计相关性	已删除的项 Cronbach's α 值
增益 5	0.552	0.893
增益 6	0.595	0.891
增益 7	0.606	0.891
增益 8	0.537	0.894
增益 9	0.591	0.891
增益 10	0.547	0.893
增益 11	0.630	0.890
增益 12	0.632	0.890
增益 13	0.665	0.888
增益 14	0.557	0.893

表 3 – 11　　　　　　　　　　工作—家庭冲突的 CITC 系数

	校正的项总计相关性	已删除的项 Cronbach's α 值
冲突 1	0.539	0.899
冲突 2	0.541	0.899
冲突 3	0.562	0.899
冲突 4	0.587	0.898
冲突 5	0.537	0.899
冲突 6	0.554	0.899
冲突 7	0.632	0.896
冲突 8	0.595	0.898
冲突 9	0.535	0.900
冲突 10	0.561	0.899
冲突 11	0.569	0.898
冲突 12	0.575	0.898
冲突 13	0.530	0.900
冲突 14	0.528	0.900
冲突 15	0.571	0.898
冲突 16	0.507	0.900
冲突 17	0.557	0.899
冲突 18	0.550	0.899

（三）量表的效度

1. 内容效度

问卷的效度，即问卷测量结果的有效性。一方面，本书所采用的工作—家庭增益量表、工作家庭冲突量表，其项目已被广泛使用，在一定程度上已经保证了内容效度。并且，国内许多学者也曾采用这些量表进行相关研究。另一方面，根据 Foster（1995）的观点，检验量表内容效度的指标为各因素分数与量表总分之间的积差相关系数。

表 3－12　工作—家庭增益问卷总分与各维度的相关系数（N＝352）

	WFIE	WFPE	FWIE	FWPE	WFE
WFIE	1				
WFPE	0.524**	1			
FWIE	0.456**	0.360**	1		
FWPE	0.463**	0.495**	0.585**	1	
WFE	0.718**	0.789**	0.735**	0.831**	1

注：**表示 $p < 0.01$，*表示 $p < 0.05$。

从以上数据可以看出，问卷四个因子得分与总分的相关系数分别为 0.718、0.789、0.735、0.831，均在 0.01 水平上显著。结果表明工作—家庭增益问卷具有良好的内容效度。

表 3－13　工作—家庭冲突问卷总分与各维度的相关系数（N＝352）

	WFTC	FWTC	WFSC	FWSC	WFBC	FWBC	WFC
WFTC	1						
FWTC	0.498**	1					
WFSC	0.444**	0.494**	1				
FWSC	0.254**	0.523**	0.431**	1			
WFBC	0.222**	0.312**	0.349**	0.366**	1		
FWBC	0.254**	0.306**	0.332**	0.334**	0.557**	1	
WFC	0.664**	0.732**	0.734**	0.683**	0.641**	0.620**	1

注：**表示 $p < 0.01$，*表示 $p < 0.05$。

从以上数据可以看出，问卷六个因子得分与总分的相关系数分别为 0.664、0.732、0.734、0.683、0.641、0.620，均在 0.01 水平上显著。结果表明工作—家庭冲突问卷具有良好的内容效度。

2. 结构效度

表 3 - 14　　　　　工作—家庭增益 KMO 和 Bartlett 的检验

取样足够度的 Kaiser - Meyer - Olkin 度量		0.864
Bartlett 的球体检验	近似卡方	1887.550
	Df	91
	Sig.	0.000

表 3 - 15　　　　　工作—家庭冲突 KMO 和 Bartlett 的检验

取样足够度的 Kaiser - Meyer - Olkin 度量		0.853
Bartlett 的球体检验	近似卡方	2626.592
	Df	153
	Sig.	0.000

如表 3 - 15 所示，工作—家庭增益与工作—家庭冲突量表的 KMO 值均大于 0.7，Sig.；都为 0.000，验证了本书的量表具有较高的效度，说明内容效度良好。

三　影响工作—家庭增益的数据分析

（一）探索性因子分析

工作—家庭增益的效度分析的 Bartlett 球体检验的结果为 Sig. = 0.000，结果显著，KMO 值为 0.864，说明此量表适合进行因子分析。以特征值大于 1 的标准，并在方差极大正交旋转后在工作—家庭增益量表中得到 3 个因子。但由于文献以及运用的量表特征中有 4 个因子，而如表 3 - 16 中第四个因子的特征值为 0.924，较为接近 1。所以选用 4 个因子，因子 1：工作对家庭工具性增益；因子 2：工作对家庭心理性增益；因子 3：家庭对工作工具性增益；因子 4：家庭对工作心理性增益。如表 3 - 16 所示。

表 3 - 16 增益量表解释的总方差

成分	初始特征值			提取平方和载入			旋转平方和载入
	合计	方差的%	累积（%）	合计	方差的%	累积（%）	合计
1	6.087	43.480	43.480	6.087	43.480	43.480	4.408
2	2.072	14.801	58.281	2.072	14.801	58.281	3.606
3	1.296	9.260	67.541	1.296	9.260	67.541	4.149
4	0.924	6.597	74.137				
5	0.613	4.381	78.519				
6	0.545	3.891	82.410				
7	0.494	3.526	85.936				
8	0.479	3.419	89.355				
9	0.347	2.476	91.831				
10	0.305	2.179	94.010				
11	0.281	2.009	96.018				
12	0.225	1.608	97.627				
13	0.207	1.480	99.107				
14	0.125	0.893	100.000				

表 3 - 17 工作—家庭增益探索性因子分析与信度分析

	FWPE	WFPE	WFIE	FWIE
增益 1	0.363	-0.368	0.815	0.48
增益 2	0.259	-0.521	0.846	0.305
增益 3	0.361	-0.371	0.885	0.331
增益 4	0.387	-0.938	0.473	0.192
增益 5	0.283	-0.897	0.403	0.204
增益 6	0.341	-0.928	0.401	0.23
增益 7	0.482	-0.63	0.505	0.347
增益 8	0.385	-0.178	0.417	0.845
增益 9	0.453	-0.244	0.38	0.877
增益 10	0.453	-0.221	0.306	0.843
增益 11	0.698	-0.327	0.357	0.642
增益 12	0.847	-0.307	0.379	0.494
增益 13	0.898	-0.378	0.345	0.46
增益 14	0.85	-0.317	0.278	0.346

注：提取方法：主成分分析法。旋转法：具有 Kaiser 标准化的斜交旋转法。

表3-18　　　　　　　　　工作—家庭增益因子描述性统计

	N	极小值	极大值	均值	标准差
WFIE	352	2.00	5.00	3.942	0.537
WFPE	352	2.00	5.00	3.878	0.675
FWIE	352	1.00	5.00	3.745	0.682
FWPE	352	2.00	5.00	3.968	0.643

（二）方差分析

1. 家庭生命周期对工作—家庭增益影响的显著性

表3-19　　　　工作—家庭增益和家庭生命周期阶段量表的方差分析

		平方和	df	均方	F	显著性
WFIE	组间	16.790	11	1.526	6.777	0.000
	组内	48.878	217	0.225		
	总数	65.668	228			
WFPE	组间	21.969	11	1.997	5.278	0.000
	组内	82.107	217	0.378		
	总数	104.076	228			
FWIE	组间	39.180	11	3.562	11.581	0.000
	组内	66.739	217	0.308		
	总数	105.918	228			
FWPE	组间	27.208	11	2.473	8.011	0.000
	组内	67.000	217	0.309		
	总数	94.208	228			

由表3-20得知，不同家庭生命周期在因子1：工作对家庭工具性增益，因子2：工作对家庭心理性增益，因子3：工作对家庭心理性增益和因子4：家庭对工作工具性增益上有显著差异。

2. LSD 事后检验

在确定显著性之后，下一步就是采用 LSD 分析方法做事后检验，以了解各组之间的差异。为了简化表格，将重复的以及不明显的值删去。

（1）未婚阶段与其他阶段的比较分析

表 3 – 20 **工作—家庭增益的 LSD 事后检验 1**

(I) 家庭生命周期	(J) 家庭生命周期	均值差（I – J）			
		WFIE	WFPE	FWIE	FWPE
未婚	年轻夫妇	– 0.523 *	– 0.308 *	– 0.745 *	– 0.523 *
	非主干家庭年轻夫妇 1	0.333 *	0.588 *	0.525 *	0.616 *
	非主干家庭成熟夫妇 2	– 0.683 *	– 0.841 *	– 0.79679 *	– 0.847 *
	非主干家庭年长夫妇 3	0.469 *	0.669 *	0.735 *	0.489 *
	离巢期			0.675 *	
	主干家庭年轻夫妇 1	– 0.425 *		– 1.059 *	– 0.776 *
	主干家庭成熟夫妇 2	0.532 *	0.778 *	0.879 *	0.726 *
	主干家庭年长夫妇 3				0.553 *

注：显著性水平 Sig.；* 表示 p < 0.05。

由表 3 – 20 得知，未婚阶段与年轻夫妇（无子）阶段在所有因子：工作对家庭工具性增益、工作对家庭心理性增益、家庭对工作心理性增益和家庭对工作工具性增益方面均有显著差异；未婚阶段与非主干家庭年轻夫妇 1 在所有因子：工作对家庭工具性增益、工作对家庭心理性增益、家庭对工作心理性增益和家庭对工作工具性增益方面有显著差异；未婚阶段与非主干家庭成熟夫妇 2 阶段在所有因子：工作对家庭工具性增益、工作对家庭心理性增益、家庭对工作心理性增益和家庭对工作工具性增益方面有显著差异；未婚阶段与非主干家庭年长夫妇 3 阶段在所有因子：工作对家庭工具性增益、工作对家庭心理性增益、家庭对工作心理性增益和家庭对工作工具性增益方面有显著差异；未婚阶段与离巢期阶段在工作对家庭心理性增益方面有显著差异；未婚阶段与主干家庭年轻夫妇 1 阶段在工作对家庭工具性增益、工作对家庭心理性增益和家庭对工作工具性增益方面有显著差异；未婚阶段与主干家庭成熟夫妇 2 阶段在所有因子：工作对家庭工具性增益、工作对家庭心理性增益、家庭对工作心理性增益和家庭对工作工具性增益方面有显著差异；未婚阶段与主干家庭年长夫妇 3 阶段在工作对家庭心理性增益和家庭对工作工具性增益方面有显著差异。

（2）年轻夫妇（无子）阶段与其他阶段的比较分析

由表 3 – 21 可知，年轻夫妇（无子）阶段与非主干家庭成熟夫妇 2 阶段在工作对家庭心理性增益和家庭对工作工具性增益方面有显著差异；

年轻夫妇（无子）阶段与离巢期在工作对家庭工具性增益方面有显著差异；年轻夫妇（无子）阶段与主干家庭年轻夫妇1阶段在工作对家庭心理性增益方面有显著差异；年轻夫妇（无子）阶段与主干家庭成熟夫妇2阶段在工作对家庭心理性增益方面有显著差异；年轻夫妇（无子）阶段与主干家庭年长夫妇3阶段在工作对家庭工具性增益方面有显著差异。

表3-21　　　　　　　工作—家庭增益的 LSD 事后检验 2

(I) 家庭生命周期	(J) 家庭生命周期	均值差（I-J）			
		WFIE	WFPE	FWIE	FWPE
年轻夫妇	非主干家庭成熟夫妇2		-0.534*		-0.324*
	离巢期	0.423*			
	主干家庭年轻夫妇1			-0.314*	
	主干家庭成熟夫妇2		0.471*		
	主干家庭年长夫妇3	0.773*			

注：显著性水平 Sig.；＊表示 p＜0.05。

（3）非主干家庭年轻夫妇1（孩子处于学龄前0—6岁）阶段

由表3-21得知，非主干家庭年轻夫妇1阶段与非主干家庭成熟夫妇2阶段在工作对家庭工具性增益方面有显著差异；非主干家庭年轻夫妇1阶段与主干家庭年轻夫妇1阶段在工作对家庭心理性增益和家庭对工作心理性增益方面有显著差异；非主干家庭年轻夫妇1阶段与主干家庭年长夫妇3阶段在工作对家庭工具性增益方面有显著差异。

表3-22　　　　　　　工作—家庭增益的 LSD 事后检验 3

(I) 家庭生命周期	(J) 家庭生命周期	均值差（I-J）			
		WFIE	WFPE	FWIE	FWPE
非主干家庭年轻夫妇1	非主干家庭成熟夫妇2	-0.350*			
	主干家庭年轻夫妇1		-0.376*	-0.534*	
	主干家庭年长夫妇3	0.583*			

注：显著性水平 Sig.；＊表示 p＜0.05。

（4）非主干家庭成熟夫妇2（孩子处于7—17岁）阶段与其他阶段的比较分析

表 3 – 23   工作—家庭增益的 LSD 事后检验 4

(I) 家庭生命周期	(J) 家庭生命周期	均值差 (I – J)			
		WFIE	WFPE	FWIE	FWPE
非主干家庭 成熟夫妇 2	离巢期	0.583 *	0.685 *		0.457 *
	主干家庭年轻夫妇 1	0.258 *	0.629 *		
	主干家庭年长夫妇 3	0.933 *			

注：显著性水平 Sig.；＊表示 p < 0.05。

由表 3 – 23 可知，非主干家庭成熟夫妇 2 阶段与离巢期在工作对家庭工具性增益、工作对家庭心理性增益和家庭对工作工具性增益方面有显著差异；非主干家庭成熟夫妇 2 阶段与主干家庭年轻夫妇 1 阶段在工作对家庭工具性增益和工作对家庭心理性增益方面有显著差异；非主干家庭成熟夫妇 2 阶段与主干家庭年长夫妇 3 阶段在工作对家庭工具性增益方面有显著差异。

（5）非主干家庭中年夫妇 3（孩子上大学或工作 18 岁以上）阶段与其他阶段的比较分析

表 3 – 24   工作—家庭增益的 LSD 事后检验 5

(I) 家庭生命周期	(J) 家庭生命周期	均值差 (I – J)			
		WFIE	WFPE	FWIE	FWPE
非主干家庭 年长夫妇 3	主干家庭年轻夫妇 1		– 0.458 *		
	主干家庭年长夫妇 3	0.719 *			

注：显著性水平 Sig.；＊表示 p < 0.05。

由表 3 – 24 可知，非主干家庭年长夫妇 3 阶段与主干家庭年轻夫妇 1 阶段在工作对家庭心理性增益方面有显著差异；非主干家庭年长夫妇 3 阶段与主干家庭年长夫妇 3 阶段在工作对家庭工具性增益方面有显著差异。

（6）主干家庭年轻夫妇 1（孩子处于学龄前 0—6 岁）阶段与其他阶段的比较分析

表 3 – 25　　　　　　　工作—家庭增益的 LSD 事后检验 6

（I）家庭生命周期	（J）家庭生命周期	均值差（I－J）			
		WFIE	WFPE	FWIE	FWPE
主干家庭	主干家庭成熟夫妇2		－ 0. 566 *		
年轻夫妇1	主干家庭年长夫妇3	0. 675 *			

注：显著性水平 Sig. ；﹡表示 p＜0. 05。

从表 3 – 25 可知，主干家庭年轻夫妇 1 阶段与主干家庭成熟夫妇 2 阶段在工作对家庭心理性增益方面有显著差异；主干家庭年轻夫妇 1 阶段与主干家庭年长夫妇 3 阶段在工作对家庭工具性增益方面有显著差异。

（7）主干家庭成熟夫妇 2（孩子处于上学 7—17 岁）阶段与其他阶段的比较分析

表 3 – 26　　　　　　　工作家庭增益的 LSD 事后检验 7

（I）家庭生命周期	（J）家庭生命周期	均值差（I－J）			
		WFIE	WFPE	FWIE	FWPE
主干家庭成熟夫妇2	主干家庭年长夫妇3	0. 781 *			

注：显著性水平 Sig. ；﹡表示 p＜0. 05。

由表 3 – 26 可知，主干家庭成熟夫妇 2 阶段与主干家庭年长夫妇 3 阶段在工作对家庭工具性增益方面有显著差异。

经过进一步细致考察，家庭生命周期处于未婚阶段、处于年轻夫妇（无子）阶段、离巢期（孩子工作并且离开家庭 18 岁以上）阶段的员工的工作—家庭增益更主要源于工作对家庭心理性增益；非主干家庭年轻夫妇 1（孩子处于学龄前 0—6 岁）阶段的员工的工作—家庭增益更主要源于家庭对工作心理性增益；非主干家庭成熟夫妇 2（孩子处于上学 7—17 岁）阶段、主干家庭年轻夫妇 1（孩子处于学龄前 0—6 岁）阶段的员工的工作—家庭增益更主要源于家庭对工作工具性增益；非主干家庭年长夫妇 3（孩子上大学或工作 18 岁以上）阶段、主干家庭成熟夫妇 2（孩子处于上学 7—17 岁）阶段和主干家庭年长夫妇 3（孩子上大学或工作 18 岁以上）阶段的员工的工作—家庭增益更主要源于工作对家庭工具性增益。

3. 其他因素对工作—家庭增益的影响

为了更好地了解在工作—家庭增益上的差异性，本书也以性别、年龄、家庭结构、工作年限、职位、企业规模和教育程度进行了方差分析，更进一步来探讨不同特征的人在上述四项因子间的差异。如表 3 - 27 所示。

表 3 - 27　　　　　　　　工作—家庭增益与其他因素方差分析

	F 值				
	WFE	WFIE	WFPE	FWIE	FWPE
性别	NS	1. 306 *	1. 734 *	NS	NS
年龄	1. 500 *	NS	2. 654 *	6. 093 ***	2. 614 *
工作年限	1. 954 **	2. 918 **	3. 531 ***	8. 777 ***	3. 214 ***
职位	1. 725 *	5. 248 ***	NS	NS	1. 942 *
企业规模	1. 529 *	3. 476 **	NS	2. 526 *	NS
教育程度	NS	NS	NS	1. 945 *	NS

注: NS（Not Significant）: 表示不具有统计显著性; 显著性水平 Sig. ; ＊表示 p < 0.05, ＊＊表示 p < 0.01, ＊＊＊表示 p < 0.001。

根据表 3 - 27 可知，年龄、工作年限、职位和企业规模对工作家庭增益有显著影响。性别、工作年限、职位、企业规模在工作对家庭工具性增益方面有显著差异。性别、年龄、工作年限在工作对家庭心理性增益方面有显著差异。在工作对家庭心理性增益方面，年龄、工作年限、企业规模和教育程度有显著差异。年龄、工作年限、职位在家庭对工作工具性增益方面有显著差异。

（三）相关分析

为了更好地分析家庭生命周期与工作—家庭增益，及其不同维度之间的关系，使用相关分析，结果如下：

表 3 - 28　　　　　　　　家庭生命周期与工作—家庭增益相关性

		家庭生命周期	WFIE	WFPE	FWIE	FWPE
家庭生命周期	Pearson 相关性	1	0. 211 **	0. 193 **	0. 412 **	0. 344 **
	显著性（双侧）		0. 001	0. 003	0. 000	0. 000
WFIE	Pearson 相关性	0. 211 **	1	0. 540 **	0. 455 **	0. 438 **
	显著性（双侧）	0. 001		0. 000	0. 000	0. 000
WFPE	Pearson 相关性	0. 193 **	0. 540 **	1	0. 303 **	0. 454 **
	显著性（双侧）	0. 003	0. 000		0. 000	0. 000

		家庭生命周期	WFIE	WFPE	FWIE	FWPE
FWIE	Pearson 相关性	0.412**	0.455**	0.303**	1	0.577**
	显著性（双侧）	0.000	0.000	0.000		0.000
FWPE	Pearson 相关性	0.344**	0.438**	0.454**	0.577**	1
	显著性（双侧）	0.000	0.000	0.000	0.000	

注：N = 352，＊表示 $p < 0.05$，＊＊表示 $p < 0.01$。

从表 3 - 28 可知，家庭生命周期与工作—家庭增益有着正向的关系，并且与工作—家庭工具性增益、工作—家庭心理性增益、家庭—工作工具性增益和家庭—工作心理性增益都有一定的显著性。

（四）家庭生命周期阶段下的工作—家庭增益分析

1. 对工作—家庭增益的分析

利用图表直观地感受不同家庭生命周期阶段下工作—家庭增益的差异。

从图 3 - 4 中可以看出，工作—家庭增益程度最明显的依次是非主干家庭成熟夫妇2、主干家庭年轻夫妇1、未婚阶段、年轻夫妇、主干家庭成熟夫妇2、非主干家庭年轻夫妇1、非主干家庭年长夫妇3、离巢期、主干家庭年长夫妇3。

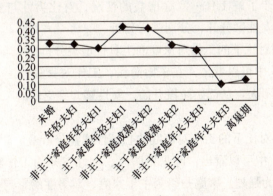

图 3 - 4 不同家庭生命周期工作—家庭增益的显著程度

2. 对工作—家庭增益不同因子的分析

利用图表直观地感受不同家庭生命周期阶段下工作—家庭增益四个维度中的差异。

从图 3 – 5 可以得出，不同家庭生命周期在工作—家庭增益不同因子方面的差异。未婚阶段和年轻夫妇（无子）阶段的工作对家庭增益明显高于家庭对工作增益，非主干家庭年轻夫妇 1（孩子处于学龄前 0—6 岁）、主干家庭年轻夫妇 1（孩子处于学龄前 0—6 岁）则相反。离巢期（孩子工作并且离开家庭 18 岁以上）的工具性增益比心理性增益明显。

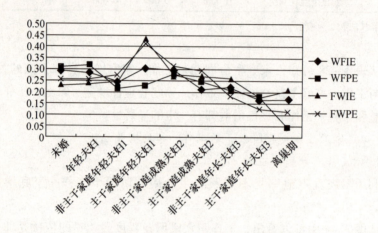

图 3 – 5　增益因子与家庭生命周期分析

3. 性别对比下对工作—家庭增益不同因子的分析

为了进一步了解工作—家庭增益的情况，对比男性与女性之间的差异，将男性与女性区分开，分别进行分析。

（1）性别对比下的工作对家庭的工具性增益分析

从图 3 – 6 中可以看出，在未婚阶段，工作对家庭的工具性增益，男性与女性差异不大。从已婚阶段开始，女性感知到更多的工作对家庭的工具性增益。

（2）性别对比下的工作对家庭的心理性增益分析

从图 3 – 7 中可以看出，除未婚阶段，女性感知的工作对家庭心理性增益比男性更为强烈。家庭是否为主干家庭，对男性的影响不大，对女性的影响明显。

（3）性别对比下的家庭对工作的工具性增益分析

从图 3 – 8 中看出，男性与女性在家庭对工作的工具性增益方面没有明显差异。

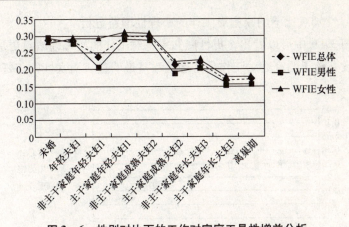

图 3 - 6 性别对比下的工作对家庭工具性增益分析

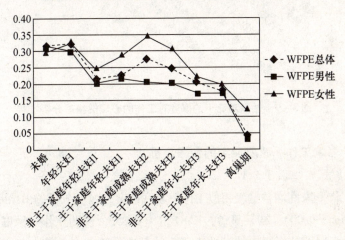

图 3 - 7 性别对比下的工作对家庭心理性增益分析

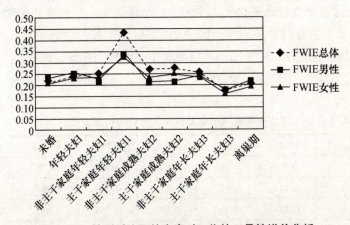

图 3 - 8 性别对比下的家庭对工作的工具性增益分析

（4）性别对比下的家庭对工作的心理性增益分析

从图 3-9 中可以看出，男性感知家庭对工作的心理性增益更加明显。男性在没有孩子的家庭对工作的心理性增益最明显，而女性则正好相反。

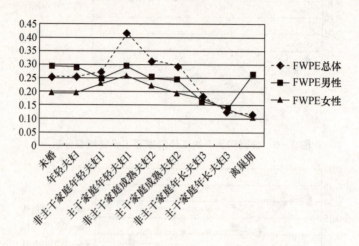

图 3-9　性别对比下的家庭对工作的心理性增益分析

四　影响工作—家庭冲突的数据分析

（一）探索性因子分析

与工作—家庭增益量表相似工作—家庭冲突的效度分析的 Bartlett 球体检验为 Sig. =0.000，结果显著，KMO 值为 0.853，说明工作—家庭冲突量表适合进行因子分析。以特征值大于 1 的标准，并在方差极大正交旋转后在工作—家庭增益量表中得到 6 个因子。与理论中六个维度正好吻合，因子 1：工作对家庭的时间冲突；因子 2：家庭对工作的时间冲突；因子 3：工作对家庭的压力冲突；因子 4：家庭对工作的压力冲突；因子 5：工作对家庭的行为冲突；因子 6：家庭对工作的行为冲突。如表 3-29 所示。

表 3-29　　　　工作—家庭冲突探索性因子分析与信度分析

	WFTC	FWBC	FWSC	WFSC	WFBC	FWTC
冲突 1	0.923	0.051	0.091	0.086	0.072	0.182
冲突 2	0.917	0.067	0.112	0.148	0.063	0.120
冲突 3	0.848	0.160	0.031	0.244	0.075	0.154
冲突 4	0.335	0.199	0.105	0.191	0.120	0.737

续表

	WFTC	FWBC	FWSC	WFSC	WFBC	FWTC
冲突 5	0.058	0.173	0.380	0.072	0.040	0.798
冲突 6	0.277	−0.020	0.270	0.326	0.044	0.625
冲突 7	0.161	0.133	0.272	0.748	0.109	0.188
冲突 8	0.209	0.160	0.193	0.817	0.092	0.116
冲突 9	0.116	0.108	0.025	0.846	0.139	0.121
冲突 10	0.129	0.060	0.741	0.120	0.170	0.251
冲突 11	0.096	0.144	0.867	0.253	0.063	0.077
冲突 12	0.018	0.117	0.780	0.082	0.255	0.304
冲突 13	0.073	0.166	0.136	0.091	0.896	0.147
冲突 14	0.094	0.294	0.160	0.148	0.812	0.037
冲突 15	0.070	0.465	0.208	0.153	0.707	−0.023
冲突 16	0.049	0.787	0.097	0.068	0.358	0.057
冲突 17	0.074	0.797	0.113	0.117	0.289	0.198
冲突 18	0.153	0.844	0.088	0.197	0.110	0.091
特征值	5.865	2.439	1.914	1.633	1.271	1.008
方差贡献率	32.584	13.522	10.631	9.071	7.062	5.599
累计方差贡献率	32.584	46.136	56.768	65.839	72.901	78.500

表 3－30　　　　　　工作—家庭冲突因子描述性统计

	N	极小值	极大值	均值	标准差
WFTC	352	1.00	5.00	2.9185	0.81718
FWTC	352	1.00	5.00	2.6958	0.73887
WFSC	352	1.00	5.00	2.9199	0.78912
FWSC	352	1.00	5.00	2.4978	0.73258
WFBC	352	1.00	5.00	2.7744	0.76602
FWBC	352	1.00	4.00	2.6084	0.62945

（二）方差分析

1. 家庭生命周期对工作—家庭冲突影响的显著性

利用方差分析的方法，分析家庭生命周期不同阶段下，工作—家庭冲突的差异显著性。

表 3 - 31   家庭生命周期阶段量表的方差分析

		平方和	Df	均方	F	显著性
WFTC	组间	18.427	11	1.675	2.716	0.003
	组内	133.829	217	0.617		
	总数	152.256	228			
FWTC	组间	11.393	11	1.036	1.988	0.031
	组内	113.080	217	0.521		
	总数	124.473	228			
WFSC	组间	28.924	11	2.629	5.047	0.000
	组内	113.053	217	0.521		
	总数	141.977	228			
FWSC	组间	29.967	11	2.724	6.398	0.000
	组内	92.393	217	0.426		
	总数	122.360	228			
WFBC	组间	21.746	11	1.977	3.829	0.000
	组内	112.041	217	0.516		
	总数	133.787	228			
FWBC	组间	12.021	11	1.093	3.028	0.001
	组内	78.313	217	0.361		
	总数	90.335	228			

由表 3 - 31 可知，不同的家庭生命周期在工作—对家庭的时间冲突（WFTC）；家庭对工作的时间冲突（FWTC）；工作对家庭的压力冲突（WFSC）；家庭对工作的压力冲突（FWSC）；工作对家庭的行为冲突（WFBC）；家庭对工作的行为冲突（FWBC）方面上均有显著差异。

2. LSD 事后检验

在确认家庭生命周期不同阶段对—工作家庭增益有显著影响之后，下一步就是采用 LSD 分析方法做事后检验，以了解各组之间的差异。为了简化表格，将表格中重复的部分以及差异不显著的部分删去。

（1）未婚阶段与其他阶段的比较分析

由表 3 - 32 可知，未婚阶段与年轻夫妇（无子）阶段在工作对家庭的压力冲突和家庭对工作的压力冲突方面有显著差异；未婚阶段与非主干家庭年轻夫妇 1 阶段在家庭对工作的时间冲突、工作对家庭的压力冲突、

表3-32 工作—家庭冲突的 LSD 事后检验表1

(I) 家庭生命周期	(J) 家庭生命周期	均值差 (I-J)					
		WFTC	FWTC	WFSC	FWSC	WFBC	FWBC
未婚	年轻夫妇			-0.528*	-0.397*		
	非主干家庭年轻夫妇1		-0.571*	-0.858*	-0.971*	-0.645*	-0.675*
	非主干家庭成熟夫妇2	-0.737*		-0.572*	-0.453*	-0.680*	-0.399*
	非主干家庭年长夫妇3			0.468*			
	离巢期					-0.546*	-0.466*
	主干家庭年轻夫妇1	-0.411*	-0.548*	-0.449*	-0.558*	-0.376*	-0.291*
	主干家庭年长夫妇3				-1.437*	-0.863*	

注：显著性水平 Sig.；＊表示 $p < 0.05$。

家庭对工作的压力冲突、工作对家庭的行为冲突和家庭对工作的行为冲突方面有显著差异；未婚阶段与非主干家庭成熟夫妇2阶段在工作对家庭的时间冲突、工作对家庭的压力冲突、家庭对工作的压力冲突、工作对家庭的行为冲突和家庭对工作的行为冲突方面有显著差异；未婚阶段与非主干家庭年长夫妇3阶段在工作对家庭的压力冲突方面有显著差异；未婚阶段与离巢期阶段在工作对家庭的行为冲突和家庭对工作的行为冲突方面有显著差异；未婚阶段与主干家庭年轻夫妇1阶段在所有因子：工作对家庭的时间冲突、家庭对工作的时间冲突、工作对家庭的压力冲突、家庭对工作的压力冲突、工作对家庭的行为冲突和家庭对工作的行为冲突上都有显著差异；未婚阶段与主干家庭成熟夫妇2阶段在家庭对工作的压力冲突和工作对家庭的行为冲突方面有显著差异。

（2）年轻夫妇（无子）阶段与其他阶段的比较分析

由表3-33得知，年轻夫妇（无子）阶段与非主干家庭年轻夫妇1阶段在家庭对工作的压力冲突、工作对家庭的行为冲突和家庭对工作的行为冲突方面有显著差异；年轻夫妇（无子）阶段与非主干家庭成熟夫妇2阶段在工作对家庭的时间冲突和工作对家庭的行为冲突阶段方面有显著差异；年轻夫妇（无子）阶段与非主干家庭年长夫妇3阶段在工作对家庭的压力冲突和家庭对工作的压力冲突方面有显著差异；年轻夫妇（无子）阶段与主干家庭成熟夫妇2阶段在工作对家庭的压力冲突方面有显著差异；年轻夫妇（无子）阶段与主干家庭年长夫妇 3 阶段在家庭对工作的压力冲突和工作对家庭的行为冲突方面有显著差异。

表 3－33 工作—家庭冲突的 LSD 事后检验表 2

(I) 家庭生命周期	(J) 家庭生命周期	均值差（I－J）					
		WFTC	FWTC	WFSC	FWSC	WFBC	FWBC
年轻夫妇（无子）	非主干家庭年轻夫妇 1				－ 0.573 *	－ 0.637 *	－ 0.457 *
	非主干家庭成熟夫妇 2	－ 0.621 *				－ 0.671 *	
	非主干家庭年长夫妇 3			0.996 *	0.465 *		
	主干家庭成熟夫妇 2			0.672 *			
	主干家庭年长夫妇 3					－ 1.040 *	－ 0.853 *

注：显著性水平 Sig.； * 表示 p < 0.05。

（3）非主干家庭年轻夫妇 1（孩子处于学龄前 0—6 岁）阶段与其他阶段的比较分析

由表 3－34 可知，非主干家庭年轻夫妇 1 阶段与非主干家庭成熟夫妇 2 阶段在家庭对工作的压力冲突方面有显著差异；非主干家庭年轻夫妇 1 与非主干家庭年长夫妇 3 在所有因子：工作对家庭的时间冲突、家庭对工作的时间冲突、工作对家庭的压力冲突、家庭对工作的压力冲突、工作对家庭的行为冲突和家庭对工作的行为冲突方面都有显著差异；非主干家庭年轻夫妇 1 与离巢期阶段在工作对家庭的压力冲突和家庭对工作的压力冲

表 3－34 工作—家庭冲突的 LSD 事后检验表 3

(I) 家庭生命周期	(J) 家庭生命周期	均值差（I－J）					
		WFTC	FWTC	WFSC	FWSC	WFBC	FWBC
非主干家庭年轻夫妇 1	非主干家庭成熟夫妇 2				0.518 *		
	非主干家庭年长夫妇 3	0.623 *	0.533 *	1.326 *	1.038 *	0.683 *	0.631 *
	离巢期			0.767 *	0.550 *		
	主干家庭年轻夫妇 1			0.409 *	0.413 *		0.384 *
	主干家庭成熟夫妇 2			1.002 *	0.769 *	0.789 *	0.810 *

注：显著性水平 Sig.； * 表示 p < 0.05。

突方面有显著差异；非主干家庭年轻夫妇1阶段与主干家庭年轻夫妇1阶段在工作对家庭的压力冲突、家庭对工作的压力冲突和家庭对工作的行为冲突方面有显著差异；非主干家庭年轻夫妇1阶段与主干家庭成熟夫妇2阶段在工作对家庭的压力冲突、家庭对工作的压力冲突、工作对家庭的行为冲突和家庭对工作的行为冲突方面有显著差异。

（4）非主干家庭成熟夫妇2（孩子处于上学7—17岁）阶段与其他阶段的比较分析

表3－35   工作—家庭冲突的 LSD 事后检验表4

（I）家庭生命周期	（J）家庭生命周期	均值差（I－J）					
		WFTC	FWTC	WFSC	FWSC	WFBC	FWBC
非主干家庭成熟夫妇2	非主干家庭年长夫妇3	1.011*		1.040*	0.520*	0.718*	
	离巢期	0.779*					
	主干家庭成熟夫妇2	0.759*		0.715*		0.824*	0.534*
	主干家庭年长夫妇3				-0.984*		

注：显著性水平 Sig.；＊表示 p<0.05。

由表3－35可知，非主干家庭成熟夫妇2阶段与非主干家庭年长夫妇3阶段在工作对家庭的时间冲突、工作对家庭的压力冲突、家庭对工作的压力冲突和工作对家庭的行为冲突方面有显著差异；非主干家庭成熟夫妇2阶段与离巢期阶段在工作对家庭的时间冲突方面有显著差异；非主干家庭成熟夫妇2与主干家庭成熟夫妇2阶段在工作对家庭的时间冲突、工作对家庭的压力冲突、工作对家庭的行为冲突和家庭对工作的行为冲突方面有显著差异；非主干家庭成熟夫妇2与主干家庭年长夫妇3阶段在家庭对工作的压力冲突方面有显著差异。

（5）非主干家庭成熟夫妇3（孩子上大学或工作18岁以上）阶段与其他阶段的比较分析

由表3－36可知，非主干家庭年长夫妇3阶段与主干家庭年轻夫妇1阶段在工作对家庭的时间冲突、家庭对工作的时间冲突、工作对家庭的压力冲突和家庭对工作的压力冲突方面有显著差异；非主干家庭年长夫妇3阶段与主干家庭年长夫妇3阶段在工作对家庭的压力冲突、家庭对工作的压力冲突和工作对家庭的行为冲突方面有显著差异。

表 3 – 36   工作—家庭冲突的 LSD 事后检验表 5

(I) 家庭生命周期	(J) 家庭生命周期	均值差（I—J）					
		WFTC	FWTC	WFSC	FWSC	WFBC	FWBC
非主干家庭年长夫妇3	主干家庭年轻夫妇1	-0.685*	-0.510*	-0.917*	-0.625*		
	主干家庭年长夫妇3			-1.009*	-1.505*	-0.900*	

注：显著性水平 Sig.；* 表示 p < 0.05。

（6）离巢期（孩子工作并且离开家庭 18 岁以上）阶段与其他阶段的比较分析

由表 3 – 37 可知，离巢期阶段与主干家庭成熟夫妇 2 阶段在工作对家庭的行为冲突和家庭对工作的行为冲突方面有显著差异；离巢期阶段与主干家庭年长夫妇 3 阶段在家庭对工作的压力冲突方面有显著差异。

表 3 – 37   工作—家庭冲突的 LSD 事后检验表 6

(I) 家庭生命周期	(J) 家庭生命周期	均值差（I－J）					
		WFTC	FWTC	WFSC	FWSC	WFBC	FWBC
离巢期	主干家庭成熟夫妇2					0.689*	0.602*
	主干家庭年长夫妇2				-1.017*		

注：显著性水平 Sig.；* 表示 p < 0.05。

（7）主干家庭年轻夫妇 1（孩子处于学龄前 0—6 岁）阶段与其他阶段的比较分析

由表 3 – 38 得知，主干家庭年轻夫妇 1 阶段与主干家庭成熟夫妇 2 阶段在工作对家庭的压力冲突、工作对家庭的行为冲突和家庭对工作的行为冲突方面有显著差异；主干家庭年轻夫妇 1 阶段与主干家庭年长夫妇 3 阶段在家庭对工作的压力冲突方面有显著差异。

（8）主干家庭成熟夫妇 2（孩子处于上学 7—17 岁）阶段与其他阶段的比较分析

表 3 - 38　　　　　　　工作—家庭冲突的 LSD 事后检验表 7

(I) 家庭生命周期	(J) 家庭生命周期	均值差 (I—J)					
		WFTC	FWTC	WFSC	FWSC	WFBC	FWBC
主干家庭年轻夫妇1	主干家庭成熟夫妇2			0. 59238 *		0. 520 *	0. 426 *
	主干家庭年长夫妇3				- 0. 87957 **		

注：显著性水平 Sig. ；＊表示 p < 0.05；＊＊表示 P < 0.01。

表 3 - 39　　　　　　　工作家庭冲突的 LSD 事后检验表 8

(I) 家庭生命周期	(J) 家庭生命周期	均值差 (I—J)					
		WFTC	FWTC	WFSC	FWSC	WFBC	FWBC
主干家庭成熟夫妇2	主干家庭年长夫妇3				- 1. 236 *	- 1. 006 *	

注：显著性水平 Sig. ；＊表示 p < 0.05。

由表 3 - 39 可知，主干家庭成熟夫妇 2 阶段与主干家庭年长夫妇 3 阶段在家庭对工作的压力冲突和工作对家庭的行为冲突方面有显著差异。

经过进一步细致考察，家庭生命周期处于未婚阶段、年轻夫妇（无子）阶段、主干家庭年轻夫妇阶段、主干家庭成熟夫妇阶段的员工在预测工作家庭冲突中真正起关键性作用的是工作对家庭压力冲突；非主干家庭年轻夫妇 1 阶段的员工的工作—家庭冲突更主要源于家庭对工作的行为冲突；非主干家庭成熟夫妇 2 阶段的员工的工作—家庭冲突更主要源于工作对家庭的时间冲突；非主干家庭年长夫妇 3 阶段的员工的工作—家庭冲突更主要源于家庭对工作的时间冲突；离巢期和主干家庭年长夫妇 3 阶段的员工的工作—家庭冲突更主要因为家庭对工作的压力冲突。

3. 其他因素对工作—家庭冲突的影响

为了更好地了解在工作—家庭冲突上的差异性，本书也以性别、年龄、家庭结构、工作年限、职位、企业规模和教育程度进行了方差分析，更进一步探讨不同特征的人在上述四项因子间的差异。如表 3 - 40 所示。

表 3 - 40　　　　　　　工作—家庭冲突与其他因素方差分析

	F 值						
	WFC	WFTC	FWTC	WFSC	FWSC	WFBC	FWBC
性别	NS	NS	NS	NS	NS	NS	NS
年龄	6. 157 **	4. 574 **	3. 423 *	3. 999 *	3. 807 *	4. 257 *	2. 897 *

	F 值						
	WFC	WFTC	FWTC	WFSC	FWSC	WFBC	FWBC
工作年限	NS	4.017*	5.027*	NS	6.070**	NS	NS
职位	6.843**	14.849***	NS	5.397*	NS	NS	NS
企业规模	NS	NS	NS	NS	3.705*	NS	NS
教育程度	6.544**	5.279*	3.417*	4.139*	5.131*	NS	NS

注：NS（Not Significant）：表示不具有统计显著性；显著性水平 Sig.；＊表示 $p<0.05$，＊＊表示 $p<0.01$，＊＊＊表示 $p<0.001$。

根据表 3 - 40 得知，年龄、职位、教育程度在工作—家庭冲突方面有显著差异。年龄、工作年限、职位和教育程度在工作对家庭的时间冲突方面有显著差异。在家庭对工作的时间冲突方面，年龄、职位与教育程度有显著差异。工作对家庭的压力冲突方面，年龄、职位和教育程度有显著差异。年龄、工作年限、企业规模和教育程度在家庭对工作的压力冲突方面有显著差异。在工作对家庭的行为冲突和家庭对工作的行为冲突方面，年龄有显著差异。

（三）相关分析

为了更好地分析家庭生命周期与工作—家庭冲突及其维度之间的关系，采用相关分析的方法，结果见表 3 - 41。

表 3 - 41　　　　　家庭生命周期与工作—家庭冲突相关性

		家庭生命周期	WFTC	WFSC	WFBC	FWTC	FWSC	FWBC
家庭生命周期	Pearson 相关性	1	0.061	0.163*	0.102	0.268**	0.186**	0.104
	显著性（双侧）		0.359	0.014	0.123	0.000	0.005	0.118
WFTC	Pearson 相关性	0.061	1	0.482**	0.433**	0.268**	0.254**	0.291**
	显著性（双侧）	0.359		0.000	0.000	0.000	0.000	0.000
FWTC	Pearson 相关性	0.163*	0.482**	1	0.509**	0.553**	0.278**	0.350**
	显著性（双侧）	0.014	0.000		0.000	0.000	0.000	0.000
WFSC	Pearson 相关性	0.102	0.433**	0.509**	1	0.478**	0.363**	0.376**
	显著性（双侧）	0.123	0.000	0.000		0.000	0.000	0.000

续表

		家庭生命周期	WFTC	WFSC	WFBC	FWTC	FWSC	FWBC
FWSC	Pearson 相关性	0. 268 **	0. 268 **	0. 553 **	0. 478 **	1	0. 426 **	0. 385 **
	显著性（双侧）	0. 000	0. 000	0. 000	0. 000		0. 000	0. 000
WFBC	Pearson 相关性	0. 186 **	0. 254 **	0. 278 **	0. 363 **	0. 426 **	1	0. 616 **
	显著性（双侧）	0. 005	0. 000	0. 000	0. 000	0. 000		0. 000
FWBC	Pearson 相关性	0. 104	0. 291 **	0. 350 **	0. 376 **	0. 385 **	0. 616 **	1
	显著性（双侧）	0. 118	0. 000	0. 000	0. 000	0. 000	0. 000	

注：N =352， * 表示 p < 0.05， * * 表示 p < 0.01。

从表 3 -41 可知，家庭生命周期与工作—家庭冲突有着正向的关系，并且与工作—家庭压力冲突、家庭—工作时间冲突、家庭—工作压力冲突有着一定的显著性。

（四）家庭生命周期阶段下对工作—家庭冲突分析

1. 对工作—家庭冲突的分析

利用图表直观地感受不同家庭生命周期阶段下工作—家庭冲突的差异。

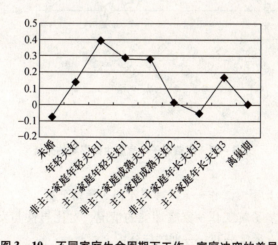

图 3 - 10　不同家庭生命周期下工作—家庭冲突的差异

回归模型中显示处于不同家庭生命周期的员工的工作—家庭冲突在不同阶段的区别。从图 3 - 10 中可以看出，工作—家庭冲突感知程度依次是：非主干家庭年轻夫妇 1（孩子处于学龄前 0—6 岁）、主干家庭年轻夫妇 1（孩子处于学龄前 0—6 岁）、非主干家庭成熟夫妇 2（孩子处于上学 7—17 岁）、主干家庭年长夫妇 3（孩子上大学或工作 18 岁以上）、年轻夫妇、主干家庭成熟夫妇 2（孩子处于上学 7—17 岁）、离巢期、非主干家庭年长夫妇 3（孩子上大学或工作 18 岁以上）、未婚阶段。

2. 对工作—家庭冲突不同因子的分析

从图 3 – 11 可以得出，不同家庭生命周期在工作—家庭增益不同因子方面的差异。非主干家庭年轻夫妇 1（孩子处于学龄前 0—6 岁）阶段在压力上和行为上的 FIW 明显程度高于 WIF，时间上基本相当。主干家庭年轻夫妇 1（孩子处于学龄前 0—6 岁）阶段在时间上和压力上的 FIW 明显程度高于 WIF，行为上则基本相当。非主干家庭成熟夫妇 2（孩子处于上学 7—17 岁）阶段则是 WIF 高于 FIW。

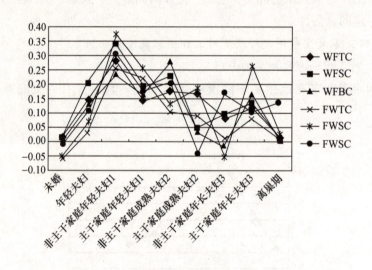

图 3 – 11　增益因子与家庭生命周期的分析

3. 性别对比下对工作—家庭冲突不同因子的分析

为了进一步了解工作—家庭冲突的情况，对比男性与女性之间的差异，将男性与女性区分开，分别进行分析。

（1）性别对比下的工作对家庭的时间上冲突分析

从图 3 – 12 可以看出，在非主干家庭年轻夫妇 1（孩子处于学龄前 0—6 岁）、主干家庭年轻夫妇 1（孩子处于学龄前 0—6 岁）、非主干家庭成熟夫妇 2（孩子处于上学 7—17 岁）、主干家庭成熟夫妇 2（孩子处于上学 7—17 岁）、主干家庭年长夫妇 3（孩子上大学或工作 18 岁以上）阶段，女性感知到的工作对家庭时间上冲突比男性更明显。

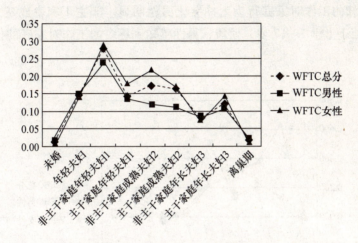

图 3 - 12　性别对比下的工作对家庭的时间上冲突分析

（2）性别对比下的工作对家庭的压力上冲突分析

从图 3 - 13 中可以发现，在年轻夫妇阶段，女性感知到更多的工作对家庭压力上冲突。而在非主干家庭成熟夫妇 2（孩子处于上学 7—17 岁）和主干家庭年长夫妇 3（孩子上大学或工作 18 岁以上）阶段，男性感知到比女性更多的工作对家庭压力上冲突。

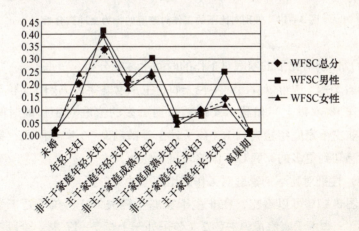

图 3 - 13　性别对比下的工作对家庭的压力上冲突分析

（3）性别对比下的工作对家庭的行为上冲突分析

从图 3-14 可以看出，年轻夫妇、非主干家庭年轻夫妇 1（孩子处于学龄前 0—6 岁）、主干家庭年轻夫妇 1（孩子处于学龄前 0—6 岁）阶段，女性感知的工作对家庭行为上冲突比男性明显。非主干家庭成熟夫妇 2（孩子处于上学 7—17 岁）阶段，男性感知到更多的工作对家庭的行为上冲突。

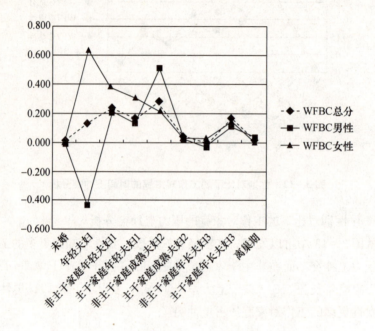

图 3-14　性别对比下的工作对家庭的行为上冲突分析

（4）性别对比下的家庭对工作的时间上冲突分析

从图 3-15 中可以看出，年轻夫妇、主干家庭年长夫妇 3（孩子上大学或工作 18 岁以上）阶段，女性感知到更多的家庭对工作的时间上冲突。在非主干家庭年轻夫妇 1（孩子处于学龄前 0—6 岁）阶段，男性则比女性感知到更多的家庭对工作的时间上冲突。

（5）性别对比下的家庭对工作的压力上冲突分析

从图 3-16 可以看出，在非主干家庭年轻夫妇 1（孩子处于学龄前 0—6 岁）、非主干家庭成熟夫妇 2（孩子处于上学 7—17 岁）阶段，男性感知的家庭对工作的压力上冲突分析更为明显。

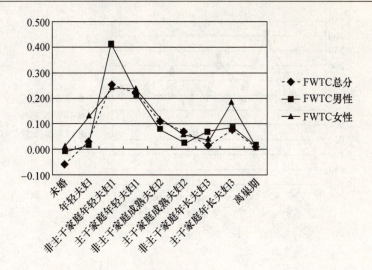

图 3 - 15 性别对比下的家庭对工作的时间上冲突分析

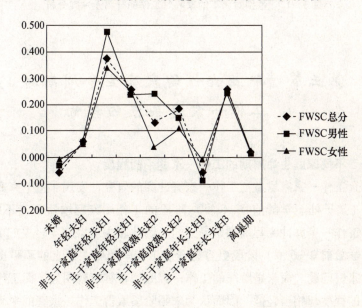

图 3 - 16 性别对比下的家庭对工作的压力上冲突分析

（6）性别对比下的家庭对工作的行为上冲突分析

从图 3 - 17 中发现，年轻夫妇、主干家庭年轻夫妇 1（孩子处于学龄前 0—6 岁）和非主干家庭年长夫妇 3（孩子上大学或工作 18 岁以上）阶段，女性感知的家庭对工作的行为上冲突更为明显。

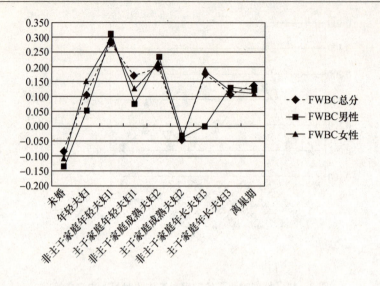

图 3 - 17　性别对比下的家庭对工作的行为上冲突分析

第三节　职业女性的家庭生命周期对
工作—家庭关系的影响

一　不同家庭生命周期的工作—家庭平衡程度

结合工作—家庭增益与工作—家庭冲突的研究，发现非主干家庭年轻夫妇1（孩子处于学龄前0—6岁）阶段的工作—家庭增益程度不明显，相反，工作—家庭冲突程度则是最强的。因此非主干家庭年轻夫妇1（孩子处于学龄前0—6岁）阶段更容易造成工作—家庭关系上的不平衡，容易引发家庭问题。而未婚阶段的工作—家庭增益程度较明显，而工作—家庭冲突的程度却相当轻微，因而认为未婚阶段取得工作—家庭的平衡状态最为容易。其余的家庭生命周期阶段工作—家庭增益与工作—家庭冲突的程度相当，工作—家庭关系相对平衡，但容易受其他因素影响而造成不平衡。

二　工作—家庭增益影响原因讨论

（一）家庭方面因素讨论

婚姻方面，尽量排除其他因素，只考虑婚姻对工作—家庭增益的影响，因此选择未婚和年轻夫妇来进行比较。从图3-4和图3-5中发现，婚姻对工作—家庭增益没有显著影响。

分析主干家庭和非主干家庭是否对工作—家庭增益造成影响。从图3-4中发现，是否为主干家庭对工作家庭增益有明显影响。结合图3-4和图3-5，发现在年轻夫妇（孩子处于学龄前0—6岁）时期是否为主干家庭，对家庭对工作增益有特别明显的影响，主干家庭感知的工作家庭增益比非主干家庭强烈。在成熟夫妇（孩子处于上学7—17岁）和年长夫妇（孩子上大学或工作18岁以上）时期，相比主干家庭，非主干家庭感知更多的工作家庭增益。年轻夫妇（孩子处于学龄前0—6岁）时期，主干家庭特有的带来的家庭支持最为强烈。因此员工得到较强的家庭对工作增益，同时可以让员工花精力在工作上来获得工作对家庭的增益。而到了成熟夫妇（孩子处于上学7—17岁）和年长夫妇（孩子上大学或工作18岁以上）时期，主干家庭带来的家庭支持逐步减少，甚至可能造成压力与矛盾。

分析孩子方面的影响，发现孩子的成长过程对工作—家庭增益有显著影响。工作—家庭增益最明显的依次是处于上学7—17岁、孩子处于学龄前0—6岁、孩子上大学或工作（18岁以上）。

工作—家庭增益程度高的家庭生命周期阶段大多为年轻家庭，我们把这个差异的主要原因归结为高的心理卷入水平。工作—家庭增益程度最高的是非主干家庭成熟夫妇2（孩子处于上学7—17岁），其次就是主干家庭年轻夫妇1（孩子处于学龄前0—6岁）。非主干家庭成熟夫妇2阶段父母拥有越是高的心理卷入，个人感受到的工作—家庭增益就越高。对于还未有孩子的家庭，发现工作对家庭的增益要高于家庭对工作的增益，而孩子处于学龄前的家庭则正好相反。这同样可以用父母心理卷入来解释。

（二）性别因素讨论

传统的看法中认为女性的家庭对工作增益感知程度比男性更强烈，而男性的工作对家庭增益感知程度比女性强烈。有趣的是，从本书研究结果来看，却正好相反。

Grzywacz和Marks（2000）的研究表明，相对于男性而言，女性通常获得更多的工作对家庭的增益。工作对家庭增益结果与Grzywacz和Marks的研究结果较为一致。理论界还没有明确的原因来解释这种现象。而本书结合家庭生命周期，试图做出一定解释。

通过工作对家庭的工具性和心理性增益的分析（表3－40、表3－41和图3－6、图3－7），推测与女主内的传统思想长期存在与女性的感知有关。职业女性面临更多的家庭需求，女性需要更多的时间从事家务和照顾小孩。这种需求越强烈，感知到的工作对家庭增益便会越强烈。如今大量女性在职场中获得与男性相当的收入和成就，由于多年来传统思想对女性的束缚，可能相同的收入水平，女性感知到的工作对家庭的工具性增益可能会更为强烈，而相同的职场成就感，女性会感知到更多的工作对家庭的心理性增益。同时发现，相比男性，女性的工作对家庭增益更易受家庭因素的影响。对家庭对工作的心理性增益方面研究（图3－9），本书推测的原因是男性可能比女性更加看重家庭。这种看重，与家庭事务和投入时间无关，是对家庭的稳定幸福的更强烈的需求。

三　工作—家庭冲突影响原因讨论

（一）家庭方面因素讨论

婚姻方面，从图3－10和图3－11中发现，婚姻对工作—家庭冲突有显著影响，且已婚家庭感知的工作—家庭冲突比未婚家庭明显。

分析主干家庭和非主干家庭是否对工作家庭冲突造成影响。从图3－10可以发现，是否为主干家庭对工作—家庭冲突有明显影响。年轻夫妇（孩子处于学龄前0—6岁）和成熟夫妇（孩子处于上学7—17岁）时期，非主干家庭感受到更多的工作—家庭冲突。年长夫妇（孩子上大学或工作18岁以上）时期，主干家庭感受到更多的工作家庭冲突。结合图5－1和图5－2，发现成熟夫妇（孩子处于上学7—17岁）时期，主干家庭的家庭对工作的压力冲突感知更明显，主干家庭的家庭对工作行为冲突影响最大。年长夫妇（孩子上大学或工作18岁以上）时期的家庭对工作压力影响变化最大。这主要是因为在年轻夫妇（孩子处于学龄前0—6岁）时期，家庭对时间有极大的需求，主干家庭给予了很多家庭支持，有效缓解了工作—家庭冲突。随着家中老人年龄上升，赡养老人的压力增加，从而增加了家庭对工作的压力冲突。此时的家庭中夫妇年纪大多处于中年后期，女性将面临退休，自身的精力开始下降，而他们的父母大多已经处于70岁或80岁，正是需要照顾的时候。自身养老与父母的养老压力造成了一定的冲突发生。

分析孩子成长方面的影响，发现孩子的成长过程对工作—家庭冲突有显著影响。工作—家庭冲突程度高的家庭生命周期阶段主要集中在家庭中中年时期且最小孩子还年幼的情况下，这可能与育儿的压力和家庭角色冲突有关。此时的家庭面临巨大的育儿压力，学龄前儿童需要父母付出巨大的时间和精力，同时又对家庭的支出造成一定的经济压力。而年轻夫妇和成熟夫妇都处于职业上升期，年轻夫妇必须兼顾家庭和工作，带来了巨大的角色冲突。相比之下，主干家庭中的家庭支持缓解了一定的冲突。我们发现非主干家庭年轻夫妇1（孩子处于学龄前0—6岁）和主干家庭年轻夫妇1（孩子处于学龄前0—6岁）阶段的FIW明显程度高于WIF，而大多数其他阶段的家庭则是WIF比FIW明显，也进一步说明了由于育儿压力造成了家庭对工作的冲突。

（二）性别因素讨论

根据工作对家庭的时间冲突的分析（表3-41和图3-12），女性的工作对家庭的时间冲突感知比男性明显的家庭生命周期阶段，也正是工作对家庭的时间冲突强烈的时期。由于家庭中大部分的事务都是由女性承担，而这几个阶段的家庭有着更多的家庭任务，因此女性感知到更多的工作对家庭的时间冲突。

对于工作对家庭的压力上冲突的结果（图3-13），推测可能是年轻夫妇中，女性把家庭看得更重，当工作上的需求占用了她们投入家庭的时间与精力时，女性就会感觉到工作干扰着家庭。非主干家庭成熟夫妇2（孩子处于上学7—17岁）阶段，家庭对资金有较大的要求。而养家的重任大多交给男性，此时男性又是事业的鼎盛时期，工作对家庭的压力冲突会比较明显。

主干家庭年长夫妇3（孩子上大学或工作18岁以上）阶段中女性大多面临退休，而男性的职业生涯仍有近10年时间。因此，此时的男性会体验到更多的工作对家庭的压力冲突。

对工作对家庭行为的冲突（图3-14），推测的原因与工作对家庭的压力冲突相似。

通过家庭对工作的时间冲突的分析（图3-15），可能是由于传统的性别角色与现代思想的冲突以及男女性的感知情况不同，由于传统的性别角色，女性仍旧承担大量家庭事务，女性在家庭中的事务又大多是琐碎繁杂的，年轻女性受如今现代思想影响，对男主外女主内的传统思想并不完全认同，并希望兼顾工作，因此造成了家庭对工作的时间冲突。之前提及的非主干家庭年轻夫妇1（孩子处于学龄前0—6岁）阶段需要父母大量的时间与精力，这种需要不仅仅是对女性，男性同样要付出。女性受传统思想影响，感知可能不如男性强烈。主干家庭年长夫妇原因是夫妇面临着父母赡养问题，也同样由于传统性别角色，女性需要付出大量时间和精力。

对于家庭对工作的压力冲突的结果（图 3 – 16），男性可能比女性更关注家庭的幸福和稳定，男性对家庭的需要更为强烈。

对于家庭对工作的行为冲突（图 3 – 17）的结果，刚结婚的女性从过去不接触家务到如今包办家庭事务，这样的转变可能带来家庭对工作的行为冲突。同样，可以解释主干家庭年轻夫妇 1（孩子处于学龄前 0—6 岁）和非主干家庭年长夫妇 3（孩子上大学或工作 18 岁以上）阶段的情况。

四 家庭生命周期引起的显著差异

本书选择将工作—家庭增益量表划分为四个因子；工作—家庭冲突量表划分为六个因子：工作对家庭的时间冲突、家庭对工作的时间冲突、工作对家庭的压力冲突、家庭对工作的压力冲突、工作对家庭的行为冲突、家庭对工作的行为冲突。家庭生命周期模型分为 9 个阶段进行研究。经过实证研究分析，本书主要结论如下：

结论一：不同的家庭生命周期阶段在工作—家庭增益方面存在显著差异，且在工作—家庭增益的四个因子方面都存在显著差异。

结论二：不同的家庭生命周期在工作—家庭冲突方面存在显著差异性，同时在工作—家庭冲突的六个因子方面都存在显著差异。

结论三：婚姻对工作—家庭增益没有显著影响。

结论四：是否为主干家庭对工作—家庭增益有明显影响。年轻夫妇（孩子处于学龄前 0—6 岁）时期主干家庭感知的工作—家庭增益比非主干家庭强烈。在成熟夫妇（孩子处于上学 7—17 岁）和年长夫妇（孩子上大学或工作 18 岁以上）时期，相比主干家庭，非主干家庭感知更多的工作—家庭增益。

结论五：孩子的成长过程对工作—家庭增益有显著影响。

结论六：性别对比下，女性感知的工作对家庭增益更明显，男性感知的家庭对工作增益更明显。

结论七：婚姻对工作—家庭冲突有显著影响，且已婚家庭感知的工作—家庭冲突比未婚家庭明显。

结论八：是否为主干家庭对工作—家庭冲突有明显影响。年轻夫妇

（孩子处于学龄前0—6岁）和成熟夫妇（孩子处于上学7—17岁）时期，非主干家庭感受到更多的工作—家庭冲突。年长夫妇（孩子上大学或工作18岁以上）时期，主干家庭感受到更多的工作—家庭冲突。

结论九：孩子的成长过程对工作—家庭冲突有显著影响。

结论十：家庭生命周期不同的阶段中，非主干家庭年轻夫妇1，即孩子处于学龄前的阶段最容易造成工作—家庭不平衡，而未婚阶段取得工作—家庭平衡最为容易。

五　建议

（一）对企业或组织的建议

组织的支持对促成工作—家庭平衡起着重要的作用。企业应该建设人性化管理的氛围和文化。企业需要尊重和理解员工，不仅要认同员工工作中的一面，对员工的家庭也要给予理解和支持。在日常的管理中，应积极倡导工作和家庭平衡的文化。具体的措施有：

（1）企业应向员工提供建议与咨询

研究发现角色压力对工作—家庭冲突影响巨大。企业应帮助员工减轻工作带来的压力，多关注员工、与员工沟通，积极为其排忧解难，向员工提供家庭问题的建议和心理咨询。很多美国公司都有心理热线，员工有问题的时候，即使是一些私人问题，都可以随时寻求帮助。如今，国内大多数企业却没有这样的设施和经验。本书建议企业可以针对处于压力性冲突激烈的家庭生命周期阶段的员工，例如非主干家庭年轻夫妇，为他们提供参与外部专业咨询的时间与渠道，把这作为员工福利的一部分。

（2）实行弹性工作制

弹性工作制度一直被提倡，它在工作时长不变的情况下，使员工有足够的自由安排时间。有些公司甚至放弃了对工作时长的要求，由管理者制定大致的工作进程，其余的具体进度问题完全交由员工自己把握，员工定期向管理者进行汇报即可。在美国，弹性工作制已经大行其道。2004年的统计显示，全美有28.1%的男性和26.7%的女性员工享有弹性工作待遇。这种弹性的工作制度可以大大缓解工作与家庭之间的冲突。

（3）建立起企业与家庭之间的沟通

让员工建立工作与家庭之间的沟通，可以帮助企业进一步了解员工的家庭情况，也让员工的家庭理解员工的工作，得到双方的理解和支持。可以根据员工所处的不同家庭生命周期，选择不同的方式。例如为孩子处于幼龄阶段的年轻夫妇举办亲子活动。为不同家庭生命周期阶段的员工开展不同的讨论沙龙，处于同一家庭生命周期阶段的职员之间面临相似的问题和压力，从同事身边获取帮助和支持，可以有效缓解工作—家庭冲突并建立起良好的员工关系。

（4）增加公司对家庭的福利支持

增加公司对家庭的福利支持，除了有效缓解工作—家庭冲突外，还可以增加员工对企业的忠诚度。企业可根据员工所处的不同家庭生命周期的不同需求选择相应的福利支持，例如，男性"产假"、婴幼儿母亲的哺乳室，甚至企业自办的托儿所、父母的赡养补贴等等。这些都能很好地体现企业的人性化，有助于解决员工的工作家庭问题。

（5）增强员工工作—家庭增益

企业除了努力缓解员工的工作—家庭冲突，还可以通过增强员工的工作—家庭增益来平衡工作—家庭关系。企业可以对员工进行培训，来帮助增强员工工作—家庭增益。

（二）对职业女性个人的建议

个人对工作—家庭平衡的影响同样至关重要。只有企业和个人的措施进行配合，才能有效地平衡工作和家庭的关系。

（1）学会自我适应调整

员工自身应该学会自我调整，应对工作和家庭带来的各种压力。每个人的抗压能力都是不同的，要积极进行自我调整，适当调节身心，改变自身的观念，提高自我调控的能力。

（2）应主动建立沟通

员工应该主动与公司中的同事、管理者以及家人进行沟通。有效的沟通可以使管理者以及家人理解并支持自己，而与同事间的沟通则可以使个体从相同立场上的人群中获得建议和慰藉。

（3）应主动寻求帮助

当员工的工作或家庭出现问题时，应主动向工作的同事或家庭的成员寻求帮助，同时将问题的情况向家人或企业管理者说明，以寻求谅解。切忌遇到问题时，独自面对而不与他人商量，结果往往使问题变得更加糟糕，从而导致大量压力，压力则向问题所在的另一领域进行发泄，出现消极的溢出现象，造成新领域的问题。

第四章　职业女性工作—家庭问题研究的家庭视角

——生育带来的职业生涯中断

在家庭生命周期的研究中发现，女性是否生育及其子女所处的年龄段对女性的家庭工作关系的影响有显著差别。基于此，本书拟进一步探讨生育所带来的职业中断对女性职业发展的影响。

随着社会的发展，女性受教育程度和知识水平都有所提高，越来越多的女性从事着专业性的工作或者担任着重要职责，在社会上的地位也日渐上升；女性自身也越来越重视事业上的发展并希望有所成就，在很多组织中她们已成为实现企业发展和价值增长的重要砝码，成为组织核心竞争力的体现，女性在企业中所担任的职位也得到逐步提升。麦肯锡对世界各国公司的调研发现，由女性出任高层职位（1/3 以上）的公司的表现优于其他公司；在我国，女性企业家掌管的企业大多处于盈利状态，充分体现了女性管理者日渐突出的重要性及其对企业的卓越贡献。

然而，女性管理者与男性管理者由于性别的不同而导致的职业生涯差异仍然十分值得关注。"玻璃天花板"一直以来都是女性管理者晋升高层的无形障碍，致力于提升女性在企业中地位的非营利性机构 Catalyst 的一项调查结果显示，2011 年《财富》500 强企业中女性高管的比例仅为 14.1%，在公司董事会中，2011 年女性董事的比例为 16.1%，高于 2010 年的 15.7%。虽然女性管理者在企业高级管理层中的比例呈上升趋势，但相比占据主导地位的男性仍处于弱势地位。而因女性特有的"三期"，即孕期、生育期、哺乳期，对职业生涯造成的影响尤为突出。2013 年 11 月 15 日，中共中央发布的《关于全面深化改革若干重大问题的决定》中启动了"单独"二胎政策，即"启动实施一方是独生子女的夫妇可生育两个孩子的政策"，这意味着生育给女性带来的职业生涯中断或将不止一次，中断时间也将增加。而我国现行的《女职工劳动保护特别规定》中，

将产假由 90 天增至 14 周，其中产前可以休假 2 周；难产的，增加产假 2
周；生育多胞胎的，每多生育一个婴儿，增加产假 2 周（第七条）。2011
年中国青年报调查显示，63.0% 的人担心生育政策会让"企业不愿招收
女性，加剧女性就业难"；54.9% 的人担心"企业在一些重要岗位人选上
更倾向于男性"；44.7% 的人认为"企业会压低女性工资来节约生育补贴
成本"。

这种担忧并非空穴来风。2012 年，人力资源服务商智联招聘联合母
婴交流平台宝宝树网站、Women to Watch 奖项主办方 *Thoughtful China* 全
想中国以及 *AdAge* 杂志共同推出《中国女性生育前后职场调查报告》。报
告显示超过八成的女性认为全职妈妈重返职场有难度，有 45.4% 的职业
女性表示因为生育，职业发展受到了负面影响，其中 23.6% 表示自己在
生育后失业，17.6% 表示自己被调岗，4.2% 表示薪酬有所下降。有子女
的过来人中，82.22% 认为职业生涯因为生育子女而受到影响，原因包括
无法配合加班、轮班、出差，小孩突发状况多影响妈妈出勤，为照顾子女
变更工时或职务调动，因而影响原本的工作形态或绩效。甚至 58% 的妈
妈表示薪资较生育前减少，平均月减少 6026 元，仅 9.18% 的人薪资较生
育前高。由此可见，女性的生育责任已经对其职业的发展有了显著的负面
影响，而"单独"二胎的放开势必加剧这一趋势。

生育给女性职业发展带来的困扰已非一朝一夕之事，自从大量女性开
始走向职业道路，生理责任与职业发展的冲突便已显现并长期存在，在这
种冲突之下，职业女性对生育子女的观念和行动也有了明显的变化。在
2011 年的全国"两会"上，政协委员张晓梅提交了《强化女性育龄期国
家责任，鼓励黄金育龄期正常生育》的提案，提案中统计资料显示，近
几年我国城市女性生育年龄正逐年推后，30 岁甚至 35 岁以后才生育的女
性越来越多。另外的调查数据显示，因为事业而打算放弃生育的女性达到
了 18%，17% 的职业男性同意自己的另一半因为事业发展放弃生育的想
法。还有 18.8% 和 16.4% 的职业男性和女性对将来是否生育未做出肯定
的答案。"不生"的主要原因都选择"养孩子费用太高"，其次是怕"时
间和精力不够"。这种担忧并非少数，2012 年台湾当局人力银行针对 25—
35 岁职业女性的调查同样显示，虽然有近一半被调查者表达希望在 3 年
内怀孕生子，但近九成女性上班族担心生育会"影响个人职业生涯发
展"，其中六成四上班族女性表示"会影响/已经影响"，二成五认为"虽

还未发生，但很担心"，仅一成一认为"完全不会有影响"。

综观过去关于女性领导的研究成果，大多数从历史角度、个人角度和社会角度对其做出研究，并且大多数建立在整个女性群体的角度进行研究，也有部分学者针对特定的种族或女性较多的行业如护理、教师等进行了一定的探讨，并未出现以女性管理者为主体的研究，而管理者的工作无论从内容、性质、方式、替代性上都与基层员工有很大不同，岗位晋升与薪酬分配的标准也有较大差异，职业生涯中断对女性管理者和普通员工所造成的影响也就不同。

中层女性管理者在向高级管理层晋升的过程中往往会遭遇无形的障碍，即"玻璃天花板"现象，而这种障碍与其个人的知识技能并不相关。而女性管理者同男性管理者相比，最本质的差别便是生育，针对"三期"造成的职业生涯中断对女性管理者晋升影响的探讨，从另外一个角度解释了"玻璃天花板"现象，并为打破这种无形的障碍提供了新的思路和依据。

有关职业中断时间对职业生涯的影响国外已有学者进行了研究，但国内相关研究仅仅停留在理论分析层面，实证研究很少，本书通过大量实证调查进行数据分析，对国外的研究结果进行中国情境下的验证，并对国内的相关理论做出实证支撑；另外，研究还考虑到生育时间的选择对女性管理者晋升和薪酬的影响，将不同的职业生涯阶段的中断期进行比较，在新的研究方向上进行了探索。

目前职业女性普遍存在不可避免的职业中断与职业发展的冲突，以及"生育"还是"升职"的困惑，通过比较职业中断时间的长短对晋升和薪酬的影响，比较发生在早期的职业中断和发生在晚期的职业中断对晋升和薪酬影响的实证研究，为职业女性"三期"时长和时点的选择提出相应的建议及理论和事实依据，缓解其职业中断与职业发展的冲突。

企业的主要目标是利润最大化，而管理者在工作中的表现对企业绩效的实现和利润的创造有着举足轻重的影响，一旦管理者工作和家庭冲突有所缓解，对管理者的工作表现也将起到促进的作用。与此同时，研究为企业与女性管理者关于职业中断的沟通协商提供了依据，有助于达到企业与员工的双赢局面，对企业社会责任感和企业形象的塑造都有积极的影响。

第一节 职业生涯中断理论与研究动态

一 职业生涯中断的含义

职业生涯中断包括两个方面的含义：一是目前在职雇员的职业生涯中与任何雇主都不存在雇佣关系的一段时间；二是指雇员与雇主保持雇佣关系，在雇主许可的条件下暂不工作的情况，雇员在中断期内可能会享受雇佣薪酬也可能没有薪酬（Michael K. J. 和 Karen S. L.，1999）。女性职业生涯中断主要有两种类型：一种是为了生育子女，女性雇员完全终止与雇主之间的雇佣关系（Schneer and Reitman，1990，1997，2005），即女性雇员从就业人口转为非劳动力人口，等子女长大一些后再重新加入劳动力市场，寻找新的雇佣关系；另一种中断的类型是请假，根据各国政策不同，女性雇员可以享受被雇主允许的带薪或不带薪的一定长度的假期（Judiesch and Lyness，1999）。假期中雇员与雇主的雇佣关系不终止，女性雇员休完这段假期后还会回到原来的工作单位，她们暂时脱离工作岗位，但仍属于就业人口，雇佣双方的劳动关系仍然存在。本书主要是探讨女性为了生育子女，所造成的职业生涯中断。

二 职业生涯中断的影响

（一）职业生涯中断对薪酬的影响

Tanguchi 于 1999 年建立的回归模型证明：妇女每增加一年的工作经验，工资水平增加 4%—416%。生育子女的女性雇员要经历一段时间的职业生涯中断，工作积累时间比同等条件不生育的女性雇员要少，所以她们工资较少的部分原因是工作经验积累时间。Ahituv 等 2004 年对白人、黑人、西班牙裔年轻女性做的研究也发现生育前的工作经验对工资的贡献是 3.8%，而生育后的工作经验对工资的贡献是 4.14%，因此认为生育后的工作年限，比生育前的工作年限与当前的工资水平更相关一些。

经济学家根据人力资本理论对此做出了解释，他们认为，职业生涯的差距是由与高薪酬相关的人力资本积累较少导致的，即使具有相同的工作年限，有过职业生涯中断的员工的人力资本仍然少于一直连续工作的人，因为职业中断往往发生在早期，而职业生涯早期恰恰是人力资本快速增长积累的阶段（Light and Ureta，1995）。同时，中断工作会导致雇员的知识、能力、人际关系等退化或过时（Blauetal，1998；Mincer and Ofek，1982），进而出现人力资本贬值的现象。虽然短暂的中断可能不会造成较为明显的贬值，但中断期间管理者可能会错过培训项目或其他机会，使得自己与其他管理者拉开差距。

（二）职业生涯中断对晋升的影响

被一种性别所主导的职位会存在性别一致性的归因倾向（Branson，L，2002），而在工作组织中这种性别倾向反映了以男性特质为标准的价值观（Acker，1990；Kanter，1977），在完成某项任务时，高效的管理者应当具备一种将私人的、感性的因素置之度外的能力（Kanter，1977：22），家庭或个人的责任不应干扰到工作。在这一点上，女性相对男性来讲则往往担负较多的家庭责任，需要将自己的时间和精力更多地分配给家庭，导致女性在组织中处于较低的职位（Acker，1990）。另外有学者从个体角度研究的结果表明，老板在任命高管时会对男女工作—家庭冲突持不同的看法，从而影响到对其与组织工作契合度的评价，并最终决定其晋升与否（周石，2002）。

对管理层晋升模型的研究证明，女性雇员的家庭角色对她们的工作经验积累呈显著负相关，而工作经验积累与公司能提供的培训和开发呈正相关，员工接受的培训和开发与晋升也呈显著正相关，所以，可以得出结论，女性雇员的家庭因素导致的职业生涯中断与晋升呈负相关（Tharenou，1994）。同样是对管理者的研究，Judiesch 等于 1999 年的研究也发现：在绩效水平一致的情况下，请假后的经理人员比不请假的晋升机会较少。

三　职业生涯中断对职业发展影响的原因分析

（一）人力资本理论

"人力资本"一词最早是由美国经济学家、诺贝尔经济学奖获得者西奥多·W. 舒尔茨在 1960 年提出的。"人力资本"的明确定义是由美国经济学家加里·S. 贝克尔在《人力资本》一书中提出的："《人力资本》所研究的是通过增加人的资源影响未来货币与心理薪酬的活动。人力资本是体现于人自身的生产知识、技能及健康素质的存量，是人们作为经济主体创造财富和收入的生产能力，是以劳动者的数量和质量来表示的一种资本类型。而人力资本管理是建立在人力资源管理的基础之上，综合了'人'的管理与经济学的'资本投资回报'两大分析维度，将企业中的人作为资本来进行投资与管理，并根据不断变化的人力资本市场情况和投资收益率等信息，及时调整管理措施，从而获得长期的价值回报。"

经济学家从人力资本的角度分析，离职期间女性雇员的技能、知识、人际网络都会减弱或过时，导致人力资本贬值，即使再回到工作岗位，她也错过了一些人力资本积累的机会，比如她离职期间其他员工接受的培训等。Tharenou 于 1994 年对澳大利亚的数据和 O. Neill 于 2000 年对美国的数据进行回归分析，结果都表明人力资本积累的中断（表现为工作经验积累年限短和培训与开发的机会减少）能解释女性雇员与同等条件的男性雇员间工资差距的绝大部分。从工作特征方面，由于预期到可能的职业生涯中断，女性雇员可能会自己选择或者被指派到不太需要培训或技能的岗位，因此，每一单位的劳动回报率就比较低，导致这种女性雇员的工资减少（Gronau，1988；Albrecht、Edin、Sundstorm and Vroman，1999）；从就业时间方面，与不生小孩的女性雇员相比，生小孩的女性雇员一般从事工作时间较短的工作或者是兼职工作，这些工作的工资较低且晋升机会较少（Tanguchi，1999）。可见，女性雇员有一种主动选择对人力资本要求较少的职业倾向，她们的本意可能是期望职业生涯中断时人力资本贬值较小，因而职业生涯中断对她们带来的影响会小一些。但这样的职位本身就是一些报酬低晋升机会少的职位，限制了女性雇员的职业生涯发展，因此这也可以看作是职业生涯中断对女性雇员的影响，而且是一种先决影响，是发生在职业生涯中断前的职业选择阶段上的影响。

（二）组织文化理论

组织文化的研究认为，休假后女性员工报酬变少是因为她们对组织的承诺和忠诚少了，被分散给了其他方面，而不管她们实际的绩效是不是有所改变。社会学家从组织文化的角度认为，一般组织反映和崇尚的是男性价值，有效的工作人员被认为是具有男性特质的，能对工作一直投入的人就会得到晋升，而把承诺分散于家庭和职业之间的人就只能处于较低层级。该角度还认为请与家庭有关的假，如因生育、照顾小孩等原因的请假比请病假更偏离男性特质，因此也更偏离有效的工作人员的特质（Judiesch and Lyness，1999）。而女性雇员由于生理条件天然地要把承诺分散于家庭和职业之间，且相对于男性雇员，女性雇员更多的是因为家庭原因休假，所以，女性雇员不得不承担由于职业生涯中断带来的较少的晋升机会和较低的后续工资水平的影响。

（三）歧视理论

在控制了个人绩效和个人工作特征的情况下如果女性雇员的工资水平

和晋升情况等仍然受到职业生涯中断的影响，就证明劳动力市场上存在对女性雇员的歧视。有许多研究证明歧视确实存在：Albrecht 等于 2003 年对瑞士数据的研究，McDowell 等于 1999 年对美国经济学家职位的研究，Judiesch 于 1999 年对美国一家经济组织的经理人员的研究和 Wood 等于1993 年对美国高薪职位层的研究都表明，在控制了年龄、教育程度、部门、产业、职位、绩效等多种因素的情况下，女性雇员与同等条件下的男性雇员仍然存在工资差距，可见天花板效应是存在的，雇主对女性雇员存在一定程度的歧视。Antecol 等于 2000 年的研究还证明控制了可被观察到的个人或工作特征，不同年龄的女性雇员在职业发展中遇到的阻碍程度不同，年轻的女性雇员遇到的阻碍要比年长的雇员遇到的阻碍多。

（四）信号理论

Albrecht 等于 2003 年对瑞士数据的研究发现：①女性员工因为生育导致的职业生涯中断对工资几乎没有影响。②女性员工因为其他家庭原因（如照顾小孩）导致的职业生涯中断使后续工资降低。③男性员工因为其妻子生育导致的职业生涯中断对工资几乎没有影响。Albrecht 等据此认为人力资本理论不能完全解释女性职业生涯中断后薪酬减少的现象。因为根据人力资本理论，职业生涯中断导致雇员的人力资本贬值，没有得到有效积累，所以工资减少。但是女性员工因为生育导致职业生涯中断，以及男性因为家庭原因导致职业生涯中断都对工资几乎没有影响与这个理论是矛盾的。所以 Albrecht 等提出这个现象可以由信号功能（signaling）解释。在美国，不同女性员工因为生育离职的时间变化是非常大的，因此因为生育导致的离职时间可以作为一个女性类型（Woman Stype）的信号，这种女性类型是用来指示工作承诺的程度的，而不同的信号必然导致女性职业生涯中断后不同的影响。在存在信号的情况下，职业生涯中断就会带来不同程度的影响。

（五）启示

自 Caplow（1954）等提出创建独立的女性职业生涯理论以来，学者们从研究职业心理学和组织行为学两个角度对女性职业发展进行了大量研究，对女性职业发展困境的研究更多是以"玻璃天花板"现象为主，探析女性管理者晋升高层的困境，其中职业生涯中断对职业发展的影响表现在以下三个方面：

一是工作绩效降低。从人力资本理论和经济学角度阐述职业中断或家庭角色的增加造成培训开发机会、工作经验、人力资本积累的相对贬值，从而影响工作绩效，进而制约职业发展，并进行实证检验。

二是组织承诺被分散。人力资本理论在 2003 年遭到 Albrecht 等学者的质疑，因其对瑞士员工的实证研究发现女性员工因生育导致的职业生涯中断和男性员工因妻子生育导致的职业生涯中断对工资都几乎没有影响，故而提出信号理论，即在员工绩效不变的情况下，其组织承诺和忠诚的分散也会导致休假后的女性员工报酬减少，这一观点也得到组织文化理论的认同。

三是性别歧视。歧视理论认为在控制了个人绩效和组织承诺等个人工作特征的情况下，女性的工资水平和晋升情况仍受到职业中断的影响，对此组织文化理论从男性特质匹配程度的角度做出进一步解释，即与家庭有关的请假，如生育、照顾子女等，比病假更偏离男性特质，因此被认为偏离有效工作特质。

可见以上研究在某些方面仍存在分歧和研究空白，包括以下几点：

1. 对女性不同职业阶段面临的不同障碍认识不足

大量研究所针对的"玻璃天花板"现象仅仅是针对女性管理者在向高级管理层晋升时所遇到的障碍进行分析，而这一群体只占职业女性的一少部分，大部分人并未达到这一高度，也就并不会面临这一困境。现有研究忽视了职业女性在不同职业阶段所遇到的不同障碍和原因，以及女性生理上独有的"三期"给职业生涯带来的影响。

2. 职业生涯中断对职业发展影响的实证研究严重不足

信号理论的实证研究虽然质疑了人力资本理论，但在工作绩效不变时，生育使得组织承诺降低进而导致员工报酬减少这一观点并未得到充分的实证检验；也无法充分解释因照顾孩子造成的职业中断和生育造成的职业中断对后续报酬的不同影响。

3. 缺乏职业中断时点对职业发展的影响

对职业中断的研究涉及参加工作的时长、中断原因及性别等自变量。根据人力资本理论，人力资本在职业生涯早期积累较快，职业中断所造成的人力资本贬值也相应地较多，然而目前未曾有从职业中断的时点来进行的研究。

4. 性别在职业中断对职业发展的影响中的作用有待进一步检验

工作绩效和组织承诺在职业中断和发展关系中的中介效用并未考虑到性别差异可能带来的影响，而歧视理论在验证不同性别职业中断造成的影响时，采用的是所有职业中断的情况，并未考虑女性"三期"的特有影响。

因此，通过对女性管理者的实证研究，结合扎根研究和量化分析，探索女性在不同发展阶段面临的不同障碍，进一步探讨国际上存在争论的不同性别的管理者职业生涯中断对职业发展的影响，并探索性地加入职业生涯中断时点的变量，对人力资本理论有关早期人力资本积累较快的解释进行验证，同时对现有理论在中国情境下进行实证研究的验证和补充。

第二节 女性管理者职业生涯中断的数据研究与设计

一 扎根理论研究方法的提出

剖析中国情境下职业生涯中断的状态，需要对其形成原因深入理解的基础上，结合中国情境和当前社会动态，进行对比分析，而这些因素多为隐性的、动态的，具有一定的主观性，只通过定量分析无法触及深层机理，并不适合进行细致深入的动态研究。而扎根理论研究恰恰适用于现有理论体系并不完善、很难有效解释实践现象的领域，或存在理论空白点、出现了一些全新现象的领域（李志刚，2007）。由此本书采用扎根理论的方法进行探索性研究，致力于在原始资料的基础上进行理论建构与分析，探讨中国情境下女性职业生涯中断的变动及其作用机理。

二 资料的收集与整理

扎根理论强调"持续比较"，即数据收集与分析的同步性（王璐、高鹏，2010）。在收集资料的过程中，每次访谈结束后都将新取得的数据与已有数据形成的范畴进行比较，持续保持对理论的敏感度，对过程中发现的新问题进行数据的再获取，不断进行修正直至达到饱和状态。

访谈问卷的内容包括家庭观念、工作状况、个人价值观三个方面。家庭方面如"父母期望你成为怎样的一个人？对您工作和家庭的看法如何？""丈夫对您的工作有怎样的态度？有怎样的表现（举例）？""对你个人定位有什么影响吗？双方在家庭中各自扮演的角色（分工）""您与丈夫的薪水、职位、家中角色比较"；工作方面如"曾经待过的公司及现在的公司高管男女比例如何？原因是什么？""企业中层中男性与女性晋升的难易程度比较？原因？要求有何不同"；有关个人价值观的问题如

"作为一个女人您理想的生活状态（职业定位＋社会角色＋家庭角色）是怎样的？形成过程（有没有纠结过自己要成为一个怎样的女人？之前的愿景与现在有无不同？变动原因？）？实际标杆人物描述？假如自己是男性有无不同？""促使您不断自我提升的关键因素是什么？""你觉得'女强人'指的是怎样的一类人？人们对她们的看法？你对她们的看法？羡慕哪方面，不赞同哪方面？您觉得自己要强吗？"等。

鉴于公司类型的差异可能对研究结果造成不同的影响，为了尽可能提高样本来源的代表性和样本组合的多样性，保证测验结果的信度和效度，采用条件抽样的方法进行资料收集。按以下三个条件选取访谈样本：一是访谈对象来自不同的公司类型；二是被访者在公司中担任中层或高层管理岗位；三是访谈对象以女性为主，男性作为对比参考。最终获得19个访谈样本（13名女性，6名男性），其中10位来自国有企业，7位来自民营企业，2位来自跨国公司；按管理层级分类包括9名高层管理者（总监、监事、主席、副书记等）和10名中层管理者（主管、处长、部长等）。被访对象信息如表4-1所示。

表4-1　　　　　　　　被访对象人口统计学信息　　　　　　单位：人

项目	类别	人数	项目	类别	人数
性别	男	6	企业类型	国有	10
	女	13		民营	7
管理层级	高级管理层	9		跨国公司	2
	中级管理层	10			

三　问卷编制

问卷由两部分组成，第一部分是被调查者的个人背景资料，包括性别、年龄、是否育有子女、入职时间、工作地点、公司性质、当前月薪酬和在公司所处的层级；第二部分是被调查者的职业路径，包括职业变迁、职业中断及其原因、性别歧视等。主要对以下6个变量进行测量：性别（男性或女性）；职业中断，包括是否有中断（以是否满1周为标准）、中断时长（0—18个月，以周为单位）、中断原因（生育、抚养幼儿、生病、私人原因、继续教育、参军、其他原因）、中断次数（1次、多次）；人力资本，包括年龄（出生年）、工作年限（任期时间—中断时间）、教育背景（小学、初中、高中、专科或技校、本科、硕士）；管理层级（划分为9层，

Olson and Frieze，1987）；晋升，包括晋升的层数（0—9）；薪酬。

四　数据收集与信度效度分析

长三角地区作为我国三大经济圈之一，以上海为核心，具有相对包容开放的社会文化，更多的职业机会，以及较为先进的管理方式，代表了我国企业发展的先锋力量。因此，本书选择长三角企业中的管理者作为问卷调查对象。同时，为避免教育背景差异对研究结果的干扰，调查对象均为本科及以上或 MBA、MPA 学历，且工作地点集中在长三角地区，较好地保证了样本的有效性。此外，为探索职业中断是否会对职业发展产生影响，样本包括了未发生过职业中断的管理者作为对比。

五　被试者个人背景信息统计结果

调查共收集有效问卷 427 份，样本的人口统计学特征见表 4 - 2。

表 4 - 2 　　　　　　　　　人口统计学特征　　　　　　单位：人，%

项目	类别	人数	人数百分比	项目	类别	人数	人数百分比
性别	男	246	60.4	年龄（岁）	30 以下	112	27.5
	女	161	39.6		30—39	227	55.8
职业中断	有	106	26.0		40—49	64	15.7
	无	301	74.0		50—59	4	1.0
月薪酬（元）	5000 及以下	33	8.1	职业类别	企业	220	54.1
	5001—10000	181	44.5		公务员及事业单位	187	45.9
	10001—15000	60	14.7	职等	1—3	216	53.1
	15001—20000	49	12.0		4—6	131	32.2
	20001 及以上	84	20.6		7—9	60	14.7

第三节　职业生涯中断对女性管理者晋升和薪酬的影响

扎根研究发现，我国女性在职业生涯发展的不同阶段面临的主要困难有所差异，包括职业过渡期的心理天花板、试验—调节期的角色天花板、建立期到高峰期的组织天花板（玻璃天花板）。其中心理天花板和组织天花板主要是由隐形因素造成的，如个体认知、组织环境、社会文化等，这些因素在现实中较难衡量，对职业发展的阻碍程度也各不相同，且随着社会发展和文化变迁不断变化，目前正在朝着健康良好的方向发展；然而，生育责任引发的角色天花板却是绝大部分女性长期以来都无法回避的问题，因担心职位被接替或错失重要机会或给公司造成不良印象，很多女性管理者主动放弃休满法定的 14 周产假，甚至有些职业女性因此选择结束自己的职业生涯。鉴于这种不可回避性与对工作—家庭的重要影响，本书将通过问卷调查和量化分析的方法对角色天花板进行检验，并针对女性职业发展中特有的因"三期"造成的职业中断现象进一步探究。

一　职业中断对管理者晋升和薪酬的调节作用

由于问卷调查针对的是校友会这样的特定人群，考虑到了教育背景、区域文化等因素，生成的样本数据也是已经对部分干扰因素进行排除后的结果，故而在进行数据分析时无须再对无关变量进行控制，很好地简化了研究模型。

（一）职业中断对薪酬的调节效应

建立一元线性回归模型，依据被访者进入职场时间和职业中断时长，计算出各自的工作年限并作为连续的自变量，将是否有过职业中断作为分类调节变量，薪酬作为因变量，由于参与者的薪酬敏感性，数据收集时将薪酬作为类别变量进行分段处理。以是否有过职业中断作为划分依据，采用 SPSS 统计软件进行分组回归分析，数据运行结果如表 4-3 所示。

表 4-3 中 $p < 0.001$，表明职业中断这一变量具有显著的调节效应。不过发现拟合优度 R^2 均为 0.2 左右，数据的线性回归拟合度并不是很好，可能出于以下几方面原因：一是由于样本特征的前期控制，模型中仅包含

表 4-3　　　　　　　　　　　　Model Summary[b]

是否中断	Model	R	R Square	Adjusted R Square	Std. Error of the Estimate	Change Statistics				
						R Square Change	F Change	df1	df2	Sig. F Change
0	1	0.445[a]	0.198	0.195	1.16607	0.198	73.889	1	299	0.000
1	1	0.450[a]	0.202	0.195	1.17362	0.202	26.388	1	104	0.000

注：a Predictors：（Constant）工作年限。b Dependent Variable：薪酬。

工作年限单一自变量，而薪酬的影响因素还包括教育背景、性格特征等其他因素的影响；二是鉴于参与者的薪酬敏感性，调查问卷中将薪酬作为分段的类别变量进行统计，因变量维度的划分削弱了与自变量之间的线性关系。然而，工作年限与薪酬之间的相关性早已被 Tanguchi、Ahituv 等多位学者证明，本研究中两组的标准化 Beta 也都达到 0.4 以上，且都达到显著水平 p<0.001，可以认为职业中断对薪酬有调节效应，如表 4-4 所示。

表 4-4   **Coefficients**[a]

是否中断	Model		Unstandardized Coefficients		Standardized Coefficients	t	Sig.
			B	Std. Error	Beta		
0	1	（Constant）	0.771	0.141		5.465	0.000
		工作年限	0.096	0.011	0.445	8.596	0.000
1	1	（Constant）	1.029	0.251		4.097	0.000
		工作年限	0.103	0.020	0.450	5.137	0.000

注：a Dependent Variable：薪酬。

　　由图 4-1 和图 4-2 可以发现，存在职业中断时，工作年限的增加对薪酬增长的贡献减小，即斜率减小，因此，职业中断在工作年限与薪酬的关系中起负向调节作用。

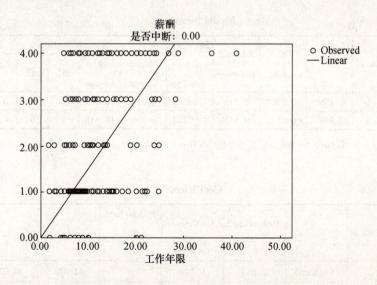

图 4-1　薪酬与工作年限的关系（无职业中断）

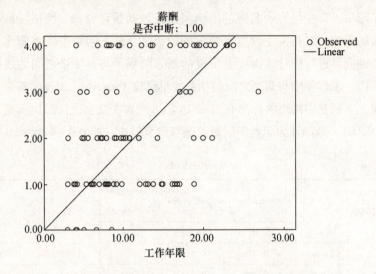

图 4 - 2　薪酬与工作年限的关系（有职业中断）

（二）职业中断对晋升的调节效应

以工作年限并为连续的自变量，是否有过职业中断作为分类调节变量，职等作为类别因变量，建立一元回归模型。同样基于是否有过职业中断进行划分，采用 SPSS 统计软件进行分组回归分析，数据运行结果如表 4 - 5、表 4 - 6 所示。

表 4 - 5 　　　　　　　　　　**Model Summary**[b]

是否中断	Model	R	R Square	Adjusted R Square	Std. Error of the Estimate	Change Statistics				
						R Square Change	F Change	df1	df2	Sig. F Change
0	1	0.486[a]	0.236	0.233	1.59512	0.236	92.349	1	299	0.000
1	1	0.389[a]	0.151	0.143	1.92137	0.151	18.530	1	104	0.000

注：a Predictors：（Constant）工作年限。b Dependent Variable：职等。

表 4 - 6 　　　　　　　　　　**Coefficients**[a]

是否中断	Model		Unstandardized Coefficients		Standardized Coefficients	t	Sig.
			B	Std. Error	Beta		
0	1	（Constant）	2.283	0.193		11.830	0.000
		工作年限	0.147	0.015	0.486	9.610	0.000

续表

是否中断	Model		Unstandardized Coefficients		Standardized Coefficients	t	Sig.
			B	Std. Error	Beta		
1	1	（Constant）	2.724	0.411		6.624	0.000
		工作年限	0.141	0.033	0.389	4.305	0.000

注：a Dependent Variable：职等。

R^2 分别为 0.236 和 0.151，仍然不是很理想，但表 4-6 中 Beta 值都在 0.35 以上，且 $p < 0.001$，可认为自变量对因变量具有解释作用。表 4-3 中 $p < 0.01$，可见职业中断对职等具有调节作用。

职等对工作年限的回归直线斜率在图 4-3 中大于在图 4-4 中，在存在职业中断的职业生涯中，工作年限的增加对职等的贡献将减少。

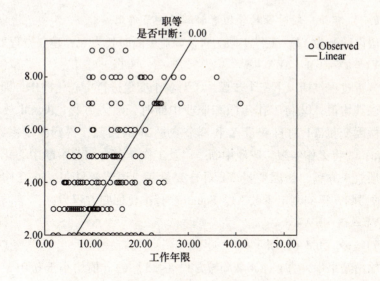

图 4-3　职等与工作年限的关系（无职业中断）

二　职业中断时长对管理者晋升和薪酬的调节作用

职业中断将减弱工作经验对薪酬和晋升的促进作用，本节将进一步讨论中断时间的不同是否会导致调节效用的差异。因自变量与调节变量均为连续变量，采用分层回归法对存在职业中断的样本进行分析。

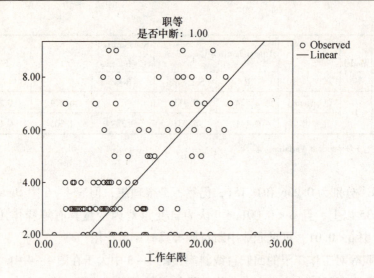

图 4 - 4　职等与工作年限的关系（有职业中断）

（一）职业中断时长对管理者薪酬的调节作用

假设薪酬为 Y1，工作年限为 X，职业中断时长为 M，建立方程如下：

$$Y1 = aX + bM + cMX + e \tag{4.1}$$

分析过程包括以下三个步骤：①对各个变量进行中心化操作，即各变量减去其均值；②将工作年限和职业中断时长放入方程，X、M 放入方程，做因变量 Y1 对自变量 X 和调节变量 M 的回归，得到测定系数 R1 Square；③将工作年限、职业中断，以及工作年限与职业中断中心化后的乘积项放入方程，做因变量 Y1 对自变量 X、调节变量 M、交互作用项 MX 的回归，得到测定系数 R1' Square。标准化回归方程为：

$$Y1 = aX + bM + e \tag{4.2}$$

$$Y1 = aX + bM + cMX + e \tag{4.3}$$

输出结果中，方程（4.2）与方程（4.3）的 p 值均小于 0.01，见表 4 - 8，回归方程具有统计学意义。在表 4 - 8 中两个模型的 R Square 值分别为 0.216 和 0.224，相差 0.008，且第二个模型的 p 值高达 0.332，调节效应并不显著，说明在职业中断发生时，其时间的长短与工作经验和薪酬的关系没有影响。

（二）职业中断时长对管理者薪酬的调节作用

假设职等为 Y2，工作年限为 X，职业中断时长为 M，标准化回归方程为：

$$Y2 = aX + bM + e \qquad (4.4)$$
$$Y2 = aX + bM + cMX + e \qquad (4.5)$$

表 4 - 7   ANOVA[c]

Model	Sum of Squares	df	Mean Square	F	Sig.	
1	Regression	38.880	2	19.440	14.230	0.000[a]
	Residual	140.714	103	1.366		
	Total	179.594	105			
2	Regression	40.179	3	13.393	9.799	0.000[b]
	Residual	139.416	102	1.367		
	Total	179.594	105			

注：a Predictors：(Constant) M, X。

    b Predictors：(Constant), M, X, MX。

    c Dependent Variable：Y1。

表 4 - 8   Model Summary

Model	R	R Square	Adjusted R Square	Std. Error of the Estimate	Change Statistics				
					R Square Change	F Change	df1	df2	Sig. F Change
1	0.465[a]	0.216	0.201	1.16883	0.216	14.230	2	103	0.000
2	0.473[b]	0.224	0.201	1.16911	0.007	0.950	1	102	0.332

注：a Predictors：(Constant) M, X。

    b Predictors：(Constant) M, X, MX。

同样采用 SPSS 进行层次分析，由表 4 - 10 可知，回归方程 $p < 0.01$，回归效应显著。但表中显示 R Square 差值为 0.009，p 值为 0.293，调节效应不显著，即职业中断的时长对工作年限与晋升的关系无显著调节效应。

表 4 - 9   ANOVA[c]

Model	Sum of Squares	df	Mean Square	F	Sig.
1	Regression	38.880	2	19.440	14.230	0.000a
	Residual	140.714	103	1.366		
	Total	179.594	105			

续表

	Model	Sum of Squares	df	Mean Square	F	Sig.
	Regression	40. 179	3	13. 393	9. 799	0. 000b
2	Residual	139. 416	102	1. 367		
	Total	179. 594	105			

注: a Predictors: (Constant) M, X。b Predictors: (Constant) M, X, MX。c Dependent Variable: Y1。

表 4 – 10　　　　　　　　　Model Summary

Model	R	R Square	Adjusted R Square	Std. Error of the Estimate	Change Statistics				
					R Square Change	F Change	df1	df2	Sig. F Change
1	0. 392^a	0. 154	0. 138	1. 92755	0. 154	9. 373	2	103	0. 000
2	0. 404^b	0. 163	0. 139	1. 92647	0. 009	1. 116	1	102	0. 293

注: a Predictors: (Constant) M, X。b Predictors: (Constant) M, X, MX。

三　性别的调节作用

职业中断对工作年限和薪酬与晋升的调节关系做出验证后，接下来将验证对于职业中断已经发生的管理者，其对工作年限和晋升与薪酬关系的调节效应是否会因性别而异。

（一）性别对薪酬的调节作用

选取有过职业中断的样本，以性别为调节变量，工作年限为自变量，薪酬为因变量，采用 SPSS 进行分组回归分析。

表 4 – 11　　　　　　　　　Model Summary

性别	Model	R	R Square	Adjusted R Square	Std. Error of the Estimate	Change Statistics				
						R Square Change	F Change	df1	df2	Sig. F Change
0	1	0. 446^a	0. 199	0. 183	1. 18601	0. 199	11. 945	1	48	0. 001
1	1	0. 372^a	0. 138	0. 122	1. 14073	0. 138	8. 673	1	54	0. 005

注: a Predictors: (Constant) 工作年限。0 为男性, 1 为女性。

表4-11表示了回归模型的总体情况，男性和女性两组回归方程在99%的置信度下具有显著效应（p<0.01），即性别变量起到了显著的调节效应。

表4-12给出了自变量的标准化回归系数Beta值，男性组中标准化Beta为0.446；女性组中Beta为0.372，且都达到显著性水平p<0.01，说明工作年限对薪酬有显著的预测作用，且职业中断对男性管理者薪酬的负向调节效应小于女性管理者，假设3a成立。分组回归模型见图4-5、图4-6，在发生职业生涯中断后，男性管理者工作年限对薪酬的影响大于女性管理者。

表4-12

Coefficients[a]

性别	Model		Unstandardized Coefficients		Standardized Coefficients	t	Sig.
			B	Std. Error	Beta		
0	1	（Constant）	1.294	0.403		3.210	0.002
		工作年限	0.100	0.029	0.446	3.456	0.001
1	1	（Constant）	0.998	0.324		3.083	0.003
		工作年限	0.085	0.029	0.372	2.945	0.005

注：a Dependent Variable：薪酬。

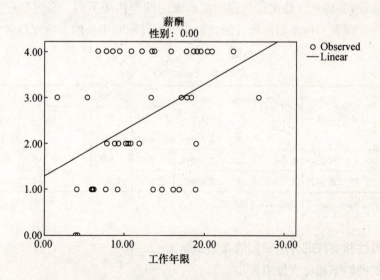

图4-5 薪酬与工作年限的关系（男性）

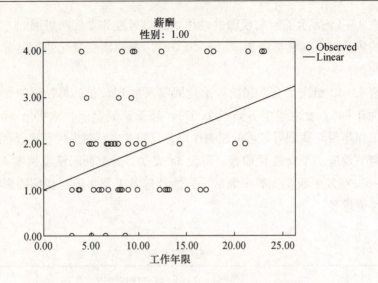

图4-6 薪酬与工作年限的关系（女性）

（二）性别对晋升的调节作用

在性别对晋升的调节作用模型中，两组回归方程的 p 值分别为 0.038 和 0.001，在 95% 的置信区间内具有显著效应，性别的调节效应较为显著，见表 4-13。表 4-13 中男性组的 Beta 系数为 0.294，女性组 Beta 系数为 0.447，显著性水平 $p < 0.05$，职业中断对晋升有较为显著的预测作用，假设 3b 成立。然而，与性别对薪酬的调节作用不同，有过职业中断的男性管理者工作年限对晋升的负影响大于有职业中断的女性管理者。

表4-13   **Model Summary**

性别	Model	R	R Square	Adjusted R Square	Std. Error of the Estimate	R Square Change	F Change	df1	df2	Sig. F Change
						Change Statistics				
0	1	0.294ª	0.086	0.067	2.18510	0.086	4.544	1	48	0.038
1	1	0.447ª	0.200	0.185	1.66908	0.200	13.459	1	54	0.001

注：a Predictors：（Constant）工作年限。

男性和女性的分组回归散点图如图 4-7、图 4-8 所示，男性组中回归直线的斜率相比女性组较小。

表4-14 Coefficients[a]

性别	Model		Unstandardized Coefficients		Standardized Coefficients	t	Sig.
			B	Std. Error	Beta		
0	1	（Constant）	3.241	0.742		4.365	0.000
		工作年限	0.113	0.053	0.294	2.132	0.038
0	1	（Constant）	2.431	0.474		5.133	0.000
		工作年限	0.155	0.042	0.447	3.669	0.001

注：a Dependent Variable：职等。

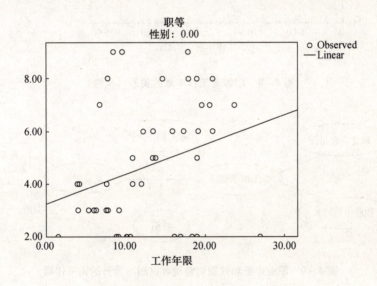

图4-7　职等与工作年限的关系（男性）

四　结论

通过对三个假设的分别验证，得到职业中断、工作年限、晋升与薪酬、性别变量的综合关系模型（如图4-9所示）。

在管理者工作年限与晋升和薪酬的关系中，职业中断不仅通过影响工作年限进而影响职业发展，还通过对两者关系的负向调节作用影响到职业发展。需要注意的是，这种调节作用仅仅由职业是否中断决定，而与中断的时长无关。另外，管理者工作年限与职业发展的关系也受到性别的影响。在薪酬方面，发生职业中断的男性管理者工作年限对职业发展的贡献高于发生职业中断的女性管理者；而在晋升方面则恰恰相反。

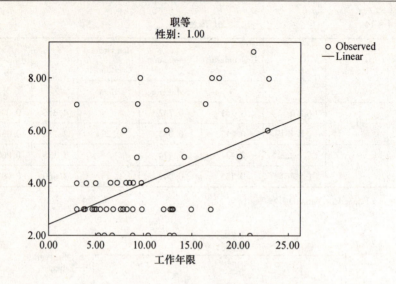

图 4-8　职等与工作年限的关系（女性）

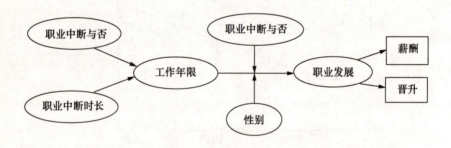

图 4-9　职业中断和性别对管理者薪酬与晋升的调节作用

人力资本理论在解释职业中断对职业生涯负面影响时有不完善之处，人力资本积累减少并不是职业中断对管理者薪酬和晋升的唯一原因。即使工作年限相同，职业生涯发生过中断的管理者整体上的薪酬和职等都低于无职业中断的管理者，说明了职业生涯中断所带来的负面影响中，除了造成工作经验和人力资本的相对减少以外，仍然存在其他隐形因素。即职业中断对管理者晋升和薪酬的影响包括两个方面：一是通过直接导致人力资本积累的减少，进而影响职业发展；二是通过对工作年限和收入关系的负向调节作用，削弱工作年限对晋升和收入的贡献度。

这一发现与 Ahituv 等在 2004 年针对白人、黑人、西班牙裔年轻女性所得出的研究结论不同，后者认为与生育前的工作年限相比，生育后的工作年限与当前工资的相关度更高。对于这一分歧,可能由几个方面的因素综合导致。首先是统计数据的差异,Ahituv 等人研究的是同一样本群体在不同时期的数据,采用的是时间序列分析,而本书选取的是横截面数据,通过与未发生过职业中断的人群进行对比,讨论的是职业中断的存在与否对职业生涯的影响;其次是被调查者的年龄与工作类型可能会导致研究结果的不同,先前学者的研究对象是年轻女性,并未对职业类型做出区分,而本书针对的是不同年龄阶段的管理者,且 30 岁以下的被访者仅占27.5%;另外,被访者的性别结构差异有所影响,本书加入了男性个体,而研究证明性别在工作年限与晋升和收入之间的调节效应显著,这也在一定程度上导致了研究结果的不同;最后是被访者的文化背景、种族差异以及时代的变化都可能会有所影响。

职业中断时间的变化对女性薪酬和晋升的影响仅仅通过缩短工作时间,从而相对降低人力资本,导致对职业生涯的负面影响,却无法通过调节效应来进行。也就是说,职业中断一旦发生,其时间的长短并不会带来调节效应的显著变化,减少中断时间无法缓解其对职业生涯带来的负面效应。

在性别对薪酬的调节作用中,女性比男性承担了更多职业中断带来的负面效应,这表明了信号理论的局限性,因为工作承诺的分散并不能解释性别差异导致的不同影响,却为组织文化理论提供了实证依据,也从一个全新的角度对歧视理论做出了解释。

当考虑到性别对晋升的调节作用时,结果却与其对薪酬的调节作用大相径庭。研究表明,男性在晋升方面比女性承担了更多的职业中断带来的负面效应,其工作年限对职等的贡献低于女性,这对受困于角色天花板的职业女性来说是非常良好的信号,意味着当怀孕生子不可避免地造成职业中断时,她们并不会因为性别方面的歧视而影响到晋升。相反,相比男性管理者,人们看待女性管理者职业中断对晋升的影响时持有更宽容的态度。这一现象的产生暂时可以从以下四个角度进行解释:首先,人们对女性生育责任的认识随着社会文化的进步有了潜移默化的改变,不再因此而刻板地排斥女性在职场中的角色,而是以一种更加包容、尊敬,甚至感恩的心态,将其视为女性为人类的延续所作出的牺牲。在某种程度上,这种宽容可以看作人们对女性牺牲的一些补偿。其次,研究表明工作与家庭之间存在一定程度的增益,而女性一般承担的家庭角色比男性更重,在这个过程中获得的增益也会更多，从而缓解了职业中断带来的部分负面影响，而且工作角色和家庭角色的冲突会提高女性时间管理的能力，间接提高了管理才能。再次，女性在成为母亲后，一些情绪化等不符合管理者素质的女性特质会减弱，变得成熟、稳重，对细节的掌控能力、沟通能力，以及周密性等往往会明显提高，从而与优秀管理者更加匹配。最后，随着新生代逐渐成为职场的中坚力量，他们对柔性管理风格的偏好也对女性管理者的晋升起到了间接的促进作用。

　　围绕女性管理者职业发展的现状及问题，本书在现有研究的基础上，通过前期扎根研究的探索，以及后期实证分析的细化深入，得出结论如下：

　　1. 女性管理者在职业过渡期主要面临心理上的"玻璃天花板"

　　女性进入职场后，由于对自己个性特征和性别角色的认知，加上传统家庭责任分工的影响和男性择偶偏好，以及社会舆论对"女强人"的排斥，其职业规划往往倾向于出差少、压力小、工作时间短、较为稳定的工作，形成一层心理上的玻璃天花板，职业发展缺乏动力。

　　"心理天花板"突破的契机主要来源于四个方面：首先，最本质的是女性自我认知的变化，社会文化的发展使女性变得更加独立，自我实现的欲望增强，职业规划思路也更加开放；其次，低水平的养老和医疗保障、高离婚率、《婚姻法》中房产新规等社会现实推动了女性对经济独立的追求；再次，当下市场对人才的需求、国家政策的鼓励及世界文化大融合等社会背景也为女性的职业发展提供了宝贵的时代机遇；最后，家人朋友的支持和标杆人物的引导成为女性职业发展很好的助燃剂和催化剂。

　　2. 女性管理者在"三期"中主要面临"角色天花板"

　　生育与抚养子女将不可避免地产生职业生涯中断，从而造成人力资本积累的相对减少，家庭角色的增加将在某种程度上带来组织忠诚度的分散和时间上的冲突，使得女性在生育过后职业发展动力降低，甚至直接放弃职业生涯，导致角色天花板的出现。因职业中断是可见的，但它产生的影响并不能完全由绩效的降低来解释，还存在某些态度上的隐形因素，故而呈半透明状态。

　　有研究表明家庭角色的增加会对工作产生增益。另外，公司制度的支持如弹性工作制等会成为女性管理者角色冲突良好的润滑剂，家人在精神上的鼓励和对家庭角色的分担对女性重返职场有非常重要的帮助，部分女性也会选择家政服务。

3. 女性管理者在职业建立期主要面临组织玻璃天花板

组织天花板即传统意义上的"玻璃天花板"，由性别刻板印象、组织结构和社会文化等因素导致。目前组织环境也有了一些变化，主要基于柔性管理风格的流行、社会认同、刻板印象的减弱，以及个体认知的局限性。

4. 职业中断对管理者晋升和薪酬有负向调节作用

存在职业中断的职业生涯中，个体工作经验对晋升和薪酬的影响降低。即每增加一年的工作时间，其职等和薪酬的增加幅度相比未发生职业中断的个体较小。这种调节效应仅与职业中断与否有关，与中断时长无关。缩短职业中断时长并不会带来负向调节效应的减弱。

5. 性别对管理者晋升和薪酬具有调节作用

对于同样发生职业中断的男性和女性管理者，晋升和薪酬受到的影响并不相同。职业中断对女性管理者薪酬的负向调节作用大于男性，而对晋升的负向调节作用小于男性。前者可能是抚育子女的责任使得女性恢复工作后日常工作时间的减少、拒绝出差或组织环境中的性别歧视导致；而后者则源于人们对女性生育责任与职业发展关系的改观、工作—家庭增益、胜任力的提升、管理风格等因素。

第五章　职业女性工作—家庭问题 研究的工作视角

——玻璃天花板

对于职业女性而言，除了生育带来的职业中断，玻璃天花板也是阻碍女性管理者晋升高层的无形障碍，现有研究大多探讨阻碍女性晋升高层的因素，包括人力资本差异理论（Tharenou，1994）、自我性别感知论（Konrad，2008）、个体认知局限性（Robinson、Dechant，1997）等，也有部分文献开始关注到当前女性管理者职业发展中的变化，以及她们在公司治理方面所表现出的绩效。致力于提升女性在企业中地位的非营利性机构 Catalyst 最近的一项调查结果显示，2011 年《财富》500 强企业中女性高管的比例达 14.1%，在公司董事会中，2011 年女性董事的比例为 16.1%，高于 2010 年的 15.7%。跨国猎头光辉国际进行的一项董事会多元化调查的初步结果表明，董事会在任命董事时对融入多元化因素（包括性别）的意识越来越高。虽然女性在社会各界高层中的比例仍低于男性，但明显呈上升趋势。那这些"领头羊"是如何突破阻碍她们晋升的玻璃天花板的呢？女性管理者晋升高层的道路又是怎样的呢？国外学者从不同理论视角，运用多种方法对这个问题进行了深入探讨，而中国情境下女性管理者的晋升轨迹仍鲜有研究。

第一节　玻璃天花板概念与研究动态

一　玻璃天花板的概念界定

"玻璃天花板"这个词最早出现于 1986 年，是由美国两名记者（Hymowetz 和 Schelhardt）最先使用的，来形容阻碍女性在美国公司中获得更高职位的不可见的障碍。Morrison（1987）首先将"玻璃天花板"定义为

"阻碍女性晋升到公司特定层级的明显障碍"，指仅仅由于个体的女性身份造成的向公司高级管理层晋升的障碍，而非缺乏胜任更高层级工作的能力。美国劳工部将玻璃天花板定义为"阻碍有资格的个体向上晋升到组织管理位置的，人为的组织态度上的偏见"（U. S. Glass Ceiling Commission, 1995），是"不可见的，然而却是阻碍少数群体和女性升入企业上层阶梯的无法达到的障碍，无论她们资格与成就如何"。玻璃天花板"反映了劳动力市场的歧视，而不仅仅是不平等"。这种现象主要来自于性别刻板印象、男性化的组织结构、社会文化等方面。在中国的组织中，高层职位的女性与低层职位相比占有的比例过少，并且在工资、工作福利和工作特权方面，女性仍然低于男性。在中国，女性受雇机会少且经常被辞退。因此 Korahik 指出，中国女性管理者也与西方女性一样存在职业发展障碍。

二　玻璃天花板的相关研究

Madden（1973，1975）将"垄断歧视模型"应用到基于性别的工作分工上。1972 年 Carolina 大学进行了一项关于歧视的调查，对 66 个机构的 884 名男性管理者进行问卷，调查他们对男女特质的归类。结果显示，在理解"男性更强于女性"、"合理地处理问题"、"使员工团结"、"理解财务事务"、"准确把握形势"、"管理能力"、"领导潜质"、"确定长远工作目标并为之努力"、"想晋升"、"在压力下工作"、"临危不乱"、"独立"和"进攻性"方面，男性的分数远比女性要高；在"文员资质"、"擅长细节工作"、"喜欢重复性工作"、"容易哭泣"、"对批评敏感"、"胆小"、"嫉妒"、"对工作投入过量感情"、"离职、辞职可能性"、"把家庭摆在事业之前"等方面，女性得分更高。

这说明，在男权占主导地位的社会中，固有的对女性的偏见阻碍了女性的职业发展，制约了她们向企业的高层发展。这种性别偏见是女性遭遇升迁的"玻璃天花板"的一大现实原因。

Vianen 和 Fischer（2002）在做假设男子气的文化倾向是动机的预测标的的情况调查中发现，在追求高层管理职位时，在管理层女性中，文化偏爱中性别差异没有体现。在非管理层群体中，女性比男性表现出较少的偏爱男子气文化，这时性别差异才得到体现。发现女性比男性雄心要少，并且即使有雄心的女性也认为工作与家庭冲突对职业晋升是一项障碍。这一研究假设了获得高层职位首先要有雄心。高层女性的缺少，是因为与那些想获得高层职位的男性相比，女性缺少强烈的动机。随后，研究者通过询问他们的文化倾向和他们接受或拒绝高层职位的动机来探索男性和女性渴望高层管理职位的原因。得出的结论是，在志向方面，男性文化倾向和女性文化倾向都对志向的变化有影响；在拒绝高层管理职位动机方面的性别区别是由于工作负担和工作与家庭之间的冲突（对于女性），接受的原因是由于地位和薪酬（对于男性）。

研究发现，联系到动机和雄心，女性要比男性更多地认为工作与家庭冲突是拒绝高层管理职位的原因。最后得出的结论是，不管所处的组织和职位如何，女性都具有"比较弱的管理动机"。女性职业发展遭遇困境，与其本身较弱的管理动机相关。

Kanter（1997）在 *Men and Women of Cooration* 这本书中提出了三组变量，来解释女性在组织中为何处于弱势地位：①职位向上流动可能性；②组织成员的权力程度；③同一团体中的社会类型的相对人数。也就是说，女性与男性在认知、态度和行为上的差异，是由于他们在组织中的人数、机会结构及权利等因素所造成的，而非性别因素。

赵慧军和王丹（2006）在 189 名北京某大学在职研究生和 6 家中小企业 167 名员工这两组样本中进行问卷调查，调查样本涉及的组织中，女性占员工总数的 41.5%，女高层管理者的比例为 16.17%。且此比例随企业规模的增加而减少，规模在 500 人以下的组织中女性高管的比例为 24.10%，在 2000 人以上的组织中为 4.76%。

他们的研究结果表明在高层管理者中女性所占比例越高，对玻璃天花板的知觉越低；在一般组织中，人们关于玻璃天花板的概念不突出，女性可能较少地感知到歧视行为，而将其视为准则中的一部分；玻璃天花板的存在减少了员工对组织晋升程序的公平感，尽管关系很弱。很大程度上说明了文化背景对性别歧视的影响。

康宛竹（2007）以 2004 年沪深两市上市的 A 股公司为研究总体，采取抽样方式考察女性任职的基本状况。结果显示，①中国上市公司女性董事、监事及高管的比例较低；②董事会成员中女性亦较少；③高层女性在关键职位上任职比例极低且副职多而正职少。结果表明，在中国上市公司的高层职位中，女性任职的确处于低比例状况，而且是职位越高，比例越低。因此，在中国上市公司中，女性高层任职中的"玻璃天花板"还是客观存在的。

黄庐进和周锡飞（2008）在 42 位来自不同行业、不同性质单位的女性领导人中调查发现目前的管理层中，特别是在高管层级中，女性的比例很低，许多单位几乎没有女性高层管理者或者不打算提拔女性成为高层一员。同时，有将近一半的女性认为自己的能力超过了职位的需求，但升迁的可能却很低。受调查者表示，女性获得成功，要比男性付出更多的努力，因为要兼顾更多的责任。同时，研究者根据调查结果分析，由于女性特性的制约、角色定位和传统印象的影响，管理者的认识偏差、固有的性别歧视和偏见，社会文化的影响导致了女性管理者升迁的"玻璃天花板"现象。

陈铭薰、吴文杰和吕秋霞（2005）以台北大学 EMBA、MBA、IEMBA 的在职女学生为样本，调查企业女员工的升迁发展。结果显示，女性的升迁发展受许多因素影响，分别为①在女性员工人力资本上：如婚姻、训练机会、公司年资与工作生涯年资，其中婚姻与升迁发展呈负相关，而教育程度的影响并不明显。②在社会心理层面上为领导角色特质影响显著，而成就动机因素并不显著。③在偏差歧视上有关性别歧视知觉因素并不明显。④在组织系统因素上，主管部属关系与师徒关系为正向显著影响，而在组织权利关系及客观升迁机会的影响因素则不显著。研究显示，影响女性升迁的"玻璃天花板"是由人力资本、社会心理、偏差歧视以及组织制度因素造成的，有社会环境的影响，也有女性自身的主观因素。

翟雪梅（2007）在北京地区 110 名在职员工中调查女性管理者的职业发展阻滞的原因，探寻社会、家庭、组织和个人对"玻璃天花板"现象的影响。分析结果显示，社会、家庭、组织三个层面的得分均值都大于3.5，这三个层面对女性管理者职业发展都产生了阻滞作用，而个人层面的得分均值却小于 3.5，即从女性管理者自身的能力和愿望、动机等方面，不会对女性管理者职业发展产生阻滞作用。

在社会、家庭、组织三个层面中，社会观念以及社会政策的影响程度最大，因为它不仅影响了家庭对女性管理者职业发展的观念，也对组织文化和组织制度产生了一定影响。在家庭与组织差异显著性检验中，S = 0.507 > 0.05，说明家庭和组织因素对女性管理者职业发展的阻滞作用没有显著差异。而随着职业知识女性所接受教育程度的提高，个体产生了更高层次的成就动机，并激发了在人格的自我要求上更加独立、自尊，因此女性管理者自身的能力、愿望、动机等个人层面的因素，没有对女性管理者职业发展产生阻滞作用。

性别角色的刻板印象已经深深地印在男性的脑海中，所以男性不会主动在家庭和组织中作出努力来改变现有的不平等状态。婚姻状况会影响到一个人对家庭的态度，但对社会、组织和工作以及个人方面的影响并不明显。而子女的出现不仅对家庭有影响，对组织因素的得分差异更加显著。

三　玻璃天花板现象原因分析

关于高级管理层存在的性别差距的原因目前有四种主流解释：一是工作场所中的性别偏见约束了女性向更高权力层次的发展；二是女性缺乏胜任高层重要工作的特定经验与技能；三是女性对领导职位的渴望和主动性不如男性强烈；四是女性在家庭责任和工作要求的平衡上欠缺能力和意愿。

（一）性别刻板印象

被一种性别主导的职位会存在性别一致性的归因倾向，而大多数高层领导职位都被男性占有。统计表明，造成女性升迁障碍的因素中成见名列第一，有81%的受访主管认为既定的刻板印象阻碍了女性在企业中的升迁。Witz 和 Savage 发现人们视女性为缺乏管理性格，不能胜任高层管理岗位。王大方（1996）认为人们对女性的成见太深、管理方面觉得让女性参与决策太冒险。老板在任命高管时会对男女工作—家庭冲突持不同的看法，从而影响到对其与组织工作契合度的评价，并最终决定其晋升与否。大多数女性易安于现状、自主性差、参与感弱、竞争意识和成就动机相对较弱，进取意识不强，这些不足成为女性自设的羁绊。

（二）组织结构

相似相吸理论认为同性的求职者比异性更让雇主感知到与自己的相似性（Gallois、Callois and Callan, 1992），并在评估中获得更多的赞同（Cardy and Dobbins, 1986）。Kanter（1977）有关同质社交再现（homos-ocial reproduction）的研究表明，公司领导倾向于雇用或升迁与自己具有相似特征的职员，而历史演进造成的目前企业管理层则以男性是主要法规制定者，整个科层组织宛如男性世界，女性是与这个组织疏远的、陌生的（Witz and Savage）。

（三）社会文化

传统文化对男性和女性期待的差异往往是根深蒂固的。人们会倾向于加强基于性别的社会性角色方式，而在"男主外、女主内"的传统社会观念中，女性被赋予以家庭的稳定为成就目标，承担更多的家庭责任，而在职业发展中取得成就的女性由于接受了男性特征行为，违背了女性本身的美好属性而不被社会性别评价体系所认可，其管理风格也因此受到限制。

四　组织环境的变化和机遇

（一）管理风格

近年的职业女性似乎已不再举步维艰。伴随着 80 后一代逐渐成为职场主力，企业文化要适应 80 后个性张扬、独立自主的特性，减少命令性、强迫性的工作要求，为 80 后的成长提供更为宽松的企业环境。而与男性同行相比，女性会倾向于成为比较民主（而非专制）的领导者。并且女性领导者在变革型领导的几乎所有测量指标和交易型领导的条件奖励维度上都明显高于男性领导者，而这两项与领导的有效性存在正相关。女性特有的柔性管理风格成为一种发展趋势。

（二）社会认同理论

Powell（2010）则认为，相比同性来说，招聘人员更倾向于将异性视为与自己相似的对象，并通过社会认同理论来解释这一现象。这项观点得到了以下验证：女性候选人的录取概率在全体招聘团都为男性时比都为女性时高出 10 个百分点，并且在企业管理层以男性为主的现状下，倾向异性的招聘意愿在一定程度上为更多女性进入高级管理层打下了良好的基础。而且对申请管理职位的女性的评估也已经得到很大改善，甚至女性比男性更容易取得面试机会。

（三）刻板印象的减弱

Schmader 等学者研究发现，虽然被提醒自身群体的消极刻板印象会导致人们表现类任务的失败，但这种刻板印象威胁能够通过加强情境因素框架来减弱，进一步表明了女性摆脱性别刻板印象对自我表现产生负面影响的可能性。不过情况会随着女性管理者的加入而好转，因为在高层管理者中女性所占比例越高，对玻璃天花板的知觉就越低。

（四）个体认知的局限性

Hambrick 和 Snow（1977）指出，个体的认知能力与判断过程具有局限性。首先，行为个体的认知范围有限，单个决策者不可能观察到组织和外部环境的方方面面；其次，个体对所观测现象的选择性吸收也使其对备选方案的认识存在局限性；最后，最终评判所选择的信息也经过个体主观偏好的过滤。企业高级管理层的性别多元化一方面有助于企业深入了解其所在的市场，多元化的管理层可以帮助企业与多元化的潜在客户和供应商建立关系，增强企业面临风险的应对能力；另一方面能够提高企业的创新能力，因为态度、认知能力以及信念在人群样本中不是随机分布的，而是按照年龄、性别和种族等人口统计特征呈现显著的系统分布（Robinson and Dechant，1997）。

第二节　女性管理者"玻璃天花板"突破轨迹的数据研究与设计

剖析中国情境下"玻璃天花板"的状态，需要在对其形成原因深入理解的基础上，结合中国情境和当前社会动态，进行对比分析，而这些因素多为隐性的、动态的，具有一定的主观性，只通过定量分析无法触及深层机理，并不适合进行细致深入的动态研究。而扎根理论研究恰恰适用于现有理论体系并不完善，很难有效解释实践现象的领域，或存在理论空白点、出现了一些全新现象的领域（李志刚，2007）。由此本书采用扎根理论的方法进行探索性研究，致力于在原始资料的基础上进行理论建构与分析，探讨中国情境下玻璃天花板效应的变动及其作用机理。

本书引用的扎根理论研究方法包括开放性编码、主轴编码、构建聚类与模型构建、理论饱和度及模型效度检验四个过程。

（1）开放性编码（Open Coding）

在通读资料，熟悉并掌握内容的基础上将资料分解，逐字逐句进行概念提取的过程。编码过程中应当注意排除既有理论的影响，以开放的思维将原始资料概念化，并以新的方式进行组合形成范畴，为进一步挖掘资料中隐藏的理论逻辑奠定基础。

本书对 19 个访谈样本资料按照"访谈样本序号 — 回答问题序号（主问题 — 子问题）— 回答内容的句子顺序"进行编码，例如，编号为"A2 - 5"的条目表示被访者 A 对第二项主问回答内容的第 5 点。通过对资料详尽的整理分析，最终得到 26 个范畴。为说明开放性译码过程，对被访者部分资料的概念化过程如表 5 - 1 所示，形成的部分范畴如表 5 - 2 所示。

表 5-1　　　　　　　　　　访谈资料概念化过程举例

编号	概念	概念性质	性质维度	标签
1	岗位	岗位类型；岗位需求；岗位性质；岗位层级	岗位类型：核心管理岗位、工会主席；岗位需求：出差、应酬、加班、连续性；岗位性质：辛苦、劳累、不安全；岗位层级：中层管理岗位、高层管理岗位	A1，B2-2，C1-2，E2-1，G1-1，G5-1，H1-1，L7
2	行业	行业类型	行业类型：知识密集型	A2-2
3	生理	生理责任；生理特征	生理责任：生育、哺乳；生理特征：柔弱	A2-1，B2-1，C3-2，E2-3，G4-2，J5，L3
4	中断期	婚姻；生子	婚姻：已婚、未婚；生子：已生育、未生育	A3，B5-1，B5-3
5	业务能力	业绩水平	业绩水平：高	A4-1，A5-2，H2-1
6	客户关系	客户接受程度；灵活性	接受程度：较男性更高；灵活性：高	A4-2，B7-2
7	主体观念	自我定位；成功欲望；婚姻家庭观念	自我定位：低于男性、需要男性撑腰；成功欲望：增强；婚姻家庭观念："丁克族"渐多、婚姻只是生活一部分	A5-1，A6-2，B7-3，B8-4，B11-1，H1-2，L5
8	机遇	机会分配；发展时机	机会分配：趋于平等；发展时机：企业成长期	A6-1，B12-3，C3-1，I1-1

表 5-2　　　　　　　　　　被访者部分资料范畴化过程举例

范畴	范畴性质	性质维度	包含概念
职业	职业类型；职业需求	职业类型：知识密集型、中层管理岗位、高层管理岗位；职业需求：出差、加班、应酬	1，2
性别特质	生理特质；个性；弱势；性格；管理风格；人际关系	生理特质：生育、哺乳、柔弱；个性：细心、遵守规范、耐心、沟通能力强、冷静、亲和力、语言能力强；弱势：保守、缺乏战略眼光、胆识欠缺、气场和震慑力不足、有时不够强势、感性、判断、决策能力较弱、过于追求完美、主见差；性格：完美性、喜好内部管理、自立、追求成就感、自身性格适合家庭支持；管理风格：授权、集权；人际关系：易被接受、灵活性高	3，6，12，26

续表

范畴	范畴性质	性质维度	包含概念
责任冲突	冲突内容；冲突解决方式	冲突内容：向家庭妥协放弃职业发展、转换协调、暂不生育、错失机会、贤妻良母做不好管理者；冲突解决方式：已婚、未婚、已生育、未生育、大部分单身	4，11
知识技能	教育背景；业务能力	教育背景：受高等教育的女性多于男性；业务能力：强	5，24
自我定位	认知；计划；表现；影响	认知：自觉低于男性、需要男性撑腰、成功欲望增强、"丁克族"渐多、婚姻只是生活的一部分；计划：计划生育期；表现：努力程度增加；影响：得到认可	7，9，21

（2）主轴编码（Axle Coding）

其主要任务是通过比较和分类的方法，发现和建立概念与类属（范畴）、类属与类属之间的各种联系，以表现资料中各个部分之间的有机关联（陈向明，1999），并区分主类属与次类属。研究通过"因果条件—现象—情景—中介条件—行动—结果"建立起类属或概念之间的逻辑关系，以"女性晋升高层"为主类属，按照女性的晋升动因、目前女性的晋升情景、晋升的中介条件、女性晋升所采取的行动、女性晋升结果将各类属按性质分到各个层次。例如"自我定位"类属有多个性质维度，其中"认知"维度是女性对自身生理和心理特征以及想要承担的社会角色的认识和定位，归入"动因层"；"表现"维度是女性管理者根据自身职业目标所采取的措施，归入"行动层"；"影响"维度是女性通过自我定位并付诸行动后对自身造成的影响，归入"结果层"（如表5-3所示）。

表5-3　　　　　　　　　　典范模型的层次化结果

因果条件	自我定位（认知）；驱动力（内驱力）
现象	女性晋升高层障碍（玻璃天花板）
情景	职业（职业类型、职业需求）；性别特质（个性、管理风格）；知识技能（教育背景、业务能力）；企业（企业类型、发展时期）；社会文化（法律政策、社会价值观）；经济条件（社会经济、个人经济）
中介条件	性别特质（人际关系）；责任冲突（冲突内容）；自我定位（计划）；企业（内部文化、选拔标准）；标杆（标杆倾向）；驱动力（外部驱动、激励过程）；家庭观念（男性择偶倾向、家庭支持）；性别特质（管理风格）
行动	自我定位（表现）；责任冲突（冲突解决方式）；驱动力（驱动表现）
结果	自我定位（影响）；标杆（标杆数量、标杆特质）

（3）构建聚类与模型构建

将表5-4每个层次的类属性质进行聚类，例如将"政策导向"、"人才需求"、"文化融合"类属聚类为"外部机遇"构件，并作为该构件的子构件。总共形成15个具有三级结构的女性高层晋升构件，每个构件包含多个不同子构件，子构件可以由属性特征进行描述。最后将其依据表5-3典范模型进行调整，最终形成动因层、目标层、情景层、冲突层、行动层、结果层，并建立起女性高层晋升模型二维结构模型，如表5-4所示。

表5-4 女性职业生涯晋升结构模型

层次	构件	子构件	属性
动因层	自我认知	心理特征	自立、自我实现、追求完美
		社会角色	家庭取向"丁克族"渐多、婚姻只是生活一部分
	角色楷模标杆	标杆数量	女元首、女企业家、女高管增多
	环境因素 外部机遇	政策导向	倡导男女平等、鼓励女性提升、最低女性比例
		人才需求	以能力为导向、知识经济
		文化融合	东西文化融合加深、男女平等观念增强
	环境因素 社会现状	社会保障	养老保障低
		离婚率	离婚率高
目标层	女性高层晋升 （玻璃天花板裂缝）	数量	企业高层男女比例趋于平衡
		公平性	机会平等、客观选拔
情景层	环境因素 竞争环境	职业类型	行业、层级、特殊需求
		企业环境	企业类型、企业文化、选拔标准、同事观念、发展时期
		社会文化	价值观、政策导向
		法律	妇女保护政策、最低女性比例
		经济背景	发展速度、发展阶段
	背景因素 性别特质	个性	细心、耐心、感性、遵守规范、冷静、保守、缺乏震慑力、有时不够强势、过于追求完美、缺乏主见、支持角色
	背景因素 知识技能	教育背景	受教育比例、教育水平
		技能	亲和力、沟通能力、语言能力、战略眼光、胆识、判断、决策能力、人际关系、业务水平、专业知识
冲突层	冲突内容	角色冲突	工作家庭角色转换、男性择偶倾向
		时间冲突	生育期、工作家庭时间分配
	冲突协调	职业规划	生育期、职业定位
		心理调节	标杆、激励、舆论

续表

层次	构件	子构件	属性
行动层	角色倾向	家庭导向	生育过后辞职、贤妻良母
		事业导向	推迟生育、缩短产假、女强人
	时间分配	家务	做家务时间
		亲人互动	陪丈夫孩子
	外界支持	家庭支持度	老人帮忙带孩子
		他人支持	雇佣保姆
结果层	家庭角色	婚姻	已婚、未婚
		生育	已生育、未生育
	社会角色	社会地位	高职高薪
		事业	成就感高

(4) 理论饱和度及模型效度检验

质性研究样本的饱和以内容饱和为准，而非样本数量。理论性饱和是指不可以获取额外数据以使分析者进一步发展某一个范畴之特征的时刻（Glaser & Strauss，1967）。模型建立后，本书重新收集多个不同个体案例，并随机抽取 3 个案例检验模型能否有效解释不同案例特征，结果显示各案例都被模型有效涵盖，说明模型有良好的理论饱和度和一般性。由于篇幅有限，本书列举以下几条来证明饱和度：1）"本来现在应该是大家都平等的对吧？但是女性没有把自己放到跟男性平等的地位上去"（"自我定位—自我认识"）；2）"女性比较细心，她可能做重复性的东西相对来讲比男性更有耐心，比如财务总监"（"个性特质—有时"）；3）"女性面对机会可能有个缺陷就是要生孩子"（"生理—生理责任"）。在对补充资料进行数据分析和开放式编码后，没有形成新的概念的范畴，资料饱和。

第三节 女性"玻璃天花板"突破模式动态模型构建

通过对管理者的深入访谈及编码，分析其职业发展的动机、职业目标、机遇和冲突、她们的选择及背后的原因、目前的工作状态等，探索女性管理者的职业发展轨迹，并剖析"玻璃天花板"的突破因素，试图揭示当前职场及社会对职业女性的态度转变，以及21世纪的职业女性在自我认知、价值观等方面的变化。

一　动因层

女性晋升的动因源于三个方面，首先是自我认知，对自己心理特征和社会角色的感知为女性提供了发展事业的内驱力，如自立、自我实现的需求、追求完美的性格特征等，同时更多的女性意识到家庭只是生活的一部分，从而将更多的精力转移到工作领域。其次是社会现状的推动力，较高的离婚率和低水平的养老保障迫使女性通过外出工作来获取生活保障。再次是外部机遇与成功女性的标杆作用。知识经济时代激烈的市场竞争导致企业对人才的渴求，再加上倡导男女平等的政策导向，以及我国文化开放与融合，都成为促使女性追求事业成功的助推力。

二　目标层

对于职业的发展来说，最直接的表现便是职位的晋升。而"玻璃天花板"体现在两个方面，一是企业管理高层女性比例偏低；二是女性同男性相比晋升难度较大。对于这两个方面，根据访谈资料发现企业高层女性比例呈上升趋势，而在考察高级管理者时，较为突出的女性候选人也会同样得到关注，并得到较为公平的评定。

三　情景层

情景层指的是职业女性所处的环境，包括深层次的性别特质，个体所获取的知识技能，以及工作竞争环境。其中性别特质指由于女性的性别身份而表现出的较为普遍的个性特征，如细心、感性、保守、耐心等，不同的岗位对个体特征胜任力的要求不同，特质的程度不同也会有所差别，例如细心对于财务总监来说是一种优势，倘若一个企业的总经理过分注重细节，便会失去对整体战略方向的把握。对于女性来讲，适当的耐心、细心、追求完美是她们成为高层管理者的优势，而缺乏震慑力、感性、倾向于支持型角色等则是致命的弱点。知识技能部分具体指职业女性的教育背景和工作技能。如今人们对女生的教育越来越重视，高校男女比例基本平衡，甚至女生比例有超过男生的趋势，为女性走向职场奠定了坚实的基础。而在技能方面，女性胜任高层管理者的优势在于普遍较强的亲和力、沟通能力，同男性相比弱势在于战略眼光、胆识和决策能力的欠缺。女性晋升情景层的另外一部分是竞争环境，社会文化的开放程度，快速发展的经济背景，法律政策，行业需求，企业类型，企业文化和发展阶段，以及职业的层级等共同构成了错综复杂的竞争环境。

四　冲突层

在职业发展的过程中，女性会比男性面临更多角色冲突（工作家庭角色转换、同男性一般择偶倾向的冲突）和时间冲突（生育期等），而面临这些冲突时的个人选择与解决方式在一定程度上决定了女性未来的职业发展道路。进行明确的职业定位，拖延生育期等协调措施对于女性最终成功晋升到高层起到了促进作用。

五　行动层

行动层指的是职业女性对待工作和生活的具体行为方式。包括角色倾向、时间分配和外界支持。倾向于家庭角色的女性在婚后或生育期过后可能会辞职或在工作中安于现状，而以事业为导向的女性则会采取推迟生育、缩短产假等措施来尽量减少对工作的影响。这种差异还体现在对工作和家庭的时间分配上。另外，父母对抚育子女的帮助和是否聘请保姆或全托也构成行动层不可忽视的一部分。

六　结果层

结果层表明了女性是否晋升到高级管理层，其结果状态体现为社会角色和家庭角色两个方面。社会角色包括社会地位与事业成就，对家庭角色指的是婚姻状态和是否生育。其中获得较高社会地位的女性的工作和生活状态又会成为后辈们的标杆，影响她们发展事业动因的强烈程度，并对社会文化和价值观产生潜移默化的影响。

七　模型构建

经过扎根访谈研究，在 Deborah 的三阶段动态职业发展阶段理论的基础上，结合 Betz 和 Fitzgerald 的女性职业选择模型与"玻璃天花板"理论，构建出女性管理者"玻璃天花板"三重突破路径（见图 5 - 1），并据此描绘出女性职业发展与高层晋升故事线。

随着女性不断进行自我认知，她们逐渐意识到自立与自我实现的需求，在当下离婚率高、社会保障程度低，《婚姻法》中房产的新规的压力下，鼓励女性的政策导向、企业对人才的急切需求及思想观念的开放都为她们职业生涯提供了良好的机遇，而女高管、女企业家实例的增加则为她们指明了发展的方向。在职业发展的过程中，以能力为导向的企业文化、公平的竞争氛围和知识型行业会对女性晋升管理高层提供良好的发展环境，

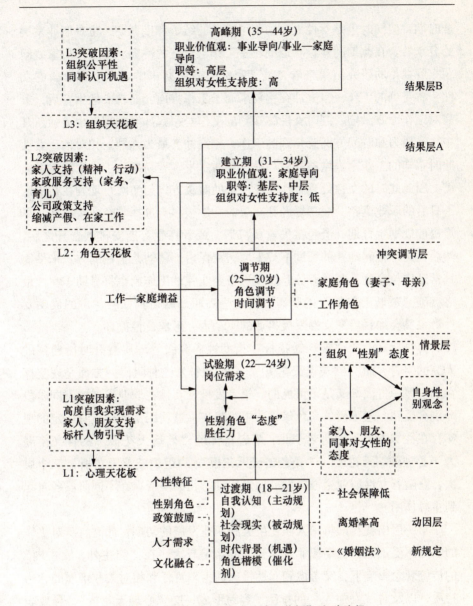

图 5 - 1 职业女性三重"玻璃天花板"突破路径

而由于女性受高等教育的比例增加，女性整体素质有了很大提升，相应的知识和技能较为扎实，加上女性较好的沟通理解能力、亲和力和细致等特点，如果再在工作中保持理性，培养自己的战略眼光、决策能力和威信，便很容易从人群中脱颖而出。经过 3 到 5 年的锻炼后便到了职业发展的黄金时期，但同时也是女性人生中不可避免的结婚和生育期，也是职业发展的分水岭。在此期间女性会遇到较多工作与家庭的冲突。从工作—家庭问题家庭视角的研究结果来看，处于家庭生命周期未婚或未生育阶段的女性，感受到的工作—家庭冲突主要来源于工作方面。而在女性生育后，家庭对工作冲突激增，同时女性感知到的工作对家庭冲突的程度也更强。其中，在压力和时间方面感知到的工作—家庭冲突最为强烈。相对地，女性此时感知的工作家庭增益程度却处于普通水平，容易导致工作家庭关系失衡。因此此时的女性处理工作家庭冲突的解决方式与实际行动则往往决定了日后的职业道路。成功晋升到高层的女性很多会选择与企业沟通好，尽量提前规划生育期，避免错失重要机遇，或者将生育期安排到晋升之后，然后在父母抚养幼儿的帮助下或采取聘请保姆、将幼儿全托的方式来平衡日常工作与家庭，家政服务业的发展与企业弹性工作制也将有助于女性最终突破"玻璃天花板"的障碍。而这些高职高薪得到社会认可的成功女性形象又会加强后辈女性发展事业的驱动力，形成良性循环。

传统意义上的"玻璃天花板"指女性向高级管理层晋升时所遇到的人为的阻碍，而""玻璃天花板""一词象征着这种阻碍一方面是现实存在的，另一方面却又是不可见的。笔者发现，女性在职业发展的不同阶段分别会受到心理障碍、角色障碍与组织障碍，这些因素同样具有一定的现实存在性与不可见性。鉴于此，笔者将传统"玻璃天花板"的含义拓展为"心理玻璃天花板"、"角色玻璃天花板"、"组织玻璃天花板"三个层次，它随着女性职业生涯的发展而发生动态化的演变，在不同阶段各自起到主导作用。

第一层出现在即将踏入职业生涯和职业发展的初期，此时自身对工作的实际感受不深，初期职业设计受外界影响较大，在"男主外，女主内"的传统观念影响下，又考虑到女性特殊的生理责任和相对柔和细腻的性格特质，以及对"女强人"的排斥，容易形成一层"心理天花板"，导致职业发展动力不足，完全以家庭为重心，从而选择压力小、工作时间短、极少出差的工作，并安于现状，职业发展停留在基层，职业路径为曲线一。

第二层是女性生育期之后的角色天花板，产假会使员工不同程度地暂离其工作职责，在其重新返回工作岗位时，可能会对新信息、新技术或流程、人事及人际关系的变动感到不适。由于增加了母亲这一角色，需要承担起抚育下一代的责任，此时如果缺乏父母、配偶、家政服务等支持，或自身在心理和时间上的调节失衡，就会受限于角色天花板，疲于承担家庭责任而放弃事业的成长机会，职业成长高度限于中低层。职业路径为曲线二。

　　第三层天花板产生于女性由中层管理者向高层管理者晋升时期，由男性为主导的组织结构与性别刻板印象造成，即传统意义上的"玻璃天花板"，对女性管理者向高层晋升形成最终障碍，无法突破的话职业路径就会形成曲线三。假如最终能够突破"组织天花板"，职业路径即为曲线四。

　　需要注意的是，如图5-2所示的三层"天花板"在职业过渡期已开始对女性产生潜移默化的影响，并且贯穿整个职业发展阶段，只是在不同时期会以某一层次的"天花板"的影响为主导。

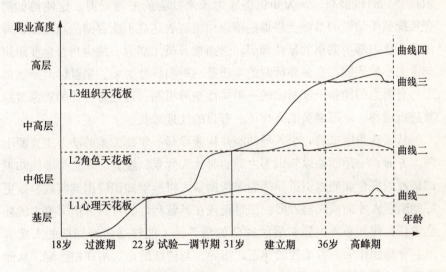

图5-2　三层"玻璃天花板"

　　不同女性在职业发展过程中遭遇以上三重"天花板"的程度也不同，然而，其中的"角色天花板"却是几乎每一位职业女性的困惑。在访谈过程中，大部分高层女性管理者都会选择尽量推迟并缩短"三期"。成功晋升到高层的女性很多会选择与企业沟通好，尽量提前规划生育期，避免错失重要机遇，或者将生育期安排到晋升之后，然后在父母抚养幼儿的帮助下或采取聘请保姆、将幼儿全托的方式来平衡日常工作与家庭，最终突破"玻璃天花板"的障碍。而这些高职高薪、得到社会认可的成功女性形象又会加强后辈女性发展事业的驱动力。

第六章　职业女性工作—家庭问题研究的工作视角

——导师制

中国正处于管理大师德鲁克于 2009 年所提出的"下一个社会"（知识社会）的转型期，认为知识将成为未来社会的关键资源，这使得如何在传统员工培训的基础上将那些难以用语言表达或不能存储的隐性知识转化为企业内部所共享的显性知识，进而提升员工能力，成为当今企业组织非常关心的问题。企业导师制的本质是一种引导性关系，主要针对新进员工与有潜力的储备干部所设的一种柔性培养机制；通过有经验的资深者对其进行指导，来帮助员工有规律、有目的性地成长。

从实践角度来看，引入导师制并构建导师—学徒关系的动因主要源于两大方面：一是面临以知识为主导的时代大背景，经验、理念等隐性知识的传授需要企业通过引进导师制来帮助新人将所学知识应用到实践，以更好地实现人才的成长与发展；二是企业在其营利性的背后承担了更多的社会责任，使其必须加强对后续梯队的培养，才能够适应转型期的人才需求。导师制作为一种柔性的非正式指导，与传统的正式培训相匹配，从而实现人才的可持续培养。不难看出，这种导师制的指导对于女性突破"玻璃天花板"也会起到至关重要的作用。

第一节　导师制的相关概念与研究动态

人类学家费希尔（2002）认为，全球化和多元文化下的 21 世纪，女性的"网状思维"比男性的"阶梯思维"方式更适应社会需求，女性的诸多独特优势将使其社会影响力越来越大；现代管理大师杜拉克也曾预言："时代的转变正好符合女性的特质。"麦肯锡对世界各国公司的调研发现，由女性出任高层职位（1/3 以上）的公司的表现优于其他公司。在过去的 30 年间，中国从一个"一穷二白"的国家一跃成为全球经济强国，尤其是自 1997 年以来，随着中国上市公司的数量成倍增长（从 1997 年的 720 家增加到 2012 年的 2477 家），中国上市公司女性董事所占比例从 1999 年的 9.2% 增加至 2010 年的 11.7%。由此可见，当代中国女性高层次人才不仅备受关注，而且渴望获得职业成功，这也是本书选取女性高层次人才作为研究对象的原因。

然而，麦肯锡公司（McKinsey & Co.）在报告中同样指出，虽然女性在入门级公司职位里占据比例为 53%；但在执行委员会这样的高层职位里的比例仅为 14%。研究中对这一现象的解释是"女性缺少来自高层的榜样、支持者和导师，因此女性很难想象自己能走入高层"。这里所指的支持者即"师傅"，在西方也称为"导师"，师傅可以帮助人们做好升职前的准备，他们不仅仅给徒弟提供反馈和建议，而且还会利用自己在高层管理者当中的影响力为徒弟保荐。事实上，当《财富》杂志于 1998 年首次推出"最具影响力的女性"榜单时，"导师制"（也称为"师徒制"）就已经成为一个热门话题，它帮助许多职业女性获得了成功。

Day 和 Allen（2004）指出师徒关系指的是一个经验丰富的、被视为模范的人，他/她往往愿意为另一个资历较浅的人提供支持、方向引导、有关职业生涯发展的反馈、人际关系的指点等，Fagenson（1989）和 Scandura 等（1992）学者认为师徒关系可以促进徒弟的主观绩效与客观绩效。

然而，对于同样拥有师傅指导的个体而言，不同个体所经营的师徒关系质量却有所不同。师徒关系受到包括师傅和徒弟在内的个人因素和组织因素的诸多影响，就徒弟方面来看，以往学者发现徒弟的人格变量、人口统计变量、职业发展阶段、动机和能力等都会影响师徒关系质量。尤其是笔者在 2011 年 4 月起所进行的女性高层次人才深度访谈中发现，成功的女性高层次人才往往会更加积极主动地把握机会、与师傅沟通，她们与师傅的关系质量更高，从中获益也更多，这点也在与师傅的谈话中得到了验证，即师傅往往会更加青睐在工作中争取主动权的徒弟。女性个体的主动性人格引起女性所处的师徒关系质量的差异，从而对其职业成功带来影响。

首先，聚焦女性高层次人才，并融入具有中国文化背景的解释变量——主动性人格。在性别平等这个问题上，中国的情况充满矛盾：它既是一个"重男轻女"的社会，但同时有关专家也表示中国职业女性获得晋升机会的可能性要大于其他国家的女性。因此无论从哪个角度来讲，中国情境下女性高层次人才的职业成功的影响机制都值得探讨。

尤其是相比于大多数西方国家，中国职业女性身上依然带着东方的高语境文化，体现在说话比较含蓄、间接，因此在这种情况下，探索女性，尤其是女性高层次人才身上的主动性人格倾向，从实践层面来看，主动性人格作为一种稳定的个性特质，通过对其进行探索，对于鼓励中国职业女性更加主动地在职场中把握机会积极表现自己有重要意义，也为管理人员选拔并培养女性高管提供了新的途径。

其次，在中国情境下对师徒关系与主动性人格进行本土化探索。随着中国国际化和私有化，儒家思想带来的权力距离正在逐渐缩小，工业化和城市化导致中国人人际间的工具性关系的增加以及基于传统的家庭和社区的情感性关系的重要性程度不断下降，这些变化使得起源于国外学者的师徒关系与主动性人格的本土化研究显得尤为重要，进一步丰富了人格心理学的研究内容，也拓展了我国有关主动性人格与师徒关系研究的内容，为今后深入探索奠定坚实的基础。

最后，女性高层次人才职业成功的影响机制的探究。通过引入师徒关系作为中介变量，探讨女性的主动性人格如何通过影响师徒关系带来自身的职业成功，尤其在前人研究的基础上，进一步探究二者在女性高层次人才的客观职业成功与主观职业成功上的差异，不但丰富了有关师徒关系的理论研究，同时也从一个全新的角度探索主动性人格与个体职业成功之间的影响途径，充实了主动性人格结果变量方面的相关理论。

一　导师制相关研究

（一）性别研究

直到 70 年代末 80 年代初，哈罗德·孔茨（1993）在其经典著作《管理学》（第 9 版）中提到了"女性在管理中的重要性"，成为管理学中性别研究的重要标志。性别研究的兴起，使得对女性管理者的探索得到了重视，从国内外学者针对女性管理者的研究内容来看，其研究发展经历了一个渐进式的过程：从组织中的性别比例开始，到探索女性管理者自身特点的研究及其在管理中的作用研究，目前也对女性管理者发展的"瓶颈"展开了具体研究。

（1）组织中的性别比例是性别研究最早涉及的领域。Kanter（1977）通过对工业类公司的考察发现"企业中工作人员特别是两性的恰当比例决定了人们的行为"，这是最早提出组织中性别差异的理论。后来学者在此基础上发现团队中的性别平衡将会消除不利于女性工作表现的负面因素；Hofstede（1980）将男性化与女性化列为企业文化的四个维度之一，认为男性化强的企业文化崇尚自信与竞争［后被"强力型文化"代替，John P. Kotter（1997）］，而女性化强的企业文化则倾向于认为男女平等的思想并更加追求生活质量。

（2）女性管理者的自身特点是国内外学者讨论最多的一部分内容，学者们在研究男女性管理者差异性的基础上，进一步探索女性管理者特有的领导风格的特点。男女性管理者差异性（Bowen & Hisrich，1986）主要包括：①社会网络方面，女性的最佳支持者来自于家庭，并易受家庭环境的影响，而男性则倾向于选择工作伙伴；②创业动机方面，女性认为独立、有成就感是女性创业的首要动机，其次才是男性所看重的金钱；③工作领域方面，女性倾向于进入服务相关的创新行业，而男性更多选择制造、建筑等高技术行业。

这些倾向性差异源自于男女性管理者的自身差异，同时这些自身差异也决定了男女性在领导风格与管理沟通上的不同。①Deborah Tannen（1997）研究发现男性通过沟通来保护自身的独立性并维持自己在社会格局中的等级地位，而女性则通过沟通来建立联系与亲密性，女性通过委婉地获得沟通方式来赢得别人的认同与接纳。②相比于男性的专制型与指导型风格，女性更倾向于采用民主型和参与型的领导风格，通过包容性领导来鼓励、参与、共享，从而帮助下属实现自我价值。然而，罗宾斯（1993）的研究发现在男性主导的工作中，由于群体规范和男性角色的刻板印象大大超过了女性领导者的个人偏好，因此女性领导者的民主倾向性也减弱了，转而采用更为专制的风格。

（3）女性发展"瓶颈"是这几年学者们研究的热点，学者们分别从社会、组织和个体层面来展开研究。①社会对女性的刻板印象。传统观念，尤其在中国背景下，"男主外，女主内"的思想较为深刻，认为女性应该从事"辅助性"与"服务性"的工作。②企业管理缺口，贝恩公司发现，缺乏结构化的流程、有效的举措和能贯彻组织内部所有层级的全面监管，是导致许多女性在职场的领导阶梯上停滞不前的根本原因。例如，组织"以男性为中心的选择标准",尽管这种状况往往是无意识的,但是许多工作方式与习惯都是以男性为主的,这给女性发展带来了一定的影响。③女性自身特点。INSEAD 学院教授 Herminia Ibarra 和博士生 Otilia Obodaru 的研究表明,在绝大多数领导力评分项目上女性得分都不差于甚或高于男性,唯独在"前瞻能力"一项处于劣势。这里主动性人格(Proactive Personality),意指个体不受情境阻力的制约,主动采取行动来改变其外部环境的倾向性,女性没有像男性那样把前瞻能力视为一项重要的领导能力,成为制约女性晋升的重要原因。前两章内容就女性由于生育所导致的职业生涯中断和"玻璃天花板"现象进行了深入的探讨,也表明了女性生育引起的职业生涯中断对于其晋升和薪酬都存在影响,并进一步分析了女性职业生涯晋升结构,构建出了女性管理者"玻璃天花板"三重突破路径。

(二)女性高层次人才

关于高层次人才的定义,国外暂时没有对应的学术解释,更多的是针对女性高管(Female Executives)的部分研究;然而对"女性高层次人才",不同学者或政府文件中的说法不一。《中央人才工作协调小组关于实施海外高层次人才引进计划的意见》从国家宏观层面入手定义高层次人才,认为高层次人才指的是"能够突破关键技术、发展高新产业、带动新兴学科的战略科学家和科技领军人才"。

相比之下,学术界对高层次人才的定义相对更加具体。学者李燕萍、郭玮(2010)认为高层次人才的范围是非常广泛的,可以是专业的科技人才;是人才群体中的精英,能够熟悉国内外环境和市场;是具备一定理论知识和实践能力的杰出企业家;是能够熟练掌握先进工艺和先进技能的高科技人才;是社会科学等领域的著名学者等。高层次人才具备以下特征:①高层次性(刘洪德,2010;蔡学军等,2003),表明他们是居于人才金字塔结构高端的人才。②不可替代性(王晓燕,2007;蔡学军等,2003),高层次人才相对于普通人表现得更为具有创新性、合作能力等。③强烈的社会责任感和事业心;另外,他们具备很强的创造力,能够为社会发展及人类进步产生重大的推动作用。④类别性、相对性、稀缺性、动态性(蔡学军等,2003)。

李燕萍、郭玮(2010)还指出女性高层次人才不仅具有高层次人才的普遍特征,尤其还具有女性自然属性。蔡学军等(2003)认为女性高层次人才是女性人才群体中的精英，是指在我国政治、经济、军事、科技、教育和文化等领域中，以其创造性劳动为社会发展和人类进步做出突出贡献的杰出女性人才。中国女企业家协会会长赵地（2009）指出女性高层次人才包括以下三种类型：一是担任副厅及以上行政级别的女性党政领导干部；二是女性科学家，如女性学科带头人（即在高等学校、科研院所中具有副高及以上职称的女性教授、女性研究员等）；三是女性企业家，如在企业中担任高级管理者的女性职业经理人，或是自身创业的女性企业家等。

本书采用赵地（2009）关于女性高层次人才定义中的第三类女性群体，即针对企业如在企业中担任高级管理者的女性职业经理人，或是自身创业的女性企业家等。

二　主动性人格

（一）主动性人格的内涵与区分

最早关于员工主动性行为的研究集中在员工进入组织时的社会化行为。研究发现这些新员工会采取一系列积极的角色，例如通过寻求反馈、减少不确定性、自我行为管理以及其他自我控制的策略。直到 Bateman 和 Crant（1993）在探讨组织行为中的主动性成分时，首次提出了主动性人格（Proactive Personality）的概念。他认为主动性人格是决定个体主动性和前瞻行为的主要因素，是个体采取主动性行为影响周围环境的一种相对稳定的个人特质或行为倾向的结果。主动性人格概念的提出与社会交互理论（Interactionism Theory）的思想相吻合，人与环境之间存在着相互影响的机制。一般会认为环境会影响个体，但同时个体也会通过自己的行为方式来影响周围的环境。人们根据环境所作出的行为有所不同，影响环境的程度也因人而异，主动性人格正是解释这种个体差异性的人格特质，即不同的人拥有着强弱程度不一的主动性人格。

不少学者对拥有主动性人格与非主动性人格的个体做了比较（Bateman & Crant，1993；Seibert，2003），其中提到拥有主动性人格的个体喜欢挑战现状而不是被动地接受自己的角色；往往能够积极地适应环境，同时识别外在有利的机会，并采取一系列主动行为，成为解决问题的先导者。Campbell（2000）在总结以往研究的基础上，总结出具有主动性人格的个体具有以下五方面的核心特征：

（1）能够胜任自己的工作，展现出高水平的专业技术、组织和问题解决能力以及卓越的绩效；

（2）具有人际胜任力、领导能力和可信赖性；

（3）表现出高水平的组织目标承诺和对组织成功的责任感，具有与组织相一致的价值观和积极的工作态度；

（4）拥有积极进取的品质，如主动性、独立判断、高水平的工作投入（Engagement）及工作卷入（Involvement）、勇于说出自己的想法等；

（5）展现出正直、诚信的品质，并具有更高的价值追求。

本书采用 Bateman 和 Crant（1993）对主动性人格（Proactive Personality）的定义，即认为主动性人格是决定个体主动性和前瞻行为的主要因素，是个体采取主动性行为影响周围环境的一种相对稳定的个人特质或行为倾向的结果。

（二）主动性人格的测量

在"主动性人格"的概念提出之后，有不少学者对主动性人格的测量进行了研究。但是其中广为引用的是 Bateman 和 Crant 于 1993 年通过探索性因素分析所编制的主动性人格量表（Proactive Personality Scale, PPS）。

Bateman 和 Crant 以主动性行为的概念为基础，从拟定的能代表主动性行为概念的 47 个项目中，筛选出 27 个最能代表主动性行为内涵的题目，编制成原始问卷，并以美国居民为被试进行测量，进行主动性人格量表的构建，最后得到一个含有 17 个项目的、单一维度的主动性人格量表，并证明这个量表具有较好的信度、聚合效度、区分效度、预测效度。此外，Bateman 和 Crant 还将主动性人格与大五人格进行了相关性分析，认为主动性人格是独立于大五人格的一种独立的人格理论，它仅是一种稳定的主动行为倾向，它可能将大五某个方面的内涵扩大和深入，比如尽责性。

后来，Seibert（2001）和 Parker（1998）等先后对该量表进行了简化，有 10 个项目、6 个项目、5 个项目、4 个项目等多个不同版本。从实际的应用情况看，10 个项目的量表在研究中的使用频率最高。

（三）主动性人格的相关研究

关于主动性人格的研究，主要是探索主动性人格直接或间接对其职业成功等因素的影响（如图 6 - 1 所示）；此外，还研究主动性人格对领导力与创业的影响。

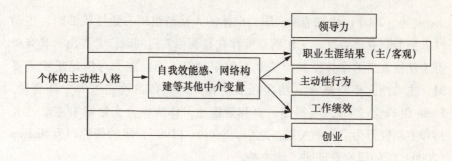

图 6-1 主动性人格的结果变量研究

（1）主动性人格的直接结果变量研究表明，主动性人格会直接影响职业生涯结果、工作绩效、创业与领导力。①职业生涯结果。Scott 等（1999）的研究则发现，主动性人格对客观职业成功（薪资水平、晋升次数）有积极影响，也对主观职业成功即员工的职业满意度有积极影响。②工作绩效。Crant（1995）发现在控制了经验、一般智力、责任心、外倾性和社会赞许等变量后，主动性人格对工作绩效具有显著的预测力。国内学者如温瑶和甘怡群（2008）也发现，主动性人格可以有效地预测工作绩效。③创业。主动性人格与创业意愿、创业过程和行为以及创业结果都存在正向影响（Crant，1996）。Becherer 和 Maurer（1999）以小型企业的总经理为样本的研究发现企业总经理在主动性人格量表上的得分越高，其企业销售额的增加越多，并且在企业寻求发展机会、占据市场位置时，表现出更积极的创业姿态。④领导力。个体的主动性人格会影响他人对其领导能力、领导效率的感知。Crant 和 Bateman（1993）对主动性人格与魅力型领导之间的关系进行了探讨，发现管理者对于主动性人格的自我报告分数越高，上级对其魅力型领导的评价也越高。

（2）主动性人格的间接结果变量①网络构建作为中介变量。Thompson（2005）认为网络构建在主动性人格和工作绩效之间起中介作用，即具有主动性人格的个体往往通过发展社会性网络而实现高绩效，一方面，通过发展社会性网络为员工提供了良好的社会、工作支持，从而提高其工作绩效；另一方面，发展社会性网络可以直接促进个体工作绩效的提高，例如员工可以通过与上级建立良好的关系从而提高上级对其绩效的评定；Chan（2006）的研究也指出，个体的情景判断差异可调节主动性人格与工作绩效之间的关系。②人格—组织一致性作为中介变量。Bauer 和 Erdogan 等（2005）研究结果表明当个体的人格与组织一致性较高时，主动性人格与职业满意度、工作满意度存在显著相关；同时作者提出，具有典型主动性人格的个体，其价值观与组织相符，而且能力可满足组织需要时，主动性人格与职业成功存在显著相关。③自我效能作为中介变量。Frese 和 Fay（2001）还提出，自我效能感可作为中介变量影响主动性人格和主动性行为之间的关系。之后，Seibert（1999）等的研究以及 Sharon（2006）等的研究都证明了此关系。

三　师徒关系

（一）师徒关系的类型

在师徒关系中，师傅与徒弟在互动过程中师傅往往扮演多种角色，如教练、赞助、保护、传递信息、挑战性任务安排、辅导和父母亲角色（parenting）等；同时，徒弟不仅会协助师傅完成相关的工作和任务，并且能够带给师傅新的想法与观点启发。通常情况下，师徒关系分为以下两种类型：

（1）正式与非正式师徒关系。正式师徒关系是指师傅与徒弟间的关系是在组织安排下建立起来的，是组织人力资源管理活动的一部分，是有计划、被管理的一种互动模式；而非正式师徒关系则是一种自发展起来的关系，通常徒弟会寻找较年长、较有经验且愿意提供指导的人当自己的师傅，师徒二人通过工作与非工作中的互动与交流来培养彼此间的信任，从而形成非正式的师徒关系。

关于正式与非正式师徒关系为徒弟所提供的不同功能上，不同学者的观点有所不同。①在职业生涯功能方面，Chao 等（1992）发现，非正式导师制的职业生涯功能显著强于正式导师制，其原因可能是非正式导师制是因师徒目标相近、兴趣相投而形成的；相比之下，Fagenson（1989）却认为，由于组织内部有既定的原则或规范，因此正式师徒关系能够发挥较大的职业生涯与角色榜样功能，但是社会心理支持较弱。②在社会心理功能方面，Allen、McManus 和 Russell（1999）研究发现正式导师制所提供的社会心理功能强于职业生涯功能；同时，Armstrong（2002）也认为非正式导师制则具备较为完整的功能，师徒之间自发的积极互动不但有助于徒弟的个人或职业发展，而且能提供更多的关怀与经验分享，从而使徒弟感知到更多的社会心理与角色榜样功能。

（2）直属与非直属的师徒关系。直属的师徒关系指的是担任徒弟师傅的是徒弟的直属上级，这种情况多存在于组织为刚入职的新人所安排的师傅，来帮助缩短其适应期；而非直属的师徒关系指的是担任徒弟师傅的人是徒弟直属上级以外的人。

关于直属与非直属的师徒关系为徒弟所提供的不同功能上，不同学者的观点有所不同。Ragins 和 McFarlin（1990）认为相对于非直属的师徒关系而言，直属的师徒关系更能有效发挥职业功能、角色榜样功能和心理支持功能，当师傅恰好是徒弟的直接上级时，往往更加了解徒弟在工作上的表现，凭借其资深的资历能够给予徒弟更多的工作指导或职业发展建议，发挥更好的职业生涯功能和心理功能。但是，直属的师徒关系也经常受到其他学者的质疑，认为徒弟会因为害怕上级（师傅）对自己有负面评价，而不愿将工作中遇到的问题反映出来；此外，导师碍于上级的身份，可能仅仅指导或纠正徒弟工作方面的问题，而难以放下架子给予私人关怀与协助。

本书采用的是 Day 和 Allen（2004）对师徒关系的定义，指的是一个经验丰富的、被视为模范的人（师傅），为徒弟提供支持、方向引导、有关职业生涯发展的反馈、人际关系的指导等，包括正式与非正式两种：其中正式师徒关系是在组织安排下构建起来的，同时也能够获得组织的协助；非正式师徒关系是自发展起来的互动关系。

（二）师徒关系的测量模型与方法

（1）两维度模型。Kram（1985）与她的同事将师傅—徒弟作为研究对象，通过质性研究方法探讨在师徒互动过程中师傅所表现出来的具体功能，进而提出的师徒关系功能的两维度模型，这是迄今为止该领域内影响最大的理论模型，为后来学者研究师徒关系奠定了很好的基础。他认为，将师傅关系中师傅对徒弟的支持归纳为两个方面：职业指导与心理支持。①在职业指导方面，师傅的角色主要体现在赞助（sponsorship）、曝光（exposure & visibility）、教导（coaching）、保护（protection）和挑战性工作（challenging assignments）这五种角色。由于师傅往往在组织内部担任高层，影响力较大，且拥有丰富的经验，对于新员工来讲，可以帮助其更快更好地适应组织和工作，从而尽早顺利地完成组织社会化过程；而对于非新人员工来讲，通过在与师傅互动的过程中所获得的职业方面的指导以及为自己引荐其他高层，都有机会获得进一步的提升。②心理支持方面，Kram 发现，师傅可以通过角色榜样（role model）、接纳和认可（acceptance & confirmation)、咨询（counseling）和友谊（friendship）四种角色对徒弟提供心理支持，进而提升员工对组织的满意度、忠诚度以及对组织的承诺，降低员工的离职倾向，有利于组织管理的连续性，实现组织人才的可持续发展。

后来，许多学者证实了 Kram 两维度模型，其中 Noe（1988）在 Kram 质性研究结果的基础上，编制了一套师傅功能的测量工具，经探索性因素分析与 Kram 所提出的两个维度较一致；Rgains 和 McFarlin（1990）采用了验证性的因素分析也证实了这两个指导功能维度的存在。

（2）三维度模型。尽管大量研究都赞同 Kram 的观点，但还是有学者在两维度模型的基础上提出了三维度模型，其中最具代表性的是 Scandura（1992）把 Kram 二维度模型中的角色榜样从心理支持功能中独立出米，成为一个三维度模型。Wanberg、Welsh 和 Hezlett（2003）认为，现阶段对于师徒关系的研究更多采用的是三维模型，独立出来的"角色模范"指的是师傅过往的成功经历与丰富事迹往往是徒弟学习和模仿的榜样。师徒关系的三维度分别表示：①职业生涯维度强调师傅对徒弟在工作上的指导，包括指导、赞助、保护等，直接促使徒弟在组织中成长与进步。②社会心理是师傅从工作以外的非正式的角度来表达对徒弟的关心与支持，帮助徒弟建立一种身份认同感与胜任力，包括友情、父母亲角色、联谊、劝告和接受/确定等。③角色榜样是师傅凭借自身的影响力激励着徒弟，成为徒弟模仿的榜样。

（3）师徒关系的测量。许多学者在前人研究基础上自行开发了师傅功能的测量工具（the Mentor Role Instrumental，MRI），其中信效度较高、引用较多的是 Noe（1988）的 MRI 量表和 Ragins（2000）的 MRI 工具。①Noe 的 MRI 量表采用的是探索性因素分析，共 21 个项目，各个维度的内部一致性系数都在 0.8 以上，其中涉及职业相关支持功能的项目共有 7 个，反映了赞助等 5 项具体的指导角色；涉及心理支持功能的共有 14 个项目，分别反映了角色榜样等 4 项功能。②Ragins 三维度量表在 Kram 赞助等 9 项指导功能的基础上增加了 2 项额外的功能：父母的（parent）和社交的（social），并采用验证性因素分析来筛选项目，最后留下 33 个项目，每项功能 3 个题目，并都具有较好的内在一致性信度。③Scandura（1992）的三维度量表称为 MFQ（Mentoring Functions Questionnaire）。MFQ 是基于指导功能三维度模型理论基础之上，共 18 个项目，其中职业指导共 8 个项目，α 系数为 0.90；涉及角色榜样功能的共 7 个项目，α 系数达到了 0.88；反映了心理支持功能的项目共 3 个，α 系数为 0.72。

（三）师徒关系的影响因素

影响师徒关系的因素主要可以分为三大类：个体因素、双方互动因素和组织因素。由于师徒关系是一对一的互动关系，因此关系双方的性别、年龄、工作经历、人格特征以及职位层级都可能会对这段关系产生影响，而组织对师徒关系的支持程度也会直接影响到师徒关系开展的质量。

（1）个体因素。影响师徒关系的个体因素包括：①个体的人格变量，如自我构念、经验开放性、认真性内向或外向性、控制点、情绪稳定性和自我监控都会影响师徒关系的建立（Dougherty，2008），认为师傅的工作效率、责任感以及学生自我提高的动机对职业发展功能发挥起着促进作用（Karcher，2006）。②人口统计变量，如徒弟在同性配对关系中得到的心理支持更多且较年轻的个体能够较多地感知到师傅的角色榜样功能（Ragins & McFarlin，1990），年轻的主管比年长的主管更愿意发展师徒关系（Allen、Poteet etc.，1997）；徒弟的受教育程度会正面影响其对导师制社会心理功能的认知、徒弟和师傅的社会经济地位越高所接受指导取得的效果更好（Whitely，1991；Ragins，1997）。③能力，如个体的关系悟性会对师徒关系质量造成影响（Higgins & Kram，2001）。④寻求行为，如反馈寻求可以使个体获得针对他们任务绩效和角色绩效的评估，并能促进个体与师傅或潜在师傅的互动交流（Ashford & Cummings，1985；Bulent et al.，2007）。

（2）双方互动因素。师徒关系是一种互动关系，涉及双方的影响因素包括：①相似性。师傅和徒弟如果性别一致，则会产生更多的关系互动（Feeney & Bozeman，2008），Ragins 和 McFarlin（1990）指出，异性导师较少提供社会心理支持，但所起的角色榜样作用反而比同性导师大；师傅和徒弟的认知相似度与徒弟的工作满意度呈正相关关系（Ensher & Murhy，1997）。②情感因素。Whitely（1991）认为师傅与徒弟的感情越深，师傅越会为员工解决工作与家庭的冲突问题或者工作中的困难。师傅与员工越相似，师傅会把员工视为自己的过去，给予更多的关心及曝光的机会。

（3）组织因素。从组织层面来看，当组织给师傅提供一定的奖励，则师傅指导他人的意愿会更高（Aryee & Chay，1996）；如果将师傅对徒弟的指导纳入考核，对师傅带徒弟的动力会更大（Aryee & Chay，1996）；Eby 等（2006）通过研究来检验师傅从指导关系中获得的收益对将来指导他人的意愿的作用，结果表明，师傅在指导关系中知觉到的管理支持，可以显著提高指导双方的受益程度。

（四）师徒关系的中介与调节变量

关于影响师徒关系质量的中介变量，学者们主要研究了发展启动、个人—组织契合度、师徒相似性、机会与约束等（Dobrow，2012）。此外，师徒相似性在个体层面前因变量与师傅网络的结构和内容之间同样起中介作用。与此同时，学者们主要分析了性别、发展导向、情感胜任力、交流风格、地位关系和个人学习等对师徒关系也存在调节作用（Dobrow，2012）。

（五）师徒关系的结果变量

实证研究发现师徒关系不仅对师傅和徒弟产生影响，也会对整个组织产生影响。师徒关系的结果变量可归纳为以下几点：

（1）对徒弟的影响。就以往研究而言，学者们对师徒关系对徒弟的影响更为关注。Fagenson（1989）和 Scandura（1992）等学者认为师徒关系可以促进徒弟的主观绩效与客观绩效。其中，①在主观绩效方面，师傅能够让徒弟更快融入组织，使徒弟感知自己被组织所接纳，促使其更好地适应自己的工作与角色，对自己的未来发展充满希望，从而大大提高其工作满意度、工作卷入、组织承诺、职业承诺（Aryee & Chay 1994；Higgins，2001），并降低离职意愿（Payne & Huffman，2005；Allen，2004）；Scandura（2004）、Viator（2001）还发现拥有师傅的个体对组织的忠诚度更高，更容易感知到组织公正；相比之下，没有师傅的个人会有较低水平的程序公平感知（Scandura，2004；Wallace，2001）。②在客观绩效方面，师傅通常掌控着一定的组织资源，这对于其徒弟的职业发展必然会起到一定的促进作用（Bruke，1984），Allen 等（2004）对 43 项研究结果进行的元分析表明，能够得到指导的员工不仅能更快地适应组织环境，并获得更高的工作效率、更快的晋升、更高的薪水，Chao 等（1992）也得到同样的研究结果。

（2）对师傅的影响。传统理论认为，师徒关系是一种非对称关系，徒弟是主要的获益者，而近期的一些研究表明，师傅也能从师傅网络中获益。对师傅产生的影响包括：获得内在满意和尊重、职业生涯促进、支持性网络建立、工作绩效提高等（Kram，1983；Allen、Poteet & Burroughs，1997；Ragins & Scandura，1993）。①在主观绩效方面，师傅通过帮助缺乏经验的同事可以获得满足感、成就感和工作附加意义，并找到传递知识和经验的途径（Kram，1983；Ragins & Scandura，1993）。②在客观绩效方面，Bozionelos（2004）以176名管理岗位的主管为样本研究发现，主管提供的指导与他们的职业成功正相关；对此，Zey（1993）的解释是，徒弟在充当师傅事业发展助手的时候，师傅不仅可以在工作方面得到来自徒弟的帮助和支持，同时也可以从徒弟身上获得新的工作知识与创意。

（3）对组织的影响。①从组织内部来看，师徒双方的经常性交流能够提高双方的心理满意度和组织认同感，从而使组织的凝聚力得到大大加强（Keele et al.，1984），并且可以促进组织社会化（Wilson & Elman，1990）和员工留职等（Hunt & Michael，1983；Keele et al.，1984）；实现组织核心价值观的代际传承（Gibson et al.，2000）。②从组织外部来看，师徒关系可以增强组织在劳动力市场上对人才的吸引力（Allen & O. Brien，2006），提升组织的竞争力（Mathews，2006）。对组织的产生影响有：离职减少、组织沟通、管理发展、生产能力和社会化等（Kram，1983；Ragins & Scandura，1993）。

四　职业成功

（一）职业成功的概念与区分

职业成功（Career Success）也称为职业生涯成功，是一个视角广泛、内容丰富的研究领域，受到了社会学家、心理学家、经济学家和管理学家等的多方关注。

职业成功的研究可以追溯到70多年前，Thomdike（1934）在《预测职业成功》一书中给职业成功的划分，职业成功分为主观职业成功和客观职业成功，为以后职业成功理论的演变和发展奠定了基础。

主观职业成功是指"个体从他（或她）认为重要的维度对自己职业生涯的内心的理解和评估"；工作满意度也被用来衡量主观职业成功（Gattiker & Larwood，1998；Judge et al.，1999）。客观职业成功是指"个体在职业生涯中获得的能由公正的第三方可观察可衡量可证实的成果"，包括加薪、晋升和实现的职业目标（Gattiker & Larwood，1988）。二者相互依存、相互作用、缺一不可。

　　此外，与职业成功相似的概念有职业发展与职业成长。其中，职业发展强调的是个体一生中的职业变化过程，既包含在进入职业领域之前的职业探索、职业目标的形成和发展，也包含进入组织后在各个组织中的职业成长；职业成长主要关注于个人在具体时期具体组织中的发展状况，是一个增量概念。相对于职业成长来讲，职业发展是一个更为宏观的概念。职业成功是一个人职业经历的结果，它是个人在其职业生涯中已获得的工作成就之总和，即职业成功通常是一个人所积累起来的积极的心理或与工作相关的成果或成就。

　　本书采用 Seiber 和 Kraimer（2001）、Heslin（2003）和 Breland 等（2007）对职业成功的描述，将职业成功看成是主客观因素综合作用的结果，认为职业成功是个体在一生中逐渐获得和积累的成果或成绩，这些成果或成绩来自积极的心理状态并且与工作有关。

　　（二）职业成功的标准与测量

　　西方职业成功标准的研究经历 70 多年的发展，从最初只注重客观成功标准发展到现在主观客观成功标准并重。

　　（1）客观职业成功标准与测量。对职业成功的研究刚刚兴起时，客观性指标被众多研究者所关注，薪水（Thorndike，1934）、薪水增长幅度（Hilton & Dill，1962）、晋升次数（Thorndike，1934）是当前西方研究中使用最广泛的客观成功标准，但是这个标准在不断的丰富中。Poole（1993）以晋升、薪酬、地位、权利作为职业成功标准；Arthur 和 Rousseau（1996）延续了 Bird（1994）的观点，认为只有能给组织带来增值价值和被组织外部所认可为有竞争力的人才是成功的，因此在研究中加入了个人市场竞争力的指标；Eby（2006）等在此基础上把个人竞争力分成了"内部市场竞争力"和"外部市场竞争力"。Tharenou（2001）认为控制幅度应该是衡量职业成功的新的标准；Martins（2002）等则认为在扁平化组织中，组织应该把更多的权力授予员工，扩大员工的自主决策权，因此将自主权作为一个衡量标准；Nabi（2003）认为职业成功的客观方面可以被描述成薪酬和晋升。

　　（2）主观职业成功标准与测量。无论上述客观测量法中的指标如何完善，它们仅仅是将个体视作消极、被动的人，而忽略了个体的性情和人格对职业成功的影响。随着心理学家加入职业成功的研究领域，学者们对职业成功的界定增加了主观的维度。在操作化的层面上，工作满意度是各位学者用得最多的一个指标，然而工作满意度这个指标却容易将测量引导到个体仅仅对其当前所从事的工作的评价上，因此有学者建议，应该避免将工作满意度作为主观职业成功的唯一指标。根据 Arthur 等 1992—2002 年的统计，主观职业成功的标准包括"职业参与度"、"社会支持"、"生活满意度"、"感知到的职业成功"、"感知到的晋升机会"、"组织承诺"等。后来学者认为，主观职业成功应包含更多的内容，如自我认同（Law、Meijers & Wijers，2002）、工作与生活的平衡（Bension、Finegold & Mohrman，2004）等等。Nicholson（2005）认为主观职业成功包括道德满意度、内心的工作满意度、良好的关系、自我价值感、对成就的自豪感、对工作和组织的责任感六个方面。

（3）主、客观指标的整合。在 Arthur 等 1992—2002 年的统计中还发现，在主要的跨学科综合性期刊上发表的 68 篇关于主、客观职业成功的文献中，有37%的文献表明，主观职业成功被收入水平和工作岗位、职权、声望体验等影响；然而，同时也有19%的文献指明，主观职业成功作用于客观职业成功，如从个性角度、从行为角度、从态度角度探讨与客观职业成功的关系；另外，有32%的文献通过实证研究借由导师制（Mentoring）、社会支持（Social Support）等为中介变量或调节变量，证明主、客观职业成功两者之间存在交互关系。

因此，本书采用主、客观两方面的职业成功的测量方法。其中，客观职业成功测量：本书将晋升次数作为客观职业成功的衡量指标；主观职业成功测量：本书采用 Judge 等（1995）的观点，从主观和客观两个方面进行测量，将主观职业成功分为职业满意度和生活满意度。

职业满意度被定义为个体对其整体职业的满意感，是衡量个体整体职业的标准。在有关职业成功的研究中，职业满意度被看作是衡量主观职业成功的标准。采用 Van Emmerik（2004）开发的量表。

此外，由于主观职业成功是衡量个体福利或感受到的生活质量的重要指标，且工作与生活是密不可分的，有研究表明个体从工作中所获得的自豪感可以赋予他们更多生活满意感，因此本书也将个体的生活满意度纳入其主观职业成功的衡量标准。生活满意度指的是个体基于自身设定的标准对其生活质量所作出的主观评价（Shin & Johnson），Diener（1985）认为生活满意度是主观幸福感研究的重要内容。用 Diener、Emmons、Larsen 和 Griffin（1985）开发的生活满意度量表。

（三）职业成功的影响因素

对职业成功的影响因素可以概括为内部因素和外部因素两个方面。

（1）内部因素。内部因素指的是个体本身的因素，包括人口统计变量、个体的人力资本变量及个体特性等方面。其中，①人口统计变量。早期影响职业成功的人口统计变量包括性别、年龄、婚姻状况等，大量的研究都显示了人口统计变量对职业成功有着重要影响作用。②人力资本。很多学者发现智力水平、工作经验、工作年限、学历情况、职业变化情况等人力资本因素对职业成功产生正向影响作用。③个体特征。Judge 等（1995）研究了个体的智力、个性等与主观职业生涯和客观职业生涯关系，并提出了"大五人格模型"，在大五人格模型中，神经质与主、客观职业成功都呈负相关；而责任心则对主客观职业成功都有正向影响；外倾性与客观职业成功正相关，但对主观职业成功的影响则不显著。但是，在人生不同的阶段，个体的这些个性特征对职业成功所产生影响的大小也不完全相同。

（2）外部因素。除个体本身的内部因素以外，影响个体职业成功的外部因素包括组织、家庭和社会三个方面。①组织层面。包括组织规模、组织业绩、组织性质和组织职业生涯管理活动。例如就组织规模而言，往往大公司的薪酬待遇更好，小公司的职业晋升机会更多；组织职业生涯管理通常指的是组织采取各项政策和措施来提高员工的职业有效性，Burke（1994）认为导师制对个体职业成功有正向影响；Dreher 和 Ash（1990）则认为那些拥有更广泛的指导关系的人能获得主观和客观职业成功；Chao 等认为职业指导对主观职业成功间有较强的正向影响。②家庭层面。以往学者认为家庭的社会经济地位（Pfeffer，1977）、工作—家庭平衡（Martins）等因素对个体的职业成功都存在影响。此外，Kotter（1982）经过研究后发现家庭关系固定的人可以获得更高的主观职业成功；Schneer（1993）等研究婚姻状况及是否有孩子这些家庭结构因素对职业成功的影响。③社会层面。主要指的是个体的社会网络对其职业成功的影响，主要从社会网络本身的规模和数量及个体参与到社会网络活动这两个角度来测量。个体在组织中的非正式网络联系越多，即社会资本越多，其晋升机会越大（Podolny & Barony，1997）；另外，个体参加社会活动的积极性越高，其晋升机会越大（Luthans，1988）。Seibert 等所建立的职业成功的社会资本理论模型表明社会网络中所蕴藏的资源即社会资本对职业成功有正向影响作用。

第二节　师徒关系与女性管理者职业成功的数据研究与设计

一　研究变量

以往的研究通过实证方法研究主动性人格对个体职业成功的影响，但是具备主动性人格的个体到底运用何种方式或行为策略来实现职业成功的呢？这是本书研究的重点。在上述文献综述的基础上，本节围绕女性高层次人才为研究对象，引入师徒关系这一新的变量，将个体的主动性人格置于师徒情境中来研究主动性人格对个体职业成功的影响机制。其中，本书所研究的各变量的定义分别为：

（1）女性高层次人才主要是针对企业中担任高级管理者的女性职业经理人，或是自身创业的女性企业家等。

（2）主动性人格是个体采取主动性行为影响周围环境的一种相对稳定的个人特质或行为倾向的结果，是决定个体主动性和前瞻行为的主要因素。

（3）师徒关系指的是一个经验丰富的、被视为模范的人（师傅），为徒弟提供支持、方向引导、有关职业生涯发展的反馈、人际关系的指导等，包括正式与非正式两种：其中正式师徒关系是在组织安排下构建起来的，同时也能够获得组织的协助；非正式师徒关系是自发发展起来的互动关系。

（4）职业成功是主客观综合作用的结果，认为职业成功是个体在一生中逐渐获得和累积的成果或成绩，这些成果或成绩来自积极的心理状态并且与工作有关。本书主要用职业满意度与生活满意度来衡量，其中职业满意度指的是个人对他们获得职业目标过程的速度的满意程度，而这是根据他们在整个工作区间积累的工作经验；生活满意度指的是个体基于自身设定的标准对其生活质量所作出的主观评价。

二　研究假设

研究假设分为三步：首先，假设主动性人格与师徒关系相关；其次，假设师徒关系与个体的主、客观职业成功相关；最后，假设主动性人格通过师徒关系对徒弟的主、客观职业成功产生影响。

（一）主动性人格对职业成功的影响的假设推导

Major 等（2006）的研究发现，主动性人格能够积极预测个体的学习动机，并可通过学习动机间接地对个体的发展行为（如在职培训、与工作相关的自发学习行为等）产生积极影响，通过个体的职业发展来最终获得职业成功。尤其是 Seibert、Grant 和 Kraimer（1999）在 Judge（1995）所提出的职业生涯成功模型基础上，运用层级回归方法控制了人口统计学变量、人力资本、动机、组织和行业变量后，发现主动性人格不仅与个体当前薪酬、整个职业生涯中的晋升次数等存在显著的正相关，而且还与个体对职业生涯的总体满意度呈显著正相关，这与个体职业成功的主客观衡量标准相对应。之后，Seibert 等在 2001 年在已有研究的基础上提出了一个整合模型，假定主动性人格通过 3 个行为变量（发表言论、创新、职业主动）和一个认知变量（组织政治知识）而影响职业成功（见图 6 - 2）。

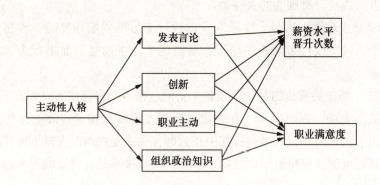

图 6 - 2　主动性人格的整合模型

研究表明，拥有主动性人格的个体因为更加主动地适应周围环境，积极采取措施，可以有效缓解工作与家庭的冲突，从而提高个体的生活满意度（Harvey，2006）。因此，主动性更高的个体选择、创造并影响着他们的工作环境，也易得到更多的主观和客观上的职业成功（Erdogan，2005）。

因此，本书提出如下假设：

H1：女性高层次人才的主动性人格与职业成功呈正相关关系

　　H1a：女性高层次人才的主动性人格与晋升呈正相关关系

　　H1b：女性高层次人才的主动性人格与职业满意度呈正相关关系

　　H1c：女性高层次人才的主动性人格与生活满意度呈正相关关系

　　（二）主动性人格对师徒关系质量的影响的假设推导

　　Byrne 等（2008）直接构建了整合模型，即主动性人格会调节个体的领导—成员交换与职业成功和职业生涯满意度之间的关系，模型研究表明，较高的主动性人格会使二者关系作用增强。Seibert S. E.（2001）通过调查师徒关系的选择与职业成功的关系发现，主动性人格对师徒关系也存在着积极的影响，即具有高水平的积极主动性的徒弟会更自愿参与师徒关系，更加主动地与师傅沟通，从而增加师徒的交流频率与影响强度，获得师傅更多的职业指导与心理支持，最终影响他们的职业生涯成果。而且，主动性更高的个体往往会更加主动地把握机会与师傅一起共事，不仅可以让师傅看到自己的工作表现，而且还可以在共事中学习师傅为人处世的方法与态度，作为自己学习的榜样。根据以上，首先对主动性人格与师徒关系的关系，提出以下假设：

　　H2：女性高层次人才的主动性人格与师徒关系呈正相关关系

　　H2a：女性高层次人才的主动性人格与师傅的职业指导呈正相关关系

　　H2b：女性高层次人才的主动性人格与师傅的心理支持呈正相关关系

　　H2c：女性高层次人才的主动性人格与师傅对徒弟的角色榜样作用呈正相关关系

　　（三）师徒关系质量对职业成功的影响的假设推导

　　职业指导、心理关怀与角色模范是衡量师徒关系的三个标准，它们分别从不同的角度对个体的职业成功产生影响。其中，（1）职业指导。强调的是师傅给徒弟提供工作上的指导，从而促使徒弟的职业生涯进步。比如，师傅会积极支持徒弟的横向调任与晋升，给予徒弟指导，使其更好地为将来的职位做好准备；会通过帮助徒弟增加公众场合的曝光机会，使得其有更多在高层面前表现的机会等，帮助徒弟获得职业成功。（2）心理关怀。指的是师傅帮助徒弟建立一种身份认同感、胜任力和效力的心理职能，是师傅通过心理关怀来与徒弟构建一种超越利益关系的情感交换，它对于提升徒弟的主观职业成功（即职业满意度、工作满意度和生活满意度）有重要影响。（3）角色榜样。师傅往往是组织内部的资深人士，拥有丰富的为人处世方面的经验、积极的价值观与心理状态，可以作为徒弟的模仿对象，从而激励徒弟，推动徒弟的职业成功。因此本书假设：

H3：女性高层次人才的师徒关系质量与职业成功呈正相关关系

H3a：女性高层次人才的职业指导与晋升呈正相关关系

H3b：女性高层次人才的职业指导与职业满意度呈正相关关系

H3c：女性高层次人才的职业指导与生活满意度呈正相关关系

H3d：女性高层次人才的心理支持与晋升呈正相关关系

H3e：女性高层次人才的心理支持与职业满意度呈正相关关系

H3f：女性高层次人才的心理支持与生活满意度呈正相关关系

H3g：女性高层次人才的角色榜样与晋升呈正相关关系

H3h：女性高层次人才的角色榜样与职业满意度呈正相关关系

H3i：女性高层次人才的角色榜样与生活满意度呈正相关关系

（四）师徒关系在主动性人格与职业成功之间的中介作用的假设推导

Thompson（2005）从社会资本的观点出发，提出并研究网络构建这一中介因素在主动性人格和工作绩效之间的影响作用，发现具有主动性人格的个体常通过发展社会性网络而达成高绩效（模型如图 6 - 3 所示）。个体（徒弟）与师傅所构建起来的"一对一"师徒关系更加是个体职场社会网络的重要组成部分。一方面，具备主动性的徒弟往往会更加积极地寻求师傅对工作的反馈、参加与工作有关的活动并更加懂得观察和模仿，从而为自身提供良好的社会、工作支持，直接或间接帮助自己提高其工作能力与绩效；另一方面，在师徒关系中，师傅往往拥有丰富的专业经验与人际关系技能，会给予徒弟很好的职业指导以及在职业晋升上的保荐。

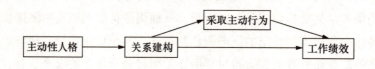

图 6 - 3　主动性人格的整合模型

另外，Seibert 等（1999）也指出，主动性个体往往更倾向于通过获得职业相关支持（比如在师徒关系中的主动行为）来进行自我职业生涯的管理，帮助自己解决职业生涯中的障碍；此外，他们更容易识别自我提升的机会，并且不断努力，如不断学习晋升所需要的知识与技能，因此更加容易获得职业成功。基于此，提出以下假设：

H4：女性高层次人才的师徒关系在主动性人格对职业成功的影响中起中介作用

H4a：女性高层次人才的师徒关系在主动性人格对晋升的影响中起中介作用

H4b：女性高层次人才的师徒关系在主动性人格对职业满意度的影响中起中介作用

H4c：女性高层次人才的师徒关系在主动性人格对生活满意度的影响中起中介作用

三　研究模型

根据以上假设，本书提出了以下研究模型：

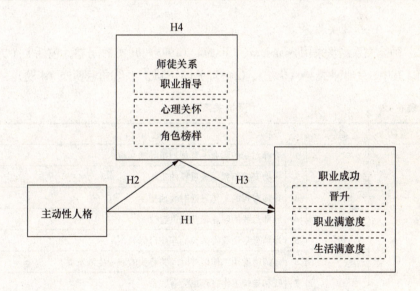

图 6 – 4　师徒关系对职业成功的研究模型

四　变量的度量

（一）主动性人格量表

本书采用 Kammeryer – Mueller 和 Wanberberg（2003）根据 Bateman 和 Crant（1993）修正的主动性人格量表。

表 6 – 1   主动性人格量表

变量		题项
主动性人格	1	我经常会寻找新方式来改善我的生活
	2	无论我在哪里，我都会主动地改变周围环境
	3	当我的想法能够付诸实践时，我感到非常高兴
	4	当我遇到自己不喜欢的事情，我会想方设法改变它
	5	不管怎样，只要我认定的事情就会努力让它实现
	6	我喜欢我的想法占上风，尽管可能会与他人的观点不一致
	7	我很善于发现机会
	8	我总是在寻找更好的办法来解决问题
	9	只要有信念，就没有什么困难能够影响我
	10	我能更早地比别人发现好的机会

（二）师徒关系量表

师徒关系测量采用 Scandura 和 Ragins（1993）开发的问卷，包括 3 个方面。其中，①职业指导（6 题），②心理关怀（5 题），③角色榜样（4 题）。

表 6 – 2   师徒关系量表

变量	维度		题项
师徒关系	职业指导	1	导师对我的职业生涯规划指导感兴趣
		2	导师安排给我一些重要的工作
		3	导师对我的工作有针对性地指导
		4	导师对我的职业晋升提供建议
		5	导师会帮助我协调我的职业目标
		6	导师愿意用工作以外时间关心我的职业生涯发展
	心理关怀	7	我和导师工作以外也会有联系
		8	我会和我的导师分享我生活中遇到的问题
		9	我和导师的关系属于亦师亦友
		10	我会和导师交流我的自信心
		11	我经常和我的导师共进午餐
	角色榜样	12	我会试着模仿我的导师在一些方面的做法
		13	我很佩服我的导师激励鼓舞别人的能力
		14	我尊敬我导师所拥有的专业能力
		15	我尊敬导师教导他人的能力

（三）职业成功量表

从主观和客观两个方面进行测量（Judge et al. , 1995），将主观职业成功分为职业满意度和生活满意度。其中，①职业满意度采用 Van Emmerik（2004）开发的职业满意度量表；②生活满意度用 Diener、Emmons、Larsen 和 Griffin（1985）开发的生活满意度量表。

五　研究方法

（一）文献研究方法

文献研究方法主要是通过围绕相关研究问题，对国内外学者在该领域的相关研究进行系统的检索和整理，发现已有研究的空白点，为后续确定思路、提出模型与假设奠定坚实的理论基础。

本书在进行大量的文献收集、整理和分析工作的基础上提出了本书的研究模型与假设，充分利用同济大学图书馆所提供的丰富的文献资料和数据库系统（包括外文文献数据库 EBSCO、Proquest 等和中文文献数据库中国知网 CNKI 和维普数据库系统等）对与本研究相关的文献进行检索、阅读、归纳和总结。

本书的文献研究主要体现在以下三个方面：首先，围绕师徒关系这一关键词，对其概念、维度、前因变量、中介变量和结果变量等基础理论进行系统而全面的分析，提出本研究界定的师徒关系概念和维度，并发现以往研究中师徒关系的空白点。其次，结合扎根访谈方法所得到的发现，有针对性地对访谈中提到的主动性人格和职业成功，进行基础理论的综合分析，同时确定研究的理论意义。最后，探讨师徒关系、主动性人格和职业成功之间的作用机制与理论模型。

（二）定性研究方法

（1）扎根理论（Grounded Theory）属于定性研究方法，扎根理论在许多领域都得到了广泛的应用，其主要优点在于能够从表层现象中提炼、归纳、分析并建构新的理论。该研究方法强调理论是根植于所搜集的现实资料以及资料与分析的持续互动，所以资料的收集和分析是同时进行并连续循环的。主要包括开放式编码、主轴编码和选择性编码，通过编码来得出理论和实证方面的范畴。

扎根理论是本书研究者在硕士阶段分析"师徒关系互动机理与行为特点研究：一个国有样本与外资样本对比下的整合框架"时所采用的核心定性研究理论，本书探讨的"主动性人格"即是在访谈过程中所发现的影响师徒关系的重要因素，因此在前期研究基础上，将主动性人格摘录出来进行独立分析，探讨其对师徒关系的影响，并延伸至它如何通过师徒关系对女性职业成功产生影响。

（2）深度访谈法（In – Depth Interview）通常是一对一进行的，是最为普遍使用的定性研究信息收集技术，通过访问者以中立的态度提出一个开放式的问题，而非带着任何先入为主的观念，更不允许通过肯定或否定受访者的回答来鼓励受访者给出特定的答案，通过认真倾听并记录受访者对问题的感受和看法来获得第一手资料。

（三）问卷调查方法

在前期实证研究的基础上，引入主动性人格、师徒关系、生活满意度和职业满意度制定研究问卷，先选取 100 名左右的女性高层次人才进行小规模预调研，检验问卷信度效度分析，根据结果判断是否需要对相关题项进行简化。在此基础上，进行大规模的调研活动，本书将面向 300 名左右的女性高层次人才进行问卷调研，研究人口统计学变量在主动性人格、师徒关系、职业成功间的差异性影响，还将性别、年龄、婚姻状况、工作年限、公司性质等个人基本信息纳入其中，本次调查问卷均采用封闭式问题，设计好可供做答的选项，问题均简短易懂，题量适中，方便调查对象独立完成所有问题，提高问卷的有效性。

（四）数据分析方法

根据本书研究的目的和架构，采用 SPSS 19.0 软件对收集来的资料进行描述性统计分析、回归分析、信度效度分析、相关分析和方差分析。

描述性统计分析：在问卷回收后，根据样本的特点，分别列举出性别、年龄、工作时间、受教育程度等统计量，以此来了解样本的人口统计学特征，对样本的基本情况有了一个初步了解。

信度效度分析：对每一个研究变量所包含的测量项目，用 Cronbach 进行内部一致性分析，以检测问卷的信度。效度分析，通过 KMO 和巴特莱特球体检验。同时，对变量中的各个观测值进行因子分析，考察测量项目是否较好地分布于预先设想的潜在因子上，并根据分析结果对各维度再进行信度的检验。

相关分析：用 SPSS 19.0 软件的 Correlate – Bivariate 对主动性人格、师徒关系、生活满意度、职业满意度和工作满意度进行相关分析，根据 Pearson 相关系数和显著性水平来衡量整体变量之间的关系。通过分析关键变量内部维度之间的关系，以便更为明确地得到各变量之间的相关关系，为后续的回归分析做铺垫。

回归分析：用 SPSS 19.0 软件的回归分析所要解决的问题是变量之间存在怎样的关系，在相关分析的基础上进行，对假设检验的结果进行验证。

方差分析：采用独立样本 t 检验和单因素方差分析法对所有变量进行人口统计因素和组织因素的差异性分析。用 SPSS 19.0 软件的独立样本 t 检验，One – Way ANOVA 分析方法、LSD（Least – significant Difference），即最小显著差值法进行显著性检验。

六　定性研究与定量分析

（一）定性访谈研究

为了研究"师徒关系"的影响因素，提炼关键点，在定量分析之前通过定性访谈来获得第一手资料。前期定性访谈涉及两个阶段，分别与文献研究法相辅相成，配合进行。主要目的具体包括以下两个方面：①围绕"师徒关系"，从现实中获得最直接、最客观的研究空白点，了解师徒关系的影响因素以及各个因素间的作用机制。②在确定研究点之后，在文献研究的基础上建立理论模型，再通过深度访谈，从实践角度了解受访者是如何看待模型中各变量之间的关系的，帮助评估本书构建的理论模型在实践中是否成立，进而从实践角度寻找证据支持。

1. 访谈对象

为了使访谈样本更具有代表性并能全面反映所要研究的问题，样本选择过程中：①选择被选企业中师傅与徒弟进行一对一配对采访；②每一位受访者在被选企业中都承担着一定的管理职能，以确保师傅对徒弟的指导不局限在技能方法上的指导与传授，区别于传统传帮带师徒制。最终选择了 15 对（共 30 位）来自国有企业、私营企业与外资企业的师徒作为研究对象。具体信息如表 6 – 3 所示：

表 6 – 3　　　　　　　　受访者统计资料

配对编号	徒弟信息			师傅信息	
	所在企业性质	性别	职务	性别	职务
1	国有企业	女	部门部长	男	集团分公司总经理
2	国有企业	女	部门处长	男	部门处长（退休返聘）

配对编号	徒弟信息			师傅信息	
	所在企业性质	性别	职务	性别	职务
3	国有企业	女	工会主席	女	集团分公司总经理（已退休）
4	国有企业	女	部门处长	男	部门部长（已退休）
5	国有企业	女	总经理助理	男	集团分公司总经理
6	私营企业	女	部门经理	男	公司总经理
7	私营企业	女	部门主管	女	部门总监
8	私营企业	女	部门经理	女	部门总监
9	私营企业	女	部门经理	男	部门总监
10	私营企业	女	部门主管	男	部门总监
11	外资企业	女	部门经理	男	部门总监
12	外资企业	女	部门总监	男	公司领导层
13	外资企业	女	部门经理	女	部门总监
14	外资企业	女	部门总监	男	公司领导层
15	外资企业	女	部门经理	男	部门总监

2. 访谈过程

本书围绕师徒配对访谈，并为了保护受访者的个人隐私，所有访谈都是单独进行的。每个访谈控制在60—90分钟内。在访谈之前，以电子邮件形式向受访者发送"访谈预约函"，根据这个访谈提纲引导整个访谈过程，同时灵活根据受访者现场的反应和回答来展开对话。

访谈开始前，首先向受访者说明访谈的目的仅是为了研究需要，绝对保护受访者的隐私，以获得受访者的信任；并在受访者许可下，进行访谈录音。在访谈结束后，通过电子邮件致以各个受访者"感谢函"表示感谢与支持。

访谈分为两个阶段：①2011年11—12月，在文献阅读的基础上，拟写访谈提纲，围绕"从最初认识到现在，师徒关系所经历的变化"这个问题对受访者进行采访。并在此基础上，根据受访者的回答进行追问，从中发现影响关系发展变化的各个因素。当问及描述师徒关系发展的过程、冲突及转折点等内容时，受访者尽可能表达在这些过程中的感受以及所采取的行为。我们先将所有访谈录音逐字转录成电子文档并打印，再对打印后的书面资料进行整理、整合并逐句编码，以保证资料能真实地反映师傅—徒弟间的关系演变。②2013 年 4 月，我们根据访谈中所得出的编码结果，确定研究点，进一步采取补充性访谈，保证研究模型的合理性与后期研究结果的实践性与可靠性。

3. 访谈结果

通过与上述受访者之间的深度访谈，得到的主要收获有：①发现了影响师徒关系的各个因素，包括沟通、期望、心理感知、激励和情感，并探索了各个因素在师徒关系发展过程中的作用机制，在此基础上完成"师徒关系互动机理与行为特点研究：一个国有样本与外资样本对比下的整合框架"；②在对于师徒关系影响因素分析的基础上，发现了主动性人格这一变量，个体本身的主动性倾向会影响其与师傅之间的沟通、期望等相处，因此初步确认了将个体的主动性人格作为前因变量的合理性。

（二）预调研与量表修订

为了检测所使用样本在中国情境下的信度与效度，本书面向企业单位中目前或曾经在师徒关系下的员工开展预调研。共发放问卷 70 份，其中有效问卷 57 份，采用 5 级计分，1 表示完全不符合，5 表示完全符合。

1. 主动性人格量表修订

本书采用 Kammeryer – Mueller 和 Wanberberg（2003）根据 Bateman 和 Crant（1993）修正的主动性人格量表，该量表中 Cronbach's α 系数值为 0.856（大于 0.7），表明量表有很好的信度，稳定性较强。

采用探索性因子分析法对主动性人格量表进行效度分析，抽取因子，取特征根大于或等于 1.0 作为截取因素的标准，并进行 VARIMAX 正交旋转，删除因子负荷都小于 0.5 的题项、双重负荷的题项，依次运行 SPSS 19.0 软件进行因子分析。最后得到的量表 KMO 值为 0.726（KMO > 0.6 就适合做因子分析），处于可接受范围之内，Bartlett 球体检验结果 Sig. = 0.000（小于 0.01），表明该量表的数据适合用来做因子分析。最后提取一个因子，留下 6 个项目，累计贡献率为 67.571%，将其命名为"主动性人格"。

2. 师徒关系量表修订

师徒关系测量采用 Scandura 和 Ragins（1993）开发的问卷，包括 3 个方面。其中：①职业指导（6 题）；②心理关怀（5 题）；③角色榜样（4 题）。该量表 Cronbach's α 系数值为 0.924（大于 0.7），表明量表有很好的信度，稳定性较强。

表 6 - 4   主动性人格量表成分矩阵

因子	维度	成分
主动性人格	当我遇到自己不喜欢的事情，我会想方设法改变它	0.820
	只要有信念，就没有什么困难能够影响我	0.763
	无论我在哪里，我都会主动地改变周围环境	0.730
	我总是在寻找更好的办法来解决问题	0.708
	当我的想法能够付诸实践时，我感到非常高兴	0.698
	我喜欢我的想法占上风，尽管可能会与他人的观点不一致	0.626

注：提取方法：主成分。共提取了一个主成分。

抽取因子，取特征根大于或等于 1.0 作为截取因素的标准，并进行 VARIMAX 正交旋转，删除因子负荷都小于 0.5 的题项、双重负荷的题项，依次运行 SPSS 19.0 进行因子分析。最后得到的量表 KMO 值为 0.828 （KMO > 0.6 就适合做因子分析），处于可接受范围之内，Bartlett 球体检验结果 Sig. = 0.000（小于 0.01），表明该量表的数据适合用来做因子分析，结果如下：

本书抽取主因子为三个，累计贡献率为 63.958%，与 Candura 和 Ragins（1993）量表的维度相同，根据内容原量表内容分别命名为"心理关怀"、"角色榜样"和"职业指导"，题项分别为 4 个、2 个和 5 个。

表 6 - 5   师徒关系量表的旋转成分矩阵

因子	维度	成分		
		1	2	3
师徒关系	我经常和我的导师共进午餐	0.764	0.131	0.103
	我和导师的关系属于亦师亦友	0.637	0.086	0.277
	我和导师工作以外也会有联系	0.629	0.175	0.196
	我会和我的导师分享我生活中遇到的问题	0.555	0.197	0.248
	我很佩服我的导师激励鼓舞别人的能力	0.267	0.642	0.091
	我尊敬我的导师所拥有的专业能力	0.177	0.603	0.220
	导师愿意用工作以外时间关心我的职业生涯发展	0.078	0.193	0.729
	导师对我的工作有针对性地指导	0.136	0.221	0.653
	导师安排给我一些重要的工作	0.336	0.015	0.649
	导师对我的职业生涯规划指导感兴趣	0.188	0.171	0.641
	导师会帮助我协调我的职业目标	0.440	0.067	0.493

注：提取方法：主成分。旋转法：具有 Kaiser 标准化的正交旋转法。旋转在 3 次迭代后收敛。

3. 主观职业成功量表修订

从主观和客观两个方面进行测量（Judge et al.，1995），将主观职业成功分为职业满意度和生活满意度。其中，①职业满意度采用 Van Emmerik（2004）开发的量表；②生活满意度用 Diener、Emmons、Larsen 和 Griffin（1985）开发的生活满意度量表，Cronbach's α 系数值分别为 0.782 和 0.858（大于 0.7），表明两个量表都有很好的信度，稳定性较强。

再用探索性因子分析法对职业满意度和生活满意度量表进行效度分析，取特征根大于或等于 1.0 作为截取因素的标准，并进行 VARIMAX 正交旋转，都提取出一个因子，最后得到量表的 KMO 值为 0.678 与 0.837（KMO > 0.6 就适合做因子分析），处于可接受范围之内，Bartlett 球体检验结果 Sig. = 0.000（小于 0.01），表明该量表的数据适合用来做因子分析，累计贡献率分别为 74.548% 和 64.563%。

（三）正式调研分析

1. 描述性统计分析

本书的样本主要来自企业单位目前或曾经处在师徒关系中的员工，为了使被试人群更为广泛，被试的公司性质包括国有、民营、外资、合资、政府、事业单位等不同性质的企业，分布在 IT/电子、制药/医疗、能源/原材料、教育/培训、交通/运输、航空航天等不同的行业，被试从事的工作种类有技术、研发、营销、管理、行政等不同的岗位。本次通过网络在线填写与邮件发放的形式邀请各位女性高层次人才参与填写，共发放 300 份问卷，其中回收有效问卷 286 份。被试基本情况如表 6-6 所示。

表 6-6　　　　　　　　　被试分布情况统计

统计变量	选项	频数（次）	百分比（%）	累积百分比（%）
年龄	25 岁及以下	23	8.0	8.0
	26—35 岁	141	49.3	57.3
	36—45 岁	99	34.6	92.0
	46 岁及以上	23	8.0	100.0
工作年限	0—5 年	66	23.1	23.1
	6—10 年	79	27.6	50.7
	11—20 年	107	37.4	88.1
	21 年及以上	34	11.9	100.0

统计变量	选项	频数（次）	百分比（%）	累积百分比（%）
婚姻状况	单身	68	23.8	23.8
	已婚	218	76.2	100.0
师傅性别	男性	139	48.6	48.6
	女性	147	51.4	100.0
职位	经理	191	66.8%	66.8
	总监	72	25.2%	92.0
	总经理	22	7.7%	99.7
	总裁	1	0.3%	100
教育程度	专科及以下	20	7.0	7.0
	本科	135	47.2	54.2
	硕士	119	41.6	95.8
	博士以上	12	4.2	100.0
公司类别	国有企业	71	24.8	24.8
	民营企业	42	14.7	39.5
	外商独资企业	111	38.8	78.3
	合资企业	35	12.2	90.6
	政府机构/事业单位	16	5.6	96.2
	其他	11	3.8	100.0
行业类别	IT电子	63	22.0	22.0
	制药/医疗	29	10.1	32.2
	能源/原材料	31	10.8	43.0
	教育/培训	16	5.6	48.6
	交通/运输	11	3.8	52.4
	航空航天	3	1.0	53.5
	其他	133	46.5	100.0

　　本书选取女性高层次人才样本286人，分别分布在各个行业的不同性质的公司。从表6－7中可以看出，本研究主要面向经理级以上的高层次人才进行取样分析，93.0%的被试者拥有本科及以上学历，符合知识型员工的特点；76.9%的被试者的工作年限达6年以上，是较为资深的职场人士，符合本次女性高层次人才的研究目的。

表6-7　主动性人格量表、师徒关系量表与主观职业成功的整体信度分析

变量	维度	整体信度	题项数（个）	量表信度	量表题项数（个）
主动性人格		0.799	6	0.799	6
师徒关系	职业指导	0.873	5	0.923	11
	心理支持	0.843	4		
	角色榜样	0.747	2		
主观职业成功	职业满意度	0.782	5	0.876	10
	生活满意度	0.858	5		

2. 信度与效度分析

信度测量的是量表数据的稳定性，一般使用 Cronbach's α 系数进行测量，Cronbach's α 取值范围在0—1，其值越接近1，表明信度越好，量表数据的稳定性越强。

效度测量的是数据的有效性，指的是量表是否能够反映出所测内容的真实性。一般情况下，用因子分析的方法来进行效度分析，当 KMO 值大于0.7，并且 Bartlett 球体检验的 Sig. 值小于0.05时适合做因子分析。

（1）主动性人格量表、师徒关系量表与主观职业成功的信度分析。本书运用 SPSS 19.0 统计软件，对主动性人格量表6个题项、师徒关系量表11个题项以及主观职业成功的10个题项进行整体信度分析，三个变量的 Cronbach's α 系数值分别为0.799、0.923、0.876，这三个值都大于0.7，表明量表有很好的信度，稳定性较强。

（2）主动性人格量表效度分析。本书运用 SPSS 19.0 统计软件对主动性人格量表进行 KMO 测度和 Bartlett 球体检验。表6-8显示 KMO 值为0.781（KMO>0.6 就适合做因子分析），处于可接受范围之内，Bartlett 球体检验结果 Sig. = 0.000（小于0.01），表明该量表的数据适合用来做因子分析。

表6-8　主动性人格量表 KMO 测度和 Bartlett 球体检验结果

Kaiser - Meyer - Olkin 度量		0.781
Bartlett 球体检验	近似卡方	544.550
	df	15
	Sig.	0.000

在验证了整体量表信度、KMO 测度和 Bartlett 球体检验后，采用因子分析的方法对预调研之后的主动性人格的 6 个题项进行主因子抽取，按照特征值大于 1 来确定主因子个数并按 Varimax 正交旋转后，一共抽取了一个主成分，累积贡献率 68.943%，与设计一致，命名为"主动性人格"。

表 6 – 9   主动性人格量表旋转成分矩阵

变量	题项	成分
主动性人格	当我遇到自己不喜欢的事情时，我会想方设法改变它	0.799
	我喜欢我的想法占上风，尽管可能与他人的观点不一致	0.771
	无论我在哪里，我都会主动地改变周围环境	0.760
	当我的想法能够付诸实践时，我感到非常高兴	0.748
	我总是在寻找更好的办法来解决问题	0.596
	只要有信念，就没有什么困难能够影响我	0.563

注：提取方法：主成分。提取了一个主成分。

（3）师徒关系量表效度分析。本书运用 SPSS 19.0 对师徒关系量表进行 KMO 测度和 Bartlett 球体检验。表 6 – 10 显示 KMO 值为 0.938（KMO ＞ 0.6 就适合做因子分析），处于可接受范围之内，Bartlett 球体检验结果 Sig. ＝0.000（小于 0.01），表明该量表的数据适合用来做因子分析。

表 6 – 10   师徒关系量表 KMO 测度和 Bartlett 球体检验结果

Kaiser – Meyer – Olkin 度量		0.938
Bartlett 球体检验	近似卡方	1820
	df	55
	Sig.	0.000

在验证了整体量表信度、KMO 测度和 Bartlett 球体检验后，采用因子分析方法对预调研之后的师徒关系的 11 个题项进行主因子抽取，按照特征值大于 1 来确定主因子个数并按最大方差法进行转轴，一共抽取了三个主成分，累积贡献率 72.160%，与假设符合，分别命名为"职业指导"、"心理支持"和"角色榜样"。再计算三个因子的 Cronbach 内部一致性系数，分别为"职业指导"Cronbach 内部一致性系数为 0.873，"心

理支持"Cronbach 内部一致性系数为 0.843，"角色榜样"Cronbach 内部一致性系数为 0.747，均在 0.7 以上，这说明测量的一致性程度较高并且内部结构良好。

表 6－11　　　　　　　　　师徒关系量表旋转成分矩阵

变量	题项	成分		
		1	2	3
师徒关系	导师安排给我一些重要的工作	0.804	0.247	0.263
	导师对我的职业生涯规划指导感兴趣	0.792	0.291	0.202
	导师对我的工作有针对性地指导	0.724	0.183	0.437
	导师会帮助我协调我的职业目标	0.670	0.421	0.350
	导师愿意用工作以外的时间关心我的职业生涯发展	0.569	0.321	0.110
	我经常和我的导师共进午餐	0.222	0.874	0.024
	我和导师工作以外也会有联系	0.262	0.713	0.405
	我会和我的导师分享我生活中遇到的问题	0.324	0.700	0.312
	我和导师的关系属于亦师亦友	0.378	0.615	0.465
	我尊敬我导师所拥有的专业能力	0.303	0.098	0.838
	我很佩服我的导师激励鼓舞别人的能力	0.354	0.277	0.688

注：提取方法：主成分。旋转法：具有 Kaiser 标准化的正交旋转法。旋转在 5 次迭代后收敛。

（4）职业满意度量表效度分析。利用 SPSS 19.0 统计软件对职业满意度量表进行了 KMO 测度和 Bartlett 球体检验。表 6－12 显示 KMO 值为 0.862（0.8—0.9，很适合做因子分析），Bartlett 球体检验结果 Sig. = 0.000（小于 0.01），表明该量表适合做因子分析。

表 6－12　　　职业满意度量表 KMO 测度和 Bartlett 球体检验结果

Kaiser － Meyer － Olkin 度量		0.862
Bartlett 球体检验	近似卡方	416.224
	df	10
	Sig.	0.000

职业满意度提取一个因子，累计贡献率为 53.625%；因子分析结果如下所示：

表 6 - 13　　　　　　　　　　职业满意度量表成分矩阵

变量	题项	成分
职业满意度	我对雇佣条件感到满意	0.775
	我对公司提供的员工福利感到满意	0.767
	我对我的职业前景感到满意	0.731
	我很满意我能够有机会参与重大决策	0.726
	我很满意能够有机会参与专业培训	0.656

注：提取方法：主成分。提取了一个主成分。

（5）生活满意度量表效度分析。利用 SPSS 19.0 统计软件对生活满意度量表进行了 KMO 测度和 Bartlett 球体检验。表 6 - 15 显示 KMO 值为 0.856（0.8—0.9，很适合做因子分析），Bartlett 球体检验结果 Sig. = 0.000（小于 0.01），表明该量表适合做因子分析。

生活满意度提取一个因子，累计贡献率为 64.487%，因子分析结果如表 6 - 14、表 6 - 15 所示：

表 6 - 14　　　　生活满意度量表 KMO 测度和 Bartlett 球体检验结果

Kaiser – Meyer – Olkin 度量		0.856
Bartlett 球体检验	近似卡方	611.163
	df	10
	Sig.	0.000

表 6 - 15　　　　　　　　　　生活满意度量表成分矩阵

变量	题项	成分
生活满意度	我非常满意我现在的生活	0.839
	到目前为止，我得到了自己生活中想要的东西	0.816
	我的生活条件十分优越	0.801
	在很多方面，我的生活都比较理想	0.800
	如果我再活一次，我几乎不会改变	0.756

注：提取方法：主成分。提取了一个主成分。

3. 相关分析

相关分析可以说明各因素之间是否存在关系以及关系的紧密度与方

向。为了探讨女性高层次人才主动性人格、师徒关系（职业指导、心理支持、角色榜样）与客、主观职业成功（职业满意度和生活满意度）的影响作用，本节首先将对女性高层次人才主动性人格、师徒关系（职业指导、心理支持、角色榜样）与客、主观职业成功（职业满意度和生活满意度）的各个变量进行相关性分析。进行相关性分析并不能得出三者之间有怎样的关系，而是要验证三个变量之间是否存在关系。一般情况下用 Person 相关系数进行验证，取值范围为（-1，1），如果 Person 相关系数为正，则表示变量之间是正相关关系；如果 Person 相关系数为负，则表示变量之间是负相关关系。

　　首先，通过对主动性人格与职业成功的相关分析发现，在 0.01 的显著性水平上，主动性人格与晋升的 Person 相关系数为 0.190；在 0.00 的显著性水平上，主动性人格与晋升的 Person 相关系数为 0.388 和 0.391，说明主动性人格与职业成功的各维度呈正相关，结果如表 6-16 所示。

表 6-16　　　　　　　　主动性人格与职业成功的相关分析

		职业成功		
		晋升	职业满意度	生活满意度
主动性人格	Pearson 相关性	0.190**	0.388**	0.391**
	显著性（双侧）	0.001	0.000	0.000
	N	286	286	286

注：**表示在 0.01 水平（双侧）上显著相关 P<0.01。

　　其次，通过对主动性人格与师徒关系的相关分析发现，在 0.00 的显著性水平上，主动性人格与师徒关系及其各维度的 Person 相关系数为 0.406、0.404、0.385、0.255；说明主动性人格与师徒关系各维度呈正相关，结果如表 6-17 所示。

表 6-17　　　　　　　　主动性人格与师徒关系的相关分析

		师徒关系			师徒关系
		职业指导	心理支持	角色榜样	
主动性人格	Pearson 相关性	0.404**	0.385**	0.255**	0.406**
	显著性（双侧）	0.000	0.000	0.000	0.000
	N	286	286	286	286

注：**表示在 0.01 水平（双侧）上显著相关 P<0.01。

　　最后，通过对师徒关系与职业成功的相关分析发现，在 0.047 的显著水平上，师傅的职业指导与晋升的 Person 相关系数为 0.117，呈正相关关系。此外，在 0.103 和 0.106 的显著性水平上，心理支持与角色榜样与晋升的 Person 相关系数在 0.090—0.200，与晋升均不相关。在 0.00 的显著性水平上，师徒关系各维度与职业满意度和生活满意度的 Person 相关系数均在 0.250—0.650，师徒关系各维度与职业满意度和生活满意度呈正相关，结果如表 6-18 所示。

表 6-18　　　　　　　　　师徒关系与职业成功的相关分析

			职业成功		
			晋升	职业满意度	生活满意度
师徒关系	职业指导	Pearson 相关性	0.117**	0.618**	0.485**
		显著性（双侧）	0.047	0.000	0.000
		N	286	286	286
	心理支持	Pearson 相关性	0.096**	0.529**	0.440**
		显著性（双侧）	0.103	0.000	0.000
		N	286	286	286
	角色榜样	Pearson 相关性	0.096**	0.515**	0.290**
		显著性（双侧）	0.106	0.000	0.000
		N	286	286	286

注：** 表示在 0.01 水平（双侧）上显著相关 $p < 0.01$。

　　4. 回归分析

　　回归分析所要解决的问题是变量之间存在怎样的关系。根据本书的理论模型，建立主动性人格和师徒关系与职业成功之间的回归分析，以此来验证假设是否成立。

　　（1）主动性人格对职业成功的回归分析。针对主动性人格与职业成功的研究，提出假设 H1：女性高层次人才的主动性人格与职业成功有正相关关系。也就是说，主动性人格越高越容易实现职业成功。我们把主动性人格看作自变量，职业成功各个维度分别看作因变量进行回归分析，得出主动性人格与职业成功各维度之间的非标准化系数 β 分别为 0.239、0.424、0.510，标准化系数 β 分别为 0.190、0.388、0.391，Sig. 分别为 0.001、0.000、0.000，都低于 0.05，说明主动性人格与职业成功各维度是正相关关系。由此得出，主动性人格与职业成功是正相关关系。因此本书提出的假设 H1a、H1b、H1c 得到验证，即假设 H1 得到验证，假设成立。详见表 6-19。

表 6-19　　　　　　主动性人格对职业成功的回归分析

自变量	因变量	非标准化系数 β	标准化系数 β	T	Sig.
主动性人格	晋升	0.239	0.190	3.259	0.001
	职业满意度	0.424	0.388	7.103	0.000
	生活满意度	0.510	0.391	7.152	0.000

（2）主动性人格对师徒关系的回归分析。针对主动性人格与师徒关系的研究，提出假设 H2：女性高层次人才的主动性人格与师徒关系有正相关关系。也就是说，主动性人格越高越容易实现高质量的师徒关系。我们把主动性人格看作自变量，师徒关系各个维度分别看作因变量进行回归分析，得出主动性人格与师徒关系及其各维度之间的非标准化系数 β 分别为 1.679、0.481、0.501、0.311，标准化系数 β 分别为 0.406、0.404、0.385、0.255，Sig. 分别为 0.000、0.000、0.000、0.000，都低于 0.05，说明主动性人格与师徒关系各维度是正相关关系。由此得出，主动性人格与师徒关系是正相关关系。因此，本研究提出的假设 H2a、H2b、H2c 得到验证，即假设 H2 得到验证，假设成立。详见表 6-20。

表 6-20　　　　　　主动性人格对师徒关系的回归分析

自变量	因变量		非标准化系数 β	标准化系数 β	T	Sig.
主动性人格	师徒关系	职业指导	0.481	0.404	7.451	0.000
		心理支持	0.501	0.385	7.034	0.000
		角色榜样	0.311	0.255	4.451	0.000
	师徒关系		1.679	0.406	7.486	0.000

（3）师徒关系对职业成功的回归分析。针对师徒关系与职业成功的研究，提出假设 H3：女性高层次人才的师徒关系与职业成功有正相关关系。也就是说，师徒关系质量越高越容易实现职业成功。我们把师徒关系的各维度看作自变量，职业成功各个维度分别看作因变量进行回归分析，

得出：

首先，师徒关系及其各维度与晋升之间的非标准化系数 β 分别为 0.035、0.124、0.093、0.099，标准化系数 β 分别为 0.116、0.117、0.096、0.096，Sig. 值为 0.050、0.047、0.103、0.106，说明除了职业指导与女性高层次人才的晋升呈弱相关关系外，心理支持与角色榜样和晋升的正相关关系均不显著，所以假设 H3a 成立，H3d 和 H3g 不成立。

其次，师徒关系及其各维度与职业满意度之间的非标准化系数 β 分别为 0.163、0.566、0.444、0.461，标准化系数 β 分别为 0.619、0.618、0.529、0.515，Sig. 值均为 0.000，说明职业指导、心理支持与角色榜样和女性高层次人才的职业满意度呈正相关关系，所以假设 H3b、H3d、H3e 和 H3h 均成立。

最后，师徒关系及其各维度与生活满意度之间的非标准化系数 β 分别为 0.149、0.532、0.442、0.310，标准化系数 β 分别为 0.474、0.485、0.440、0.290，Sig. 值均为 0.000，说明职业指导、心理支持与角色榜样和女性高层次人才的生活满意度呈正相关关系，所以假设 H3c、H3f 和 H3i 均成立。详见表 6 – 21 所示。

表 6 – 21　　　　　　　　师徒关系与职业成功的回归分析

自变量		因变量	非标准化系数 β	标准化系数 β	T 值	Sig. 值
师徒关系	职业指导	晋升	0.124	0.117	1.993	0.047
	心理支持	晋升	0.093	0.096	1.634	0.103
	角色榜样	晋升	0.099	0.096	1.621	0.106
师徒关系		晋升	0.035	0.116	1.969	0.050
师徒关系	职业指导	职业满意度	0.566	0.618	13.237	0.000
	心理支持	职业满意度	0.444	0.529	10.500	0.000
	角色榜样	职业满意度	0.461	0.515	10.126	0.000
师徒关系		职业满意度	0.163	0.619	13.285	0.000
师徒关系	职业指导	生活满意度	0.532	0.485	9.351	0.000
	心理支持	生活满意度	0.442	0.440	8.261	0.000
	角色榜样	生活满意度	0.310	0.290	5.101	0.000
师徒关系		生活满意度	0.149	0.474	9.062	0.000

（4）师徒关系在主动性人格与职业成功之间中介作用的回归分析。针对主动性人格、师徒关系与职业成功三者的关系，提出假设 H4：女性高层次人才的师徒关系在主动性人格对员工职业成功的影响中起中介作用。在检验 H4 时，我们把主动性人格同师徒关系一起看作自变量，职业成功各维度看作因变量进行分析，得到主动性人格的标准化系数 β 分别为 0.171、0.164、0.238，三个值均小于表 4 – 16 中主动性人格的标准化系数 β 值 0.190、0.388、0.391，而且 Sig. 值都低于 0.05，因而表明心理资本在组织支持感与职业成功之间是部分中介的，详见表6 – 22 所示。

表 6 – 22　　师徒关系在主动性人格与职业成功之间中介作用的回归分析

比较	自变量	因变量	非标准化系数 β	标准化系数 β	T	Sig.
主动性人格单独作为自变量	主动性人格	晋升	0.239	0.190	3.259	0.001
	主动性人格	职业满意度	0.424	0.388	7.103	0.000
	主动性人格	生活满意度	0.510	0.391	7.152	0.000
主动性人格同师徒关系一起作为自变量	主动性人格	晋升	0.215	0.171	2.679	0.005
	师徒关系		0.014	0.047	0.731	0.465
	主动性人格	职业满意度	0.179	0.164	3.274	0.001
	师徒关系		0.146	0.552	11.018	0.000
	主动性人格	生活满意度	0.310	0.238	4.279	0.000
	师徒关系		0.119	0.377	6.793	0.000

5. 人口统计学差异性分析

在这一部分，我们采用 SPSS 19.0 软件的相关性分析对女性的人口统计学变量的影响做初步分析。本书主要考察女性关键的人口统计学变量（师傅性别、女性婚姻状况和教育背景）对主动性人格、师徒关系（职业指导、心理支持和角色榜样）的影响，职业成功因已有相关研究较多，因此在此不作进一步研究。

从表 6 – 23 可以看出，在 0.05 的显著水平上，师傅性别对心理支持呈正相关关系，徒弟教育背景对职业指导呈正相关关系；在 0.04 的显著水平上，教育背景对心理支持呈正相关关系。

表 6 - 23 人口统计学变量与研究变量的相关性分析

		师傅性别	婚姻状况	教育背景	年龄
主动性人格	Pearson 相关性	0.093	0.051	0.140 *	0.093
	显著性（双侧）	0.118	0.389	0.018	0.118
	N	286	286	286	286
职业指导	Pearson 相关性	0.110	0.004	0.164 **	- 0.059
	显著性（双侧）	0.064	0.945	0.005	0.322
	N	286	286	286	286
心理支持	Pearson 相关性	0.166 **	0.065	0.168 **	- 0.004
	显著性（双侧）	0.005	0.277	0.004	0.940
	N	286	286	286	286
角色榜样	Pearson 相关性	0.045	- 0.024	0.130 *	- 0.048
	显著性（双侧）	0.444	0.685	0.028	0.421
	N	286	286	286	286

注：* 表示在 0.05 水平（双侧）上显著相关 $P < 0.05$。** 表示在 0.01 水平（双侧）上显著相关 $P < 0.01$。

（1）师傅性别的差异性分析。对拥有不同性别的师傅的高层次人才在研究各变量的平均得分上进行独立样本 T 检验，具体结果见表 6 - 24。可以看出，师傅性别在师傅对徒弟的心理支持维度上有显著差异（显著性水平 0.05），女性师傅对高层次女性人才的心理支持更高。同时，师傅性别在生活满意度维度上也存在显著差异（显著性水平 0.00），拥有女性师傅的女性高层次人才的生活满意度更高。

表 6 - 24 不同师傅性别的女性高层次人才职业成功的差异性分析

	性别	N	均值	标准差	T	df	Sig. （双侧）
主动性人格	0	139	3.647	0.5742	- 0.711	284	0.478
	1	147	3.695	0.5778			
职业指导	0	139	3.740	0.6826	- 1.863	284	0.064
	1	147	3.890	0.6809			
心理支持	0	139	3.624	0.7472	- 2.839	284	0.005
	1	147	3.872	0.7317			

续表

	性别	N	均值	标准差	T	df	Sig. （双侧）
角色榜样	0	139	4.018	0.7056	-0.767	284	0.444
	1	147	4.082	0.6975			
晋升	0	139	1.68	0.714	0.270	284	0.787
	1	147	1.65	0.737			
职业满意度	0	139	3.685	0.6157	-0.1944	284	0.053
	1	147	3.829	0.6333			
生活满意度	0	139	3.317	0.7798	-4.280	284	0.000
	1	147	3.686	0.6776			

注：0 = 男性，1 = 女性。

（2）女性教育程度的差异性分析。对不同教育背景的女性知识型员工在各变量的平均得分上进行单因素方差分析，具体结果见表 6 - 25。结果发现女性教育背景对各个变量并没有显著影响。

表 6 - 25　　　女性教育背景对各变量显著性的单因素方差分析

		平方和	df	均方	F	显著性
主动性人格	组间	2.573	3	0.858	2.634	0.050
	组内	91.847	282	0.326		
	总数	94.421	285			
职业指导	组间	5.009	3	1.670	3.662	0.013
	组内	128.590	282	0.456		
	总数	133.599	285			
心理支持	组间	6.467	3	2.156	3.969	0.009
	组内	153.157	282	0.543		
	总数	159.624	285			
角色榜样	组间	4.240	3	1.413	2.935	0.034
	组内	135.775	282	0.481		
	总数	140.015	285			

第三节 师徒关系与女性管理者职业成功：
主动性人格的视角

一 师徒关系的中介作用

本书旨在对女性高层次人才的主观与客观职业成功进行实证检验，通过引入主动性人格来解释女性高层次人才的职业成功的影响因素。理论已经证明，个体的主动性人格对其职业成功会有影响，但是对于其影响机制以往学者的切入点都有所不同，例如以网络建构（Thompson，2005）、人格—组织一致性（Bauer & Erdogan，2005）、自我效能（Frese & Fay，2001）等作为中介变量来探索对主动性人格对职业成功的影响，其中师徒关系是目前时兴的特殊的社会网络关系。因此本书以女性高层次人才为研究对象，在中国情境下从主动性人格的视角探索女性高层次人才师徒关系对职业成功的影响，同时引入师徒关系来探索主动性人格与女性高层次人才职业成功的中介影响，并得到了实证支持。

本书首先通过预调研，利用探索性因子分析和可靠性分析对主动性人格与师徒关系量表进行了信度效度的检验，确保问卷在中国情境下的本土化。在进行大样本的调研之后，通过 SPSS 统计软件对问卷调研数据进行分析，获取变量之间的相关性关系和因果关系，得出以下结论：

1. 与前人研究相符的发现是女性高层次人才的主动性人格与职业成功呈正相关关系，标准化 β 分别为 0.190、0.388、0.391，Sig. 值为 0.001、0.000、0.000，Sig. 值都低于 0.05。分析表明，女性高层次人才的主动性程度越强，就越有助于其实现职业成功。高主动性人格意味着女性更加愿意主动去适应环境、拥有坚定的信念去发现问题并解决问题，在这种情况下，女性便有机会获得更高的职位晋升和职业与生活满意度；这与受访的女性高层次人才在阐述自己如何应对职业中的困境、转折点时所反应的状态和所采取的积极态度是一致的。由此可见，高主动性人格最终会有助于女性高层次人才实现职业成功。这一结论与许多前人的研究成果是一致的，个体的主动性人格是实现职业成功的重要因素。

2. 同样，女性高层次人才的主动性人格与师徒关系呈正相关关系（β = 0.406，Sig. = 0.000）。本书对中国女性高层次人才做了大量实证调研，发现女性高层次人才的主动性人格能够显著预测其与师傅间的师徒关系质量。通过回归分析，得出女性高层次人才的主动性人格与职业指导、心理支持和角色榜样之间的标准化系数 β 分别为 0.404、0.385、0.255，说明女性高层次人才的主动性人格对师傅为徒弟提供的职业指导影响最大，其次是心理支持，最后是角色榜样。结果表明，一个具备主动性人格的女性员工往往会更加积极捕捉周围环境的信息，把握机会来发展自己，从而获得师傅更多的关注，师傅会更加愿意在工作上给予指导；同时女性也会获得更多的心理上的支持与鼓励，进而与师傅形成超越利益交换的情感交换；与此同时，拥有主动性人格的女性在与师傅的频繁互动中会更加尊敬师傅的专业能力和为人处世的风格与方法，形成一个良性互动的高质量关系。因此，员工的主动性人格越强烈，她们所获得的师徒关系质量越高。

3. 值得一提的是，研究结果发现女性高层次人才的师徒关系与晋升虽然呈正向相关，但是相关性较弱（β 为 0.116，Sig. 值为 0.05），这与前人关于"师徒关系与晋升呈显著正相关"的发现不大相符，但是却与本研究前期针对中国情境下女性高层次人才所展开的质性访谈中的发现是一致的；而且在预调研中对题项进行本土化探索时也发现，在职业指导中"师傅对我的职业晋升提供建议"一项并不明显。针对这项具有中国情境的研究结论，这里从师徒关系的三个维度对女性高层次人才的晋升、职业满意度与生活满意度的影响来具体分析：

师徒关系与晋升。师傅所提供的职业指导虽然对女性高层次人才的晋升存在正相关关系，但是相关性较弱（β 为 0.117，Sig. 值为 0.047），且师傅对徒弟所提供的心理支持与角色榜样均对其晋升不相关（β 为 0.117，Sig. 值为 0.103、0.106），这点与中国情境下职场的情况是相符合的。一直以来，师徒制虽然日益成为企业员工培训的重要组成部分来加快新人社会化或帮助有潜质的员工做好职业生涯管理，然而这只是帮助员工在明确 KPI 的前提下提升员工的专业硬技能与软技能，做好晋升前的准备，而非促使晋升实实在在地发生。相比于师傅，保荐人指的是一位有影响力的人愿意动用自己的政治资本与声誉为他人作担保；在同样满足绩效指标的前提下，保荐人的担保往往能够加大个体晋升的可能性。

师徒关系与职业满意度。女性高层次人才的师徒关系与职业满意度呈显著正相关（β 为 0.619，Sig. 值为 0.000）。尤其是，从师徒关系的三个细分维度来看，职业指导、心理支持与角色榜样均与女性高层次人才的职业满意度显著相关（β分别为0.618、0.529、0.515，Sig. 值均为0.000），说明师徒关系的建立往往会让女性对所在公司的职业前景与待遇更加满意。

师徒关系与生活满意度。女性高层次人才的师徒关系与生活满意度呈显著正相关（β为0.474，Sig. 值为0.000）。同样，从师徒关系的三个细分维度来看，职业指导、心理支持与角色榜样均与女性高层次人才的生活满意度显著相关（β分别为0.484、0.440、0.290，Sig. 值均为0.000），说明女性高层次人才所拥有的师徒关系不仅会提高其职业满意度，而且也会改善女性对目前生活的满意度。

4. 女性高层次人才师徒关系在主动性人格对职业成功的影响中起中介作用。在这一研究中，加入师徒关系后，主动性人格与员工职业成功各维度的标准化系数β分别为0.171、0.164、0.238，三个值均小于表6-20中主动性人格的标准化系数β值0.190、0.388、0.391，而且Sig. 值都低于0.05。这种情况说明主动性人格对职业成功的影响程度明显减弱，师徒关系在主动性人格与职业成功之间起到中介作用，而且师徒关系在主动性人格和生活满意度之间的中介作用最大（β为0.238，Sig. 值为0.000），其次是师徒关系在主动性人格和晋升之间的中介作用（β为0.171，Sig. 值为0.000），最后是师徒关系在主动性人格和职业满意度之间的中介作用（β为0.164，Sig. 值为0.000）。由此可见，主动性人格不仅能够直接影响职业成功，而且能够通过师徒关系对职业成功产生间接影响，因此师徒关系在主动性人格和职业成功间起到部分中介作用。

在此基础上，本书还进一步讨论了中国情境下人口统计学变量对女性主动性人格与师徒关系的影响，发现在人口统计学因素中，师傅的不同性别对在师徒关系中的心理支持有显著差异（Sig. 值为0.05），同时，师傅性别在生活满意度维度上也存在显著差异（Sig. 值为0.00），拥有女性师傅的女性高层次人才所获得的心理支持更多，且生活满意度更高。

二　本书的学术贡献

在以往学者研究成果的基础上，以女性高层次人才为研究对象，通过前期对女性高层次人才的深度访谈，探求影响她们师徒关系质量的关键因素（主动性人格），并结合相关文献综述提出主动性人格对职业成功的影响模型。通过对女性高层次人才的问卷调查及数据分析来验证假设，得出了师徒关系对主动性人格与职业成功关系的中介作用。主要研究贡献如下：

首先，对于性别角色的研究赋予了新内容。目前关于性别研究的成果虽然较多，然而大多都是涉及不同性别角色在领导风格、管理沟通等方面的描述性差异；尤其在针对女性题材的研究中，更多的是关注中层女性知识型员工或新进女性员工的家庭—工作问题，这样的研究很难关注到中高层女性员工所遇到的"瓶颈"问题，从而无法提出有利于女性晋升高层的建设性建议。本书探索女性高层次人才的研究丰富了性别角色的研究成果，同时为组织管理者从性别角色的角度入手采取全新的管理措施来优化组织成员的晋升路径提供建议和思路。

其次，开创了在中国组织背景下探索影响女性高层次人才师徒关系的关键要素——主动性人格，丰富了中国情境下女性主动性人格的研究内容。近年来，缺少主动性人格被认为是导致女性职业生涯发展的"玻璃瓶颈"，尤其是中国职业女性由于受其传统"服从性"思想的影响，往往在职场中表现出"不争不抢"的态度。本书通过对主动性人格量表的本土化研究，探索中国女性高层次人才的主动性人格对其职业生涯成果的影响，是对其他人格理论的有益补充，通过引入中国情境因素丰富了主动性人格研究的内容。

再次，采用质性访谈与定量分析的方法来探索师徒关系的研究内容。师徒关系是介于上下级关系与家庭关系之间的一种特殊的社会网络关系，尤其在中国政治体制背景下，介于工具性与情感性之间的师徒关系更加具有自身的特点，质性的研究方法使得对师徒关系的研究更加本土化，为今后中国情境下的师徒关系研究奠定了坚实的基础。

最后，构建并验证了主动性人格通过师徒关系影响其职业成功的作用机制，尤其在前人研究的基础上，进一步探究二者在对女性高层次人才的客观职业成功与主观职业成功上的差异，并得出了与以往研究相悖的结论。以往对师徒关系效益的研究证实了师徒关系对徒弟的晋升存在直接的正向影响（Fagenson，1989；Scandura，1992），但是，本书却发现在中国情境下，女性高层次人才所获得的师徒关系对其晋升并无显著影响。这可能是由于中国企业体制"权利距离"的原因，师傅的指导往往仅限在对徒弟软、硬技能的指导，而在决定女性晋升的问题上并没有实质性的影响。这一结论对今后相关研究提供了新方向，并对其企业优化女性晋升途径提供了新的思路。

三 对管理实践的价值

第一，从性别角色的角度来看，主动性人格特质已经对女性通向职业生涯高层提出了挑战，不仅仅针对女性管理者自身发展，更为重要的是给企业对人才的选拔与培养提出了新的要求。具体体现在以下两个方面：

一方面，对女性管理者而言，必须充分意识到主动性人格对自身职业发展的重要性，尤其对女性高层次人才而言，职位越高，对主动性的要求也就更高；与此同时，积极培养自身的主动性特质，体现在：（1）积极地去观察环境、适应环境并适当改变环境来实现自身的发展；（2）寻找良好的学习楷模，并努力利用自身的沟通优势与性别特点来建立更大的人际网络，进而培养自己的前瞻能力；（3）学习有效地、大胆地以令人信服的方式表达自己的意见与想法。另一方面，对企业而言，要意识到员工的前瞻能力是可以培养的，并创造机会与平台来鼓励女性管理者参与社交，借此培养她们的远见卓识。

第二，把贯彻师徒制计划作为组织的一项根本任务，同时落实辅导与保荐两项工作。目前，中国企业所开展的师徒制计划更多是为了帮助新员工社会化的一项辅导计划，要确保高潜质女性也得到更多晋升机会，企业应该开辟一个渠道与平台，在师徒制的基础上推行保荐计划。（1）严格把关"师傅"候选人的任职资格，担任女性高层次人才的师傅应该区别于一般的入门导师，他/她不但能够并愿意对徒弟的职业发展提出建议，而且必须身居高位，拥有足够的影响力推动员工的晋升。（2）必须让师傅意识到性别角色的差异性。在正式开始师徒计划前，企业应该通过培训让师傅候选人，尤其是男性师傅候选人意识到一些传统的男性文化中受青睐的行为方式未必适合女性，男性师傅候选人必须认识到这些由性别差异带来的问题，并克服对女性门生的一些偏见。（3）在激励师傅的同时，要赋予师傅一定的责任，通过设定目标与竞争的方式，例如让参加这个计划的人在一年内得到提拔，这样就可以推动师傅积极采取行动弥补自己徒弟的技能差距并提升其知名度。在此基础上，更重要的是获得领导层的支持与公司包容性文化的鼓励。

第三，厘清女性高层次人才主动性人格、师徒关系与职业成功之间的关系及其作用机制，开辟了女性实现晋升的新渠道。对于女性而言，尤其在师徒关系中：（1）女性高层次人才应该主动借助组织的平台与机会，积极建立师徒关系；（2）在与师傅互动的过程中，女性应该更加主动地争取机会，在工作中表现自己，同时应该积极寻求师傅的反馈或针对师傅的提议分享自己的看法，这可以给予这层关系互惠互利的效果，这在一定程度可以加大师傅对其的关注，并给予更多的职业指导与心理支持；而且，女性可以锁定高层作为自己的学习榜样，模仿师傅在为人处世或专业技能上的表现，从中培养适合自己的风格。

尽管本书系统地探讨了女性高层次人才主动性人格与师徒关系及其职业成功之间的关系，丰富了主动性人格与师徒关系理论并给予实证支持，但由于受到各方面条件的限制，本书仍然有一定的局限性：

（1）研究过程。本书仅仅针对女性高层次人才进行实证研究，而未选取男性高层次人才样本作为对比来探究主动性人格在男女性别上的差异，这对提出具有女性特征的理论贡献与管理建议稍有欠缺。可以在以后的研究过程中进一步完善。

（2）研究方法。由于受到时间与条件的限制，本书对于主动性人格与师徒关系的验证虽然在整体的信度上与前人的研究达成一致，但在具体维度上有所差异，其原因可能是由于研究对象选取的不同、文化的差异和样本量的规模。在数据提取的过程中，本书采用的是一次抽取样本的方法，但理想的状态是通过二次调研分批获得所有维度的数据，应在以后的研究中改进。

第七章　职业女性的工作—家庭增益研究

——工作投入视角

近年来，越来越多的研究者开始用一种更加平衡的方法来认识工作和家庭角色相互作用的积极的一面，从而开始更多地关注工作和家庭之间的相互融合。工作—家庭增益（Work – Family Enrichment）作为描述工作和家庭如何互利的概念被提了出来。Greenhaus 和 Powell（2006）认为参与工作—家庭的多种角色对员工来说是有益的，在一个领域中获得积极的情感、态度、价值观、技术能对另一个领域有积极的影响。由于工作—家庭增益是近几年在西方国家提出的，其理论和测量工作都在不断完善当中。国内关于这方面的研究还较少，仅仅停留在把国外的理论介绍进来，实证研究也不多见，因此本书希望通过对工作—家庭增益的实证研究对其在国内的研究提供一定的实证依据，为企业更好地管理女性员工，提高女性员工效率有所帮助；使个体更好地取得工作—家庭平衡，不仅在工作上取得成绩，也要组建快乐温馨的家庭，获得物质和精神的双丰收。

第一节　工作投入与工作—家庭增益的相关概念与研究动态

随着我国经济快速发展、教育水平提高，越来越多的女性从事着专业性的工作或者担任着重要职责，知识女性在职业社会上的地位也日渐上升；在很多组织中她们已成为实现企业发展和价值增长的重要砝码，是组织核心竞争力的体现。国务院新闻办公室 2005 年 8 月 24 日发表的《中国性别平等与妇女发展状况》白皮书指出，十年来，中国妇女就业数量和比例一直保持较高水平。国际劳工组织发布的《2007 年全球妇女就业趋势》报告指出，2006 年全球女性就业人数为历史最高，达到了 12 亿人，占全球就业总人口的约 40%。人类学家费希尔（2002）认为，全球化和多元文化下的 21 世纪，女性的"网状思维"比男性的"阶梯思维"方式更适应社会需求，女性的诸多独特优势将使其社会影响力越来越大；现代管理大师杜拉克曾预言："时代的转变正好符合女性的特质"，正如他们所言，女性员工在技能人才和管理队伍中占据越来越高的比例，女性人才正用她们的卓越表现证明其巨大潜能：《文汇报》统计，2003 年世界女性研发人员约占研发人员总数的 27%。其中，非洲为 29%，亚洲为 15%，欧洲为 32%，美国为 24%；麦肯锡对世界各国公司的调研发现，由女性出任高层职位（1/3 以上）的公司的表现优于其他公司；在我国，女性企业家掌管的企业 98% 处于盈利状态（中国女企业家协会，2004），2010年举世瞩目的上海世博园建设中，世博园区夜景照明总体规划负责人、交通规划方案总策划团队负责人等均为女性，充分体现了女性人才的贡献。由于知识女性受教育水平较高，实现自我价值的愿望强烈，和男性员工一样对职业成功和成就寄予厚望。但是，社会公共舆论依然认为女性必须同时兼顾工作角色和家庭角色，仅仅事业上的成功无法彰显女性的成功，只有事业与家庭的"双赢"才是成功女性的代表。

家庭和事业是否能够"双赢"？这是一个非常值得探讨的领域。工作和家庭是人们生活中两个最重要的领域，两者之间有着密切的联系。人的社会属性与家庭属性之间的相互影响，是人力资源管理中的一个重要问题。过去 25 年，许多学者对工作和家庭生活之间的相互作用进行了充分的研究，从多种途径解释工作和家庭角色之间相互关联。目前，工作—家庭界面的研究包括积极和消极两个方面。消极的研究多聚焦于工作—家庭冲突研究，在冲突的视角下，女性员工由于需要同时扮演家庭和工作两种角色，同时由于社会竞争的日益激烈、生活节奏的加快、心理压力的加大，在时间、精力有限的情况下，容易导致她们在职业发展的道路上充满了工作—家庭冲突，对她们的身心健康、家庭生活质量和组织的效益带来很大的负面影响，工作与家庭无法两全。

以女性知识型员工这一群体作为研究对象，从工作—家庭界面的积极方面出发，从系统和整体的角度去看待女性员工工作—家庭关系，探讨工作和家庭作为女性员工生活中两个最重要的领域，如何彼此互利并对个体产生有利的影响，这对人力资源管理和女性员工工作—家庭关系研究，有重要的现实价值。

工作和家庭是人们生活中两个最重要的领域，两者之间有着密切的联系。关于工作—家庭界面的研究，大部分还是聚焦于消极的方面，从角色冲突理论出发，认为角色个体的时间和精力都是有限的，因而个体参与某种角色活动必然会导致参与另一种角色活动的时间和精力减少，研究结果集中在工作—家庭冲突的前因变量和结果变量上。但是随着积极组织行为学的兴起，有学者认为工作相关的活动和满意度也会影响到非工作领域的绩效，反之亦然。由此产生了对于工作—家庭积极影响关系的研究（如工作—家庭增益），丰富了工作—家庭界面研究。

然而，工作—家庭增益研究刚刚起步，关于工作—家庭增益的实证研究不多，国外的相关研究涉及工作—家庭增益理论（Greenhaus and Powell，2006）、工作—家庭增益量表的开发（Carl Son et al.，2006）；国内则仅有少量涉及工作—家庭增益的综述（黄逸群等，2007；唐汉瑛等，2007）。

因此，通过对现实背景和理论基础的分析，本章的研究意义主要体现在以下几个方面。

1. Greenhaus 和 Powell（2006）提出了工作—家庭增益的理论模型，认为工作—家庭增益的产生有两条路径——工具性途径和情感性途径，通过这两条路径，发生工作对家庭的增益（个体在参与工作角色活动的过程中获得的技术、行为或积极的情绪会对家庭活动产生积极的影响）和家庭对工作的增益（个体在参与家庭角色活动的过程中获得的积极情绪、支持等可以帮助个体与同事和睦相处、努力工作或使得个体在工作中充满活力、更加自信）。但这一模型并没有经过实证的检验，本章从此模型出发，通过实证分析，拟对这一理论模型进行验证和补充。

2. 以工作投入解释工作角色的高绩效和积极情感。Schaufeli（2002）等把工作投入定义为：一种与工作相关的、积极的、富有成就感和完满的情绪及认知状态，具有精力充沛、奉献精神和专心致志的特点。根据 Greenhaus 和 Powell 的工作—家庭增益理论模型，通过工具性途径和情感性途径，一种角色中获得的资源会积极影响到另一种角色，从而促进另一个角色的绩效。高绩效和积极的角色状态是预测工作—家庭增益的最好的变量，工作投入恰好就是一种持续和富有渗透力的情感和认知状态（Bakker，2009）。同时，实证研究还指出，在个体层面，工作投入能有效预测员工的工作绩效（Kahn, W. A.，1990），而工作投入程度较高的员工表现出更多的角色外行为和较低的缺勤率（Schaufeli, W. B., 2006）。鉴于工作投入可以有效预测角色高绩效和积极的角色状态，本章以工作投入为解释变量，预测工作—家庭增益。

3. 融入具有中国文化背景的解释变量，验证工作—家庭增益量表，解释工作—家庭增益在我国的适用性和解释效力。一方面，我国工作—家庭界面的研究大部分还聚焦于工作—家庭冲突，本书对工作—家庭增益的研究可以弥补工作—家庭界面的积极方面的理论空白；另一方面，已有的工作—家庭界面研究表明，中国情境下的工作—家庭界面研究结果与国外尤其是西方国家的研究结果并不一致（Sepctor, Cooper, Poelmans et al., 2004；Spector, Allen, Poelmans et al., 2007），文化的差异和宏观政策环境的不同会对工作与家庭之间的关系产生影响。因此研究中国情境下的工作—家庭增益是非常有意义的。

4. 以女性知识型员工为研究对象。随着改革开放和经济转型，越来越多的女性踏入职场，成为组织中不可或缺的一员。受过高等教育的女性，希望在工作上有所成就，但在以工作—家庭角色冲突为出发点的传统观念下，女性员工往往无法发挥所长。本书研究女性知识型员工的工作—家庭增益，拟挖掘女性员工工作与家庭"双赢"的理论依据，探讨女性员工工作—家庭增益产生的机理，在一定程度上提出针对女性员工的工作激励措施，建立家庭友好的新型人力资源管理政策，从而提高企业人力资源管理效率，获得组织收益。

一　工作—家庭增益

（一）工作—家庭增益的内涵

过去25年，许多学者对工作和家庭生活之间的相互作用进行了多方面的研究，从多种途径解释工作和家庭角色之间的相互关联。目前，工作—家庭界面的研究包括积极和消极两个方面。消极方面的研究，聚焦于工作—家庭冲突（Work - Family Conflict）和身兼多重角色而带来的困难方面。冲突理论指出，在任一角色体验到压力、时间上的束缚以及行为欠佳时（Beutell, 1985），会影响另一角色生活品质的提高（Allen Herst Bruck & Sutton, 2000；Frone, 2003）。从最初的"不足"（假设一个人的时间和精力是固定的）假设出发，支持冲突观点的学者认为参与多重角色（例如，工作和家庭角色）的个体不可避免地经历冲突和压力，而这些冲突和压力将会降低他们的生活质量。

但是，随着积极心理学的兴起，学者们拓宽了工作—家庭界面的研究，从对工作—家庭的消极面转向对工作—家庭积极面的关注，意识到工作和家庭之间并不是一直相互冲突的，它们也会在很多方面对彼此有积极的影响。基于"多角色参与可以拓展资源和创造能量，而胜过对资源和能量的削弱，从而提升整体幸福感"（Greenhaus and Powell，2010）的观点，一些学者在认识到冲突和压力之后，提出应该采用一种更加平衡的方法来认识工作和家庭角色相互作用的积极的一面，从而开始更多地关注工作和家庭之间的相互融合。随着研究的深入，研究者意识到工作家庭之间可能存在相辅相成、相互增益的关系，研究方向便逐渐转移到工作家庭关系的积极影响方面，工作—家庭增益（work - family enrichment）就是其中一个研究重点。

Greenhaus、Powell（2006）提出增益的基本观点是，工作和家庭都会使个体收获一些资源（如增强的自尊、经济收入等），这些收益可以提升个体在相对应的角色领域中的表现。工作—家庭增益关注个体在工作（或家庭）方面收获的经验有助于提升家庭（或工作）方面的生活质量（如生活满意感等）的程度。也就是说，只要当个体从 A 领域（工作或家庭）中收获的资源提升了其在 B 领域（家庭或工作）的角色表现时，增益就发生了。简言之，增益是指个体在某一领域取得的角色绩效有利于个体在其他领域的表现。

增益的发生可以有两种不同的途径，即工具性途径和情感性途径。前者指个体通过从 A 领域获得的具体资源（如技能和更广阔的视野、物质资源和社会资本等）直接提升其在 B 领域的角色表现；后者则指在 A 领域中得到的收益通过先影响个体的积极情感间接提升其在 B 领域的角色表现。

工作—家庭增益的发生具有双向性，即存在工作对家庭的增益（Work - To - Family Enrichment，WFE）与家庭对工作的增益（Family - To - Work Enrichment，FWE）。个体在工作中获得的资源收益能够促进其在家庭生活中的表现，而个体在家庭中获得的资源收益也能促进其在工作中的表现。

工作和非工作需求的整合是组织、家庭、个人如今面临的最严峻的考验。从这一角度出发，在增益观点的基础上，检验一个角色的参与如何提升或是强化另一个角色的表现，即工作对家庭的增益或是家庭对工作的增益，对于重新思考工作和家庭之间的关系具有重要的意义。对工作家庭积极影响的关注不仅仅提供了一种有别于冲突的研究视角，其重要意义还在于拓展了传统工作家庭界面研究的层次和水平。传统工作—家庭界面研究更多的只是关注身兼工作和家庭双重角色会给个体带来一系列的消极后果，而工作—家庭增益研究同时关注工作对家庭、家庭对工作双向的积极影响，在这个意义上，对工作与家庭积极影响的关注具有重要的实践意义。

（二）工作—家庭增益与相似概念区别

工作—家庭增益是一个用来描述工作和家庭之间如何彼此获益的概念。关于工作家庭相互之间积极作用还有几种其他的表述：工作家庭增强（work family enhancement，Sieber，1974）、工作家庭正向溢出（positive work family spillover，Crouter，1984）和工作家庭促进（work family facilitation，Grzywacz，2002）。虽然有些学者在研究中认为它们之间可以互相替代（Frone，2003），但本书认为它们之间有区别，在研究时不能相互混淆，解释它们之间的区别是非常重要的。

（1）工作—家庭增强

增强指的是个体从一个领域获得的资源和经历，积极影响另一领域的生活（Sieber，1974）。具体来说，增强是指个体获取的资源和经验有利于个体更好地面对生活的挑战，更关注个体所获得的益处及其对生活可能造成的显著影响。在这个意义上，工作家庭增强关注的是个体从工作（或家庭）中获得的利益，这些利益可能对于家庭（或工作）领域的活动有显著的影响，但也可能不产生影响。

（2）工作—家庭正向溢出

Crouter 于 1984 年最早提出了正向溢出的概念，认为在某一角色活动中获得的收益可以在相应的角色领域间发生正向迁移，并对接受领域的角色表现可能有帮助。这种可能在工作与家庭之间发生的正向溢出包括四方面的内容，即情感、价值观、技能和行为；每一种正向溢出都既可以从工作指向家庭，也可以从家庭指向工作（Barnett，2000）。

举例而言，个体因为在公司受到上司表扬而心情愉快，这种愉快的心情很可能在下班回家后仍然持续，从而有助于和家人之间进行更好的沟通与交流。可以认为，正向溢出是指个体在某一领域积累的经验（如情绪、技能、价值观和行为）可以正向转移到其他角色活动中。工作、家庭之间的正向溢出，指的是情感、价值观、技能和行为四方面的内容在工作与家庭之间发生的一种正向迁移，这种正向迁移将对接受领域的角色表现带来积极的影响。与工作—家庭正向溢出相比，不难看出，工作—家庭之间的正向溢出是增益发生的前提。也就是说，增益的发生，不仅要求在某一领域中收获的资源被正向迁移到另一领域，而且还必须通过适当的方式将其成功应用于真正提升个体的角色表现（Powell、Greenhaus，2004）。

（3）工作—家庭促进

工作—家庭促进，特指个体由于从事某一角色领域（工作或者家庭）的相关活动所收获的资源（如积极情感、资本或者效能感等）能够使得另一角色领域的机能水平（家庭、工作系统的整体运作）获得提升的程度（Wayne、Grzywacz 等）。例如，个体通过工作获得报酬，提升整个家庭的生活水平；同时，家庭成员间相互关系的质量也得到相应的提高。

（4）工作—家庭增益与这些概念的区别

与工作—家庭增强相比，工作—家庭增益关注的是，在一个领域中获得的资源改善另一领域中的角色表现，而非简单的积极影响，在影响的结果上两者是不同的。正向溢出强调个体特征方面（如情感、技能、行为和价值观）的收益发生迁移可能对接受领域产生积极的影响，某一领域积累的经验可以正向溢出，但不一定总能改善个体在其他角色活动中的质量和绩效；但"增益"不仅包含个体参与某一角色活动所收获的情感、价值观、技能等资源可转移到参与的其他角色活动，而且更重要的是，还包含个体通过发挥这些资源的效能来提升其他角色活动的绩效，简言之，资源不只是转移到另一领域，而是成功地使用导致个体绩效或情感的改善，因此我们可以将"正向溢出"理解为"增益"的前提和基础。与增益倾向于关注个体层面的角色表现或者生活质量的提升相比，工作—家庭促进强调系统整体机能水平的提升；两者的区别主要在于分析层次的不同，增益重点关注个体层面的角色绩效或生活质量，而促进强调系统层面的效能提升，增益的产生并不一定引起系统效能的提升，当个体在家庭中获得正面影响时可以提高他在工作中的绩效，而个体效能的提升并不一定会影响更高层面的工作，如改善上下级关系或提升整个工作团队的绩效。

举例来说，个体因为在家庭生活中的良好表现产生的好心情可能影响到工作的状态（增强），可以正向迁移到工作当中（正向溢出），并且使其一整天都心情愉快、出色地完成工作任务（增益）；但是不一定能够改善整个工作系统的机能运作，如提高整个工作团队的效率、改善团队成员间的互动关系等（促进）。

综上所述，增强、正向溢出、促进与增益虽然都是表示工作和家庭之间互利关系的概念，但它们之间是有差别的。本书探讨的是，由于工作和家庭之间的互利关系引起的个体绩效的变化，而不是系统的变化，所以采用工作—家庭增益这个概念。同时需要说明的是，本书所选择的工作—家庭增益这一概念的英文单词 work – family enrichment 在国内的翻译也不尽相同，在马红宇、唐汉瑛等 2009 年发表的文章，以及于福洋 2009 年的硕士毕业论文中都将其翻译为"工作—家庭增益"，而在赵曙明、周路路等 2009 年发表的文章，黄逸群、潘陆山等 2007 年发表的文章，魏红艳 2009 年的硕士毕业论文中将其翻译为"工作—家庭丰富化"。本书采用的是工作—家庭增益的翻译。

（三）工作—家庭增益的理论基础

（1）角色增强理论（Role Enhancement Theory）

从稀缺假设出发，以往的工作和家庭关系研究主要集中考察角色冲突问题，认为个体的时间和精力都是有限的，参与某一角色活动需要投入时间和精力，必然会减少个体参与其他角色活动的时间和精力。为了对抗稀缺假设，角色增强理论（Role Enhancement Theory）作为最早的描述工作—家庭积极关系的一个理论而被提出，认为多重角色能够对个体产生积极的作用。

Sieber（1974）从多种角色关系的角度，提出了不同角色之间的积极溢出，也就是在一个角色上的良好体验或高绩效，会让个体在另一个角色上得到正向的收益。即个体在角色表现中积累的收益可能超过其角色投入造成的损失，而且个体可以通过参与多种角色活动来获得满意感以及其他有意义的资源（如角色特权、地位保障等）。Marks（1977）认为人类的精力是一种供给—需求的现象，个体运用精力履行各种角色时，个体自身也会产生精力来履行这些角色。他认为多种角色能够增加资源并产生精力，能够使个体产生幸福感。基于此，他们对冲突视角提出质疑并且提出多角色带来的长处要大于其负面作用这一发展的假设。工作—家庭增益正是源于 Sieber 提出了角色增强假说（enhancement hypothesis）。

角色增强理论认为个体可以同时参与多种角色活动，而且多种角色活动之间可以是互益的关系。多种角色累积对于个体和社会来说都是有益的，个体在参与某一角色活动时获得的良性体验或绩效有助于个体在参与其他角色活动时获得正收益。多重角色（常常归于角色累加）的参与者有三种方式可以对个体产生积极的产出结果（Voydanoff，2001）。

第一，工作经历和家庭经历可以对幸福感产生附加效应。Banret 和 Hyde（2001）认为，角色累加可以对生理和心理幸福感产生有益的作用，特别是在角色优质的条件下；另外，工作满意感和家庭满意感对个体的幸福、生活满意度、感知生活质量也有附加效应；参与工作和家庭角色并且对工作和家庭角色满意的个体比只参与一种角色或者对他们的一种或多种角色不满意的个体有更高的幸福感。因此，参与工作和家庭角色活动的经历可以提升个体的幸福感，工作和家庭方面的满意感对个体的幸福感、生活满意度和生活质量均具有积极的影响。

第二，同时参与工作和家庭角色可以缓解其中某一角色的紧张忧虑。工作质量能够调节家庭压力和幸福感之间的关系，如工作满意度较高的个体在面临家庭压力时，幸福感降低程度较低。参与多种角色活动的缓冲效应表明，社会角色组合能够缓解个体由某一特定角色所带来的压力和困扰（Siber，1974）。有多重角色的个体在某一角色当中的失败可以通过退回到另一个角色的满意得到补偿。

第三，一种角色的经历可以对另一角色产生积极的经验和结果。Marks（1977）就曾讨论过多种角色参与产生的能量可以被用作其他角色的强化的经验。Siber（1974）指出一个角色所需的资源很可能通过社会关系副产品的形式重新投入到其他角色当中，例如，第三方推荐、关系、内隐技巧等。随着个体的不同角色的累积，随着他们学会容忍不同观点、有弹性地调整不同角色要求，他们的责任可以被放大；他们可能得益于所有这些角色，使自己的个性得以充分延展和丰富。因此，参与工作或家庭角色活动的经历可以为参与另一种角色活动积累经验并产生积极的效果。个体从工作中获得的资源（如收入、自我实现、尊重）都会对参与家庭角色活动产生积极的影响。

（2）生态系统理论

生态系统理论（Ecological Systems Theory，EST）认为个体自身发展就倾向于避免负面的状态和活动，趋向积极的经验，努力发展自身的长处。EST 能够更好地解释增益是怎么发生的。EST 认为个体通过和他们周围的环境发生作用而获得自身的发展，也就是说个体的发展是增益的关键。该理论认为个体周围的资源是增益的主要资源，因为个体要通过和他们的环境的相互作用才能达到增益的结果。该理论还强调了"需求特征"的重要性，个体的特征不同，从周围环境中获取的资源就不一样。也就是说由于个体特征的不同，他们可能获得不同类型的资源，并且从这些资源中获得怎样的发展也会因人而异。也就是说，个体的需求特征间接地影响到增益，或者说在环境资源和增益之间起调节作用。因此，生态系统理论的主要观点就是个体倾向于达到更好的成长和发展，并且他们为了成长而积极地获取并利用自身和环境的资源。

（3）积极组织行为理论（Positive Organizational Scholarship）

积极组织行为学是组织行为学科中的一个新的研究领域。与传统组织行为学不同，积极组织行为学重点关注如何采用积极的行动来提高组织绩效。积极组织行为理论改变了以往仅从消极方面探讨工作—家庭冲突的做法，为工作—家庭关系研究提供了一个全新的视角。

积极组织行为理论假设行为受到"趋利效应"的影响，即行为总是偏向积极，远离消极。积极被认为是有效的，因为它能够激活个体和组织的潜力，从而充分发挥出个体优势和组织优势。该基本假设从理论上阐释了增益的目的以及增益影响工作、家庭的潜力（Fredickson、Losada，2005）。

根据积极组织行为理论，个体受积极状态的吸引，趋向于开发和利用可用的资源，而运行良好的可用资源有利于个体更好地开发和利用其他资源。工作—家庭增益研究以提升工作和家庭的表现为目的，个体利用环境中的资源来促进工作与家庭之间的互益，进而促进工作或家庭表现的提升。

（4）资源保存理论（Conservation of Resources Theory）

资源保存理论认为，社会环境中主要存在着个性特征资源、物质资源、条件资源、能量资源和支持性资源等几类不同的资源。Hobfoll（2001）认为个性特征资源就是个体基于世界观所形成的特性或技能，如自尊和乐观；物质资源指个体所拥有的某种物品，如车、房、衣服、食物或其他物品；条件资源指个体追求的目标，例如幸福的婚姻、高薪酬的工作、资历；能量资源特指丰富的工作机会和其他发展机会；支持性资源包括忠诚或支持性的上下级关系和良好的文化氛围等。

如果说积极组织行为理论和生态系统理论解释了工作—家庭增益为什

么会发生，它是如何发生的，并且强调了资源的重要性。那么资源保存理论就确定了各种不同类型的资源及资源的补偿性。也就是说，如果个体在某一方面拥有较多的资源，则有助于其摆脱其他领域资源缺乏造成的困境。例如，个体在工作中获取丰厚的经济报酬，则可以雇用他人来料理家务，从而减轻家庭角色对工作所要求的时间和精力造成的威胁。从这个意义上，工作与家庭互益而非冲突，也就不难理解了。

（5）资源—收获—发展理论

Wanye、Grzywacz、Carlson 等（2007）认为，资源—收获—发展理论（Resource – Gain – Development perspective）的前提就是个体本能地倾向于成长、发展和达到更高层次的机能。Wayne 等将资源分为能量资源（energy resource）、支持性资源（support resource）和条件资源（condition resource）。产生增益的根本原因就在于个体本能地追求自身的成长、发展及相关潜力最大化，个体在参与一种角色的时候会获得能够使自身成长和发展的资源并会把自己的成长经验运用于其他生活领域。该理论认为个体最大化地利用可用的资源，这样他们就能体验到积极的收获。一个领域中的收获被运用和维持，并且能加强另一个领域的功能。资源—收获—发展理论认为增益的关键就是个体特征和环境资源，这些能使个体在一个领域中发展新的技能和观点，积极的情感，经济、社会或者健康资本，这能够增强其他领域的功能。

（四）工作—家庭增益的模型

工作—家庭增益并不是工作—家庭冲突的简单对立，它具有特定的内涵。工作—家庭冲突理论认为个体的时间和精力都是有限的，因而，个体参与某种角色活动必然会导致参与另一种角色活动的时间和精力减少。工作—家庭增益正是源于 Siber 对工作—家庭冲突理论的质疑。Siber 提出了角色增强假说（enhancement hypothesis），即个体在角色表现中积累的收益可能超过其角色投入造成的损失，而且个体可以通过参与多种角色活动来获得满意感以及其他有意义的资源（如角色特权、地位保障等）。自 Siber 提出角色增强假说以来，学者们开始改从工作—家庭增益的视角来研究工作—家庭关系。有关工作与家庭互益的表述有多种，如增强（enhancement）、正向溢出（positive spillover）、丰富（enrichment）、增益（facilitation），因而导致了许多相似概念混用的情形。Carlson 等（2006）首次对上述不同概念进行了比较全面的辨析。他们认为，"增强"是指个体获取的资源和经验有利于个体更好地面对生活的挑战，它更关注个体所获得的益处及其对生活可能造成的显著影响；"正向溢出"是指个体在某一领域积累的经验（如情绪、技能、价值观和行为）可以正向转移到其他角色活动中；"丰富"是指个体在某一领域取得的角色绩效有利于个体在其他领域的表现。由此可见，"丰富"是建立在"正向溢出"的基本内涵之上的，但是这两个概念之间隐含着一个重要的区别：某一领域积累的经验可以转移（如溢出），但不一定总能改善个体在其他角色活动中的质量和绩效，而"丰富"不仅包含个体参与某一角色活动所收获的情感、价值观、技能等资源可转移到参与的其他角色活动，而且更重要的是，还包含个体通过发挥这些资源的效能来提升其他角色活动的绩效。而"增益"特指个体参与某一角色活动（工作或家庭生活）获得的资源（如积极的情感、投入或者效能感）能够提升其参与其他角色活动的整体效能（Wayne et al. , 2004）。从以上分析可以看出，"丰富"和"增益"的区别主要在于分析层次的不同："丰富"重点关注个体层面的角色绩效或生活质量，而"增益"强调系统层面的效能提升。"丰富"的产生并不一定引起系统效能提升。比如，当个体在家庭中获得正面影响时可以提高他在工作中的绩效，而个体效能的提升并不一定会影响更高层面的工作，如改善上下级关系或整个工作团队的绩效。虽然目前没有明确、统一的工作—家庭增益概念，但其内涵已日渐明朗。笔者认为，工作—家庭增益是指个体以工作和家庭角色活动为载体，通过获取和运用工作和家庭领域的资源来促进工作与家庭互益关系的过程。这一概念既包括个体层面的绩效改进，而且还包括系统层面的效能提升。工作—家庭增益过程是个体利用工作（或家庭）领域资源的过程，包括三个有序的阶段：（1）个体从工作/家庭领域获取资源。个体参与某一角色活动所获得的资源有利于个体更好地参与其他角色活动。例如，从工作中获得的收入可以改善家庭生活条件，职务晋升可以增强个体的自信心，从而有利于个体解决家庭问题；而个体参与家庭角色活动所获得的积极情感则能帮助个体与其所在的工作团队的其他成员进行有效沟通，或者个体在建立家庭的同时又能扩大自己的社会关系网络，从而有利于开展工作。（2）个体吸收和消化资源。目前，工作—家庭增益研究主要关注企业或家庭提供的哪些资源有利于工作—家庭增益关系的产生，而较少关注个体特质或组织特征差异所导致的资源吸收效果差异。（3）个体把资源运用于参与工作/家庭角色活动的过程中，从而扩散资源的功效，也就是说，资源的运用不仅会丰富个体的资源，而且还会影响其他成员的绩效和情感，从而有可能提升系统层面的效能。

目前最具代表性的有关工作—家庭增益发生机理的理论模型主要有三个，即资源—增益—发展模型、工作—家庭增益系统模型以及工作—家庭增益双路径模型。下面分别予以介绍。

（1）资源—增益—发展模型（见图 7 - 1）。该模型从系统层面解释了工作对家庭增益的产生原因和发生机理。资源是工作—家庭增益产生的基础，Wayne 等（2007）将资源分为能量资源（energy resource）、支持性资源（support resource）和条件资源（condition resource）。产生增益的根本原因就在于个体本能地追求自身的成长、发展及相关潜力最大化，并会把自己的成长经验运用于其他生活领域。增益是通过个体对环境资源的使用而发生的。个体的需求特征（性别和社会阶层）会对增益过程产生调节作用，从而导致不同的增益结果。工作对家庭增益的结果不仅包括工作系统绩效的提升，还包括家庭系统效能的优化，如提高婚姻质量、促进父母和子女之间的交流、增强家庭幸福感。资源—增益—发展模型表明增益的发生是以资源为基础、以增强工作和家庭系统效能为目标的过程。

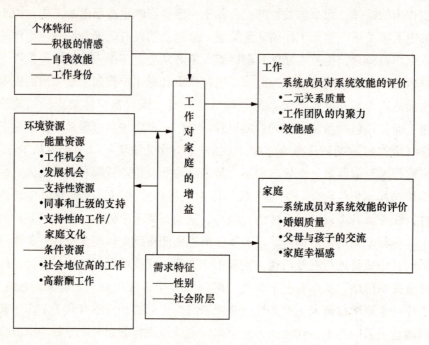

图 7 - 1　资源—增益—发展模型

（2）工作—家庭增益系统模型（见图7-2）。如前所述，工作—家庭增益是一个包括个体和系统两个层面的增益过程。个体在参与工作/家庭角色活动的过程中投入了时间和精力，但同时也获得了各种资源。参与角色活动会产生三种结果，即获取资源、消耗资源和增加资源。资源获取的理论依据是角色累积理论，该理论强调个体参与多种角色活动可以获得正收益（如身份、收入、地位等）；资源消耗基于资源稀缺假说，它反映的是个体由于参与角色活动而导致时间、精力等资源损耗；而资源增加则是基于角色扩张假设，说明个体由于参与角色活动而获得成就感、知识技能和社会支持等心理资源和社会资源。系统模型中的工作—家庭增益催化过程是指个体参与角色活动而获得的收益能够促进另一接受系统发生正面变化，催化过程除了提升个体层面的效能以外，还包括系统层面的效能提高。这些有利的催化因素不断扩大接受系统的变化，从而导致社会系统的增益。如个体在家庭中获得的良好情感资源可以帮助其提高工作绩效，还可以改善与同事的关系，从而扩大对社会系统的增益作用。

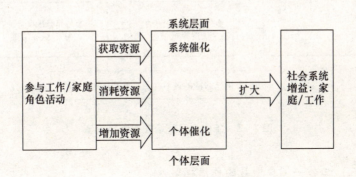

图7-2　工作—家庭增益系统模型

（3）工作—家庭增益双路径模型。Greenhaus和Powell（2006）通过一系列的研究假设提出了工作—家庭增益双路径模型。该模型认为，工作—家庭增益可以通过工具和情感两条路径来实现（见图7-3）。该模型分别用角色A和角色B来表示工作角色和家庭角色。参与角色A的活动所获得的资源不仅能提高参与角色A的活动的绩效，而且主要通过工具路径这个调节变量来提高参与角色B的活动的绩效；而参与角色A的活动所获得的积极情感则可通过情感路径来提高参与角色B的活动的绩效。越来越多的学者开始关注工作—家庭增益的发生机理。Wayne 等（2007）的资源—增益—发展模型和 Grzywacz 等（2007）的工作—家庭增益系统模型都强调工作—家庭增益提高系统层面效能的作用，而 Greenhaus 和 Powell（2006）的双路径模型主要关注工作和家庭领域个体层面绩效的提高。

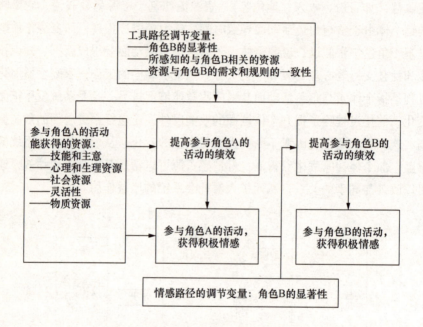

图 7-3　工作—家庭增益双路径模型

（五）工作—家庭增益的作用机制

Greenhaus 和 Powell（2006）为了了解增益的作用和机制过程，通过一系列的研究假设从多角色参与和资源共享与转移的角度提出了工作—家庭增益双路径模型。该模型识别了五种可以促进工作—家庭增益的工作和家庭资源：

五种资源具体指：①技术和观点，包括与任务相关的认知和人际技能、知识和智慧以及感知与处理问题的方式；②心理和生理资源，包括自尊、自我评估、乐观、个体耐劳性等；③社会资本资源，包括社会地位、对他人的影响、信息的获取等；④灵活性，包括自由安排时间和进度等；⑤物质资源，包括金钱、从工作领域或者家庭领域收到的礼物等。并且特

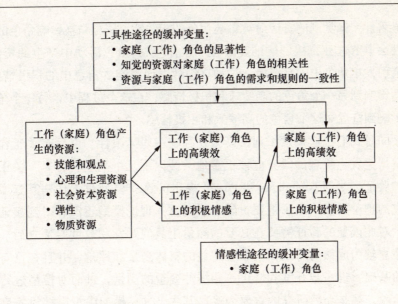

图7-4　工作—家庭增益双路径模型

别指出了两种促进工作—家庭增益的途径——工具性途径和情感性途径，提出了几个决定某一角色的资源最有可能增益其他角色的角色质量的条件的缓冲变量。在角色 A（工作或家庭）中获得的资源会通过这两条途径促进角色 B（家庭或工作）的绩效和积极的情感。角色 A 中获得的资源可能直接转移到角色 B 中，增强角色 B 的绩效，然后在角色 B 中产生积极的情感，这个过程被看成是工具性途径，也称直接途径，即在角色 A 中获得的资源直接影响了角色 B 的绩效和情感。在角色 A 中获得的资源也可能直接或间接地影响在角色 A 中的情感，角色 A 中积极的情感对角色 B 中的高绩效产生影响并且改善角色 B 中的情感。这就是情感性途径，也称间接途径。在工具性途径下，个体将工作（家庭）领域的活动中获取的资源直接转移到家庭（工作）领域中，进而促进家庭（工作）领域的绩效和积极情感，比如医生运用自己的医学知识为照顾家人提供便利。在情感途径下，个体在工作（家庭）领域的活动中获取的资源促进了该角色的积极情感，而这种积极情感进而促进家庭（或工作）领域的绩效和积极情感。

　　模型有助于我们更好地理解增益的产生过程，工作/家庭角色活动产生的资源可以直接影响到另一个角色的表现。在这个过程中，被影响角色的显著性、知觉到的资源对被影响角色的相关性、资源与被影响角色的一致性会调节这种直接影响的显著性。工作/家庭角色活动中产生的资源，还会引发本角色中的高绩效，这种高绩效继而影响本角色中的积极情感，从而影响到另一个角色的高绩效和积极情感，在这个过程中，另一个角色会影响到资源对这个角色的高绩效和积极情感。

同时我们也应该意识到，模型还存在一些局限性。以后有关工作—家庭增益发生机理的研究应该更多地关注以下几个问题：首先，关于模型的验证。尽管 Greenhaus 和 Powell 提出的这一模型对工作—家庭增益研究的理论发展作出了重要贡献，但是这一理论模型还没有得到实证支持。对此模型的验证需要在必要的测量工具的开发和效度验证之后。因此建立较为成熟的对工作—家庭增益的整体测量和评价，并且在已有文献的基础上进一步开发和修正一些缓冲变量的测量，进而对模型进行实证检验，都是今后研究的重要内容。其次，这一模型中没有探讨家庭增益的相关维度。工作—家庭冲突研究一般从时间、压力和行为三个维度来剖析工作—家庭冲突，而这一理论模型是笼统地把工作—家庭增益作为一个单一维度的构念来考察，没有对其进行深刻解读。事实上，工作—家庭增益是一个多维度概念。如果是这样，那么不同的自变量会通过不同的路径来影响工作—家庭增益的不同维度。比如，支持性资源（如工作支持）可能更多地通过情感路径来影响工作—家庭情感性增益，而能量资源（如职业发展机会）则可能与工作—家庭工具性增益具有更强的相关性。继而，有关工作—家庭增益从个体层面向系统层面转移的研究有待加强。工作—家庭增益的发生都是以个体为载体，个体会把在工作领域获得的积极情感或物质资源向家庭领域转移。不过个体把在工作中获得的积极情感转移到家庭领域，最初只能提高个体对家庭的满意度，通过与其他家庭成员的有效沟通才能提高其他家庭成员的家庭满意度。最后，目前还缺少一个可把工作—家庭增益研究和工作—家庭冲突研究整合在一起的理论框架。工作—家庭冲突在工作家庭关系中作为工作—家庭增益的对立面，必然会影响工作—家庭增益，因此，有必要把对两者的研究整合在一个框架内，如探讨把工作—家庭冲突转化为工作—家庭增益的可能性和途径等问题。

（六）工作—家庭增益的测量

由于对工作和家庭相互之间积极的影响的研究开始得较晚，其测量工具发展得还不完善，同时由于学者们对这一关系的定义也各不相同，他们开发的测量工具也就不太统一，本书将对这方面的测量工具都做一阐述。

虽然现在学者们都同意工作—家庭增益是双向的，但在最初的研究中还没有达成这一共识，因此，有的测量工具是单向的，有的测量工具是双向的。有些测量工具仅仅是测量"积极溢出"并没有测量对其他领域的改善功能的作用。如 Kirchmeyer 根据 Sieber 提出的角色累积的四种回报开发的 15 个项目的量表，仅仅对工作—家庭积极溢出进行了测量。

Grzywacz 及其同事用 6 个项目对工作—家庭增益进行测量，其中 3 个项目评价工作对家庭的增益，3 个项目评价家庭对工作的增益。同时，Wayne 等人的量表包括了 8 个问题，分别用 4 道题目对两个方向的增益进行评价。所有这些测量项目，都体现了一致的工作—家庭增益观点，都对一种角色上的经历对其他角色的经历或结果产出的积极作用进行了评价。

Calson（2006）比较了各测量工具之间的差异，如表 7-1 所示，并在此基础上开发了测量工作—家庭增益的量表。该量表弥补了以前各测量工具的不足，该量表包括两个方向六个不同的维度，每个维度由三个项目构成，共 18 个项目，三个维度测量工作对家庭的增益，包括发展、情感和资本。另外三个维度测量家庭对工作的增益，包括发展、情感和效率。该量表具有良好的结构效度和关联效度；工作—家庭增益的 α 系数为 0.92，家庭—工作增益的 α 系数为 0.86，总的工作—家庭增益问卷的 α 系数为 0.92。

我国学者唐汉瑛、马红宇等（2009）根据国外的理论和研究成果，通过对武汉、长沙、上海等地 8 家企业的调查，编制了符合国内实际的工作—家庭增益问卷。该问卷共包括两个方向（工作—家庭增益和家庭—工作增益）、四个维度（工作—家庭工具性增益、工作—家庭心理性增益、家庭—工作工具性增益、家庭—工作心理性增益），共 14 个项目。该问卷具有良好的结构效度和关联效度；工作—家庭增益的 α 系数为 0.86，家庭—工作增益的 α 系数为 0.84，总的工作—家庭增益问卷的 α 系数为 0.89。

表 7-1 各测量工具的比较

各测量工具之间的比较

作者	测量的概念	α 系数	测量项目（项）	测量方向	是否区分不同维度	是否测量了对其他领域的改善功能
Tiedje 等（1990）	角色增强	0.71	9	单向	否	否
Cohen 等（1995）	资源丰富化	0.76	8	单向	否	否
Kirchmeyer（1995）	积极溢出	0.87	15	单向	否	否
Grzywacz（2000）	积极溢出	W－F 0.73 F－W 0.70	3 3	双向	否	否
Sumer and Knight（2001）	积极溢出	W－F 0.68 F－W 0.68	4 5	双向	否	否
Grzywacz and Bass（2003）	促进	W－F 0.73 F－W 0.70	3 3	双向	否	否
Calson（2006）	增益	W－F 0.92 F－W 0.86	9 9	双向	是	是
唐汉瑛等（2009）	增益	W－F 0.86 F－W 0.84	7 7	双向	是	是

（七）工作—家庭增益的影响因素

工作—家庭领域的现有研究探索了工作—家庭增益的影响因素，包括个体特征（如教育程度、年龄、性别、人格特质和家庭情况等），组织因素（组织支持、家庭友好型的工作环境）和家庭因素（家庭支持）。

（1）个体因素

根据生态系统理论，人与人之间存在差异。一部分人更容易将某一角色领域（工作或家庭）活动中的资源收益用于提高另一角色领域（家庭或工作）的绩效，其原因或是在于这部分人对角色资源的利用更为有效，或是对角色资源的组织能力更强，或是对提高工作或家庭角色绩效更尽力更有心。

从个体绩效角度看，高工作投入的个体容易感知到工作的意义，以此激励他不断接受挑战，更倾向于将知识技能等资源运用到角色领域（Bakker & Demerouti, 2007），更容易产生工作—家庭增益。Grzywacz 和 Marks（2000）进行了一项研究，评估了工作—家庭冲突和工作—家庭增益。研究发现，对于女性来说，低教育水平和低收入与工作对家庭的增益程度负相关。研究还发现，年轻的男性与年老的男性相比，年轻的男性经历较少的家庭对工作的增益化；此外，年轻的女性与年老的女性相比，年轻的女性经历更多的工作对家庭的增益化。Grzywacz 和 Marks 的另一研究发现，对女性来说，高神经质和工作—家庭增益呈显著的负相关，高外向性和工作—家庭增益呈显著的正相关；研究还证实工作控制感和工作对家庭的增益、家庭对工作的增益呈高度正相关。Grzywacz 等人用量表测量了工作对家庭的增益和工作对家庭的冲突（双向的），研究发现，个体随着年龄的增加，工作—家庭增益也增加。他们还发现黑人与白人相比，黑人报告较少的工作对家庭冲突，较多的家庭对工作的丰富化。他们认为，这个差异是由于在黑人的家庭里，有其他家庭成员来照顾小孩。

（2）组织因素

组织因素被认为是影响工作—家庭增益的另一个重要的因素。根据资源获取发展观，环境资源在工作—家庭增益中起着关键性作用，比如在工作场所中获得的报酬、发展机遇、职业声望、主管和同事支持等对于个体提高家庭领域的绩效来说尤为重要。

家庭友好的组织政策作为正式的组织支持，首先，增强员工对解决工作—家庭问题的支持感与控制感；其次，为个体的家庭需求提供更多的时间和关注，比如灵活的工作安排可以帮助员工（特别是女性员工）更加从容而合理地照顾家庭；最后，为个体照顾家庭带来了有效的资源，比如与养育子女相关的信息或服务推荐。简言之，家庭友好型的组织政策能够为员工的家庭生活提供各种资源，包括灵活的工作安排以及对照顾家人的支持，促进个体的工作—家庭增益。

（3）家庭因素

配偶支持、家庭关系与家庭互助是影响工作—家庭增益的主要家庭因素。配偶支持作为一种外部资源，能够为个体提供工具性支持和信息、情感支持。Grzywacz 等（2002）研究发现已经结婚的个体比没有结婚的个体体验到更多的工作—家庭增益；没有孩子的个体比有孩子的个体体验到更多的工作—家庭增益。Greenhaus 和 Powell（2006）的研究发现，个体与家庭其他成员之间的关系质量和家庭成员相互协助合作以及分担家庭责任的程度均与工作对家庭的增益（WFE）正相关，同时，个体与家庭其他成员之间的关系质量与家庭对工作的增益（FWE）正相关。从家庭生命周期视角的研究发现，是否为主干家庭对工作—家庭增益有明显影响。年轻夫妇（孩子处于学龄前 0—6 岁）时期主干家庭感知的工作—家庭增益比非主干家庭强烈。在成熟夫妇（孩子处于上学 7—17 岁）和年长夫妇（孩子上大学或工作 18 岁以上）时期，相比主干家庭，非主干家庭感知更多的工作家庭增益。另外，朋友支持和孩子支持作为其他社会支持的组成部分，与个体的工作—家庭增益存在显著的正相关关系。

（八）工作—家庭增益的结果变量

（1）工作相关结果变量

工作—家庭增益可能和工作相关的一些重要结果相关，包括工作满意度、情感承诺等。根据 Greenhaus 和 Powell（2006）的工作—家庭增益双路径模型可知，工作—家庭增益的影响路径之一是情感性途径，也就是说个体在一个角色领域中获得资源会通过影响个体的角色中的积极的情感而影响绩效。Wayne 等（2004）指出工作—家庭增益和工作满意度呈正相关但是和家庭满意度无关。Wayne 等（2006）研究显示工作—家庭增益和积极的工作态度呈显著正相关。Masuda 等（2009）研究显示工作—家庭增益和工作满意度、情感承诺呈显著的正相关，和离职意向无关。魏红艳（2009）的研究显示工作—家庭增益和工作绩效之间存在显著的正相关。

（2）家庭相关结果变量

Steenbergen 等（2007）研究显示工作—家庭增益和生活满意度呈正相关。Wayne 等（2004）研究发现家庭对工作的增益和家庭满意度呈显著正相关。魏红艳（2009）的研究显示工作—家庭增益和生活满意度之间存在显著的正相关。

（3）健康相关结果变量

Grzywacz（2000）研究工作—家庭增益和幸福感之间的关系时，发现工作对家庭的增益和家庭对工作的增益都和更好的心理健康呈正相关。工作—家庭增益也和自我报告的生理健康呈显著的正相关。Williams 等（2006）发现高工作—家庭增益和好的生理健康相关。Masuda 等（2009）研究显示工作—家庭增益和生理与心理健康呈显著的正相关。

二 工作投入研究

（一）工作投入的概念

学术界对工作投入的定义有很多，比较有代表性的是 Kahn、Maslach 和 Schaufeli 各自对工作投入的阐述。

（1）Kahn 的观点

Kahn（1990）是工作投入的最早提出者，受角色理论启发，Kahn 认为，自我与工作角色之间实际上是处在一种动态和相互转化的过程中：当工作投入较高时，个体会将自己的精力投入到角色行为中（self - employment），并在角色中展现自我（self - expression）；相反，当工作投入较低时，个体则会将自我抽离于工作角色之外，以避免自己创造出工作角色所需要的绩效，并有可能产生离职意愿。在此基础之上，Kahn 将工作投入分为生理（physical）、认知（cognitive）和情绪（emotional）三个维度。工作投入是员工的自我与其工作角色的结合，工作投入意味着个体在其工作角色扮演过程中，在生理、认知和情绪三个层次上表达和展现自我，而个体所拥有的身体、情绪和心理资源是工作投入的必要前提。

（2）Maslach 等的观点

Maslach 和 Leiter（1997）从工作投入与工作倦怠关系的角度来界定工作投入。他们认为，工作倦怠是个体不能有效应对工作上持续不断的各种压力而产生的一种长期反应，投入和倦怠是一个三维连续体的两个端点。对应于工作倦怠的三个维度——情绪衰竭（emotional exhaustion）、疏离感（cynicism）和职业自我效能感低落（reduced professional efficacy），工作投入的三个维度分别为精力（Energy）、卷入（Involvement）和效能（Efficacy）。工作投入位于积极的一端，是感觉到精力充沛，能有效地进入工作状态并与他人和谐相处的状态。在这种情况下，个体与组织均处于积极、高效的工作状态。而倦怠则位于消极一端，它是对工作投入的销蚀，个体会感觉到效能低、精力耗竭以及与工作或他人的疏离。在这种状态下，个体精力耗竭，卷入程度降低，效能感低下。

（3）Schaufeli 等的观点

与 Maslach 等不同，Schaufeli（2002）认为工作投入与工作倦怠并非简单的直接对立，而应是既相互联系又相对独立的两种心理状态，即它们应是中等程度负相关，是员工幸福感（Well - being）的两种原型，员工幸福感包括两个维度：激活（Activation）和快乐（Pleasure）。倦怠的特征是低的激活和快乐，而投入的特征则是高的激活和快乐。在理论推理和面谈的基础上，Schaufeli 及其同事将工作投入定义为个体的一种充满着持久的、积极的情绪与动机的完满状态，表现为活力（vigor）、奉献（dedication）和专注（absorption）三方面特征。活力指高水平的能量和恢复能力，愿意为工作付出努力，不容易疲劳，面对困难时有坚忍力。奉献指高强度的工作卷入，伴随对工作意义的肯定及高度的热情，以及自豪和受鼓舞的感觉。而专注指完全沉入到工作中的舒适状态，其特征为时间迅速流失，不能将自己从工作中脱离开来。

尽管 Kahn 首先提出了工作投入这一概念，但他的研究仅停留在思想阐述层面，没有实质性地提出可操作性定义和进行实证研究。Maslach 等人随后在理论和操作层面清晰定义了工作投入，但其工作也仅止步于此，仍没有继续深入。目前，Schaufeli 的研究团队走得最远，他们的看法得到数据的支持，成为学术界的主流。

（4）国内学者对工作投入的定义

国内学者对工作投入的定义有，徐艳（2007）认为工作投入是指个体心理上对目前工作的认同程度及其对工作表现出的重视程度，并积极主动参与工作；焦海涛（2008）认为工作投入是个人心理认同他的工作，或是工作对于其自我的重要性，即员工对其当前工作的投入程度；李锐（2007）认为工作投入指的是一种与工作相关的积极、完满的情绪与认知状态，具有持久性和弥散性的特点。翰威特咨询公司认为，工作投入是指员工乐意留在公司和努力为公司服务的程度，主要表现在三个方面：①说（say），员工不断向同事、潜在同事，尤其是向客户高度赞扬公司，在任何情形下都用一种积极、正面的语言来描述自己所在的公司、同事以及工作；②留任（stay），员工渴望留任，强烈希望成为公司一员，希望能够长久地留在公司，而不仅仅是把现有工作作为临时过渡；③努力工作（strive），竭尽所能，付出额外的努力并致力于那些能够促使公司获得成功的工作。

（二）工作投入与相似概念区分

（1）工作卷入与工作投入

工作卷入是指个体在心理上认同自己的工作的一种认知和信念状态（Kanungo，1982）。在这种状态中，工作被视作具有满足个体主要需求和期望的潜力。可见，工作卷入主要是认知上的判断。即个体判断出某项工作满足自己需求的程度有多大。工作投入与工作卷入不同之处在于，前者强调个体在工作时如何控制和展现自我，亦即除了认知成分之外，工作投入还包含了情感和行为层面的内容。相较而言，工作卷入较偏向于"静态"的解释，而工作投入则是一种"动态"的情况；个体即使认识到工作已经满足了自己的需求，仍有可能会产生不投入（disengage）的情况，工作卷入可被视为工作投入的前提和基础，即当工作投入较高时，个体将会更加认同自己的工作（May D. R., Gilson R. L., Harter L. M., 2004）。

（2）组织承诺与工作投入

组织承诺通常是指个体认同组织的目标和价值观，愿意为组织付出努力并希望继续留在组织。Kahn（1990）认为，尽管组织承诺有助于理解个体如何看待自己、自己的工作以及这二者的关系，但这种理解太过宽泛，与人们在特定工作情景中的日常表现和体验过程相去甚远；而工作投入则聚焦于个体对工作和工作情景的心理体验如何影响他们在任务执行过程中的自我实现。一般而言，工作投入高的个体往往也具有较高的组织承诺，反之亦然；但有时人们也可以具有较高的工作投入而组织承诺却较低，或具有较低的工作投入而组织承诺却较高。

（三）解释工作投入的理论模型

目前主要有两个理论模型解释工作投入的形成机制和影响作用：工作—个人匹配理论（Job – Person Fit Theory）和工作要求—资源模型（Job Demands – Resources Model）。

（1）工作—个人匹配理论

Maslach 等人基于工作—个人匹配理论把工作投入/倦怠过程中的个人与情境因素加以整合，用以解释工作投入的形成机制。当个体的情绪、动机或压力反应与工作/组织环境持久匹配时，就会产生工作投入；而不匹配时，则会产生工作倦怠（见图 7 - 5）。个体与工作情境的匹配度可从工作负荷、控制感、报酬、团队、公平以及价值观六个方面进行评定。个体与环境在这六个方面越匹配，工作投入的程度就越高；越不匹配，工作倦怠的可能性越高（Maslach et al., 1997）。此外，工作投入/工作倦怠是入职匹配与结果变量（如身心健康、工作满意度、承诺水平、工作绩效等）之间的中介变量。这个模型同时也说明，匹配的工作角色相关的资源可以有效预测工作投入的产生。

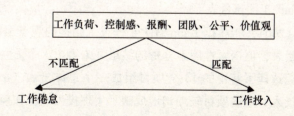

图 7 - 5　工作—个人匹配模型

（2）工作要求—资源模型

Schaufeli 采用工作要求—资源模型来解释工作投入的作用机制，见图
7-6。工作要求—资源模型源于工作要求—控制模型和资源保存理论，它
强调工作中的两类特性——工作要求和工作资源。工作要求指的是工作的
物理、社会和组织方面的要求，需要个体以生理和心理为代价，持续不断
地在身心方面付出努力。工作资源指来自于工作的物理、社会和组织方面
的资源，这些资源有益于实现工作目标，减轻工作要求，或者激励个人成
长、学习和发展。该模型的核心在于工作要求和工作资源分别引发出两种
心理过程：一种是影响健康的过程，持续的工作要求→耗尽员工精力→工
作倦怠→损害健康，此时工作倦怠是工作要求与个体健康的中介变量；另
一种是工作的动机过程：可得的工作资源→激发了员工工作动机→工作投
入→积极的工作结果→如组织承诺和组织绩效等。该模型得到了实证研究
支持，也有研究发现，工作要求—资源模型比工作要求—控制模型更具解
释效力（Bakker，2001）。通过这个模型，我们可以清晰地看到，工作角
色相关的资源，会通过工作投入来产生一系列积极的结果，工作资源与工
作投入正相关，工作投入与积极结果正相关。

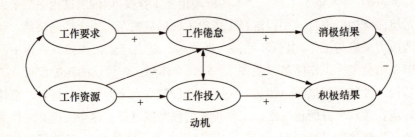

图 7-6　工作—要求资源模型

（四）工作投入的测量

（1）Kahn 13 项目量表

May 等（2004）曾根据 Kahn 有关工作投入结构的观点编制了一个 24
项目的预试量表，但探索性因素分析的结果并未得出 3 个独立且稳定的维
度，因此他们选择了其中的 13 个项目组成一个总体量表（α = 0.77）用
于测量工作投入，这些项目较均匀地反映了生理投入、认知投入及情绪投
入三方面的内容。

（2）Maslach 的 MBI 量表

Maslach 等（1997）认为，工作投入和工作倦怠是一个三维连续体的两个端点，投入的三个维度与倦怠的三个维度完全对应，因此，对于投入的测量也就是对于倦怠的测量。而对于倦怠的测量，Maslach 等（1997）曾开发了两个不同的工具 MBI（Maslach Burnout Inventroy）和 MBI-GS。而工作投入的测量可以通过对工作倦怠的测量的分数翻转得来。也就是说根据他们的观点，在耗竭和倦怠上的低分数，就意味着在工作投入上的效能感的高分数。

（3）Schaufeli 的 UWES 量表

Schaufeli（2002）等通过对工作投入水平较高的员工的访谈，对 Maslach 等（1997）将 MBI 和 MBI-GS 进行项目反转而对工作投入进行测量的方法提出了质疑，因为两个概念位于同一个连续体的两端，如果使用同一测量工具将难以考察工作投入和倦怠之间的关系。因此，他们主张用不同的测量工具来分别测量倦怠和投入。在此基础上他们开发了 Utrecht 工作投入量表（The Utrecht Work Engagement Scale，UWES）。该量表采用 7 级计分，从 0（从不）到 6（每天），也包括三个维度：活力、奉献和专注。活力包括 6 个项目，如"早上起床后，我非常喜欢去工作"、"我总是精力充沛地进行工作"等；专注包括 5 个项目，如"我对自己的工作充满热情"；专注包括 6 个项目，如"工作时，我忘掉了周围的一切"等。研究表明，UWES 三维度的内部一致性信度均大于 0.80，再测信度在 0.65 和 0.70 之间；在不同国家和职业群体中的研究表明，Utrecht 工作投入量表具有良好的心理测量学指标。之后，Schaufeli 还在此基础上，简化了 UWES 量表，用 9 个项目（每个维度三个项目）来测量工作投入。因此，UWES 有 UWES-17 和 UWES-9 两个不同版本的量表。

（五）工作投入的影响因素

实证研究发现影响工作投入的因素可分为人口统计学因素、工作特征因素等。这些因素对工作投入的具体影响如下：

（1）人口统计学因素

已有研究证明，性别、年龄、职业等人口学变量是工作投入的影响因素。关于性别的研究尚无定论，有研究发现男性的工作投入水平较女性更高。然而，Schaufeli 在分析了来自世界各地的 31916 个数据后发现，工作投入的性别差异并不显著；工作投入与年龄正相关，相关系数介于 0.05

和0.17之间；有研究显示，经理、企业家和农民三种职业的工作投入程度较高，而蓝领工人、警察和家庭护理员的工作投入较低，说明工作投入与职位和行业有关。一些涉及个性特征的研究表明，具有某些个性特征的员工工作更投入。坚韧、成就驱动、情绪智力等与工作投入正相关。

（2）工作特征

工作要求—资源模型具体解释了工作投入与工作倦怠是由不同的工作特征所引发，工作资源是前者的前因变量，工作要求则是后者的前因变量。工作资源的可得性、控制感、社会支持、主管支持、知觉到的组织支持、创新、绩效反馈、组织公平等都能激发员工更加投入工作。

（六）工作投入的结果变量

从现有文献来看，工作投入的结果变量研究主要集中在个体在工作场所和其他生活领域的态度与行为，心理与生理状态；另外，研究还关注到工作投入这一情绪在个体内与个体间的渗溢与传递作用。工作投入的影响结果具体如下：

（1）工作态度和工作行为

众多研究表明，工作投入能使员工快乐而高效地工作。高工作投入的员工对工作和组织有正面的态度、较高的工作满意度、工作卷入和组织承诺，以及较低的离职意向。工作投入还能促进员工个体绩效甚至组织绩效。在个体层面，工作投入能有效预测员工的工作绩效，工作投入程度较高的员工表现出更多的角色外行为和较低的缺勤率；在组织层面，员工快乐是企业有效的生产力（Happy – Productive Hypothesis），员工的工作投入能对整个组织绩效产生积极的影响，Harter 等分析了 2000 个企业的数据后发现，员工的工作投入与员工的安全绩效、组织生产力和盈利、客户满意度正相关，而与员工离职率负相关。

（2）主观幸福感和身体健康

研究表明，工作投入的状态还能帮助员工健康快乐地生活。Britt 等发现，当士兵处于压力情境中时，工作投入能起到缓冲压力的作用，帮助个体面对充满压力的工作，降低心理紧张程度。另一针对企业领导的研究也发现，高工作投入的领导在生活中总是伴随着高涨的积极情绪。另外，工作投入也能使个体维持良好的身体状态，研究发现，工作投入的员工较少患病，其心理与生理健康水平更高。

（3）工作投入的积极渗溢（spillover）和交错（crossover）

研究发现，通过渗溢和交错，工作投入这一积极心理状态还能传递到个体的生活领域和感染他人。渗溢是指情绪在工作与家庭两生活领域的相互影响和渗透。Rothbard 探讨了工作投入和家庭投入间的相互作用，发现男性的工作投入会增强其家庭投入；与此相反，女性对工作的投入会减少其对家庭的投入，但对家庭投入却会增强其工作投入。交错是指情绪在个体间的传递。工作投入的积极情绪不仅可以在工作领域扩散，还可在家庭领域传递。双职工夫妇间的情绪会互相感染，在控制了工作和家庭环境中一系列变量后，研究者发现，夫妻一方的工作投入和工作倦怠会传递给另一方。这些研究也在另一个方面验证了工作投入与工作—家庭关系之间的联系。

第二节　工作投入对工作—家庭增益的影响的数据研究与设计

一　研究设计

（一）研究假设

根据 Greenhaus 和 Powell（2006）提出的工作—家庭增益双路径理论模型，工作和家庭中的资源可以通过工具性途径和情感性途径促进工作—家庭增益。工具性途径指在工作（家庭）角色中积累的资源可以直接促进家庭（工作）角色中的表现；情感性途径指工作（家庭）中获得的资源对于工作（家庭）角色产生积极的情感影响，反过来促进家庭（工作）角色中的高绩效和积极情感。因此，通过工具性途径和情感性途径，工作（家庭）角色中的资源，会促进家庭（工作）角色中的高绩效，而家庭（工作）角色中的高绩效会促进家庭（工作）角色中的积极情感。所以，工作（家庭）角色中的资源可以直接影响家庭（工作）中的表现，可以通过影响本角色的高绩效和积极情感来影响另一个角色的高绩效和积极情感，也可以两者兼而有之。本书拟对此模型进行实证的验证，重点和难点就在于研究角色资源如何直接或间接影响工作—家庭增益，其路径是否如 Greenhaus 和 Powell 设想的一样，每个环节的影响系数又是什么。在间接影响过程中，角色资源是如何影响某个角色的高绩效和积极情感，然后影响工作—家庭增益。为了表述这个过程，关键在于寻找一个与角色资源相关同时与工作—家庭增益相关的变量，测量三者之间的关系及关系的紧密程度和因果关系。本书引入工作投入，作为这样一个变量，研究假设分为三步，首先，假设角色资源与工作投入相关；其次，假设工作投入与工作—家庭增益相关；最后，假设角色资源通过工作投入对工作—家庭增益产生影响。

借鉴工作投入的已有研究成果，如工作要求资源模型（JD－R model），验证了工作资源与工作投入正相关。这里的工作资源指生理的、社交的、组织的资源，这些资源可以（1）减少工作要求和与此相关的生理和心理成本；（2）帮助达到工作目标；（3）激励个体成长、学习和发展（Bakker & Demerouti, 2007; Schaufeli & Bakker, 2004）。工作角色中获得的支持，包括主管支持和同事支持，就是一种典型的工作资源。Halbesleben（2010）与Schaufeli和Bakker（2004）的研究都表明，主管同事支持和工作投入正相关。这两种支持从外在和内在促进工作投入。主管支持使员工觉得组织重视他们的贡献，关心他们的福祉，会增加员工的归属感和投入到工作中的意愿，促进高绩效的产生。同事支持给予员工愉快的工作氛围和互帮互助的心理预期，可以更好地投入工作，易于产生高绩效。Bakker（2008）的研究显示，同事的支持和来自于主管的适时反馈增加员工成功完成工作目标的可能性。

工作控制感是另一种工作要求资源模型中的工作资源。工作控制感是指员工自我感觉能够独立地控制自己的工作的程度，包括决定工作方法、工作程序、工作时间和地点以及付出多少努力等（Hackman & Oldham, 1976）。Hackman和Oldham（1987）的工作特性理论说明了工作控制感与内在动机因素之间的关系，每一个工作都有特定的内在激励因素，与工作特性相关。工作控制感作为工作的核心，会激发员工感受到关键的工作状态，进而影响个人和工作的进展。

另外，家庭的支持给员工提供了爱和工作的动力。家庭支持通过提供可操作性的建议和积极的情感影响，扮演了外在激励角色（Grzywacz & Marks, 2000）。家庭支持也可能是加强工作投入的重要的角色资源。

Greenhaus和Powell识别了五种可以促进工作—家庭增益的工作和家庭的角色资源。由于笔者的时间及精力限制，本书不会对五种角色资源一一列举一一验证，只是挑选一些角色资源作为研究模型的外生变量。根据以上所述，首先对这些角色资源与工作投入的关系，提出以下假设：

H1a：工作支持越高，工作投入越高

H1b：工作控制感越高，工作投入越高

H1c：家庭支持越高，工作投入越高

从工作投入的定义出发，Schaufeli 等将工作投入定义为个体的一种充满着持久的、积极的情绪与动机的完满状态，表现为活力（vigor）、奉献（dedication）和专注（absorption）三方面特征。从绩效角度看，高工作投入的员工认为他们的工作是有意义的，鼓舞性的，有挑战的；他们更容易将获得的知识、技能、资源运用起来，研究表明，工作投入与工作绩效正相关（Demerouti，2010）；同时，这种对知识、技能、资源的运用不局限于工作领域，还会溢出到工作以外的更广泛的范围如家庭领域（Bakker & Demerouti，2007）。从情感角度看，高工作投入的员工有积极的情感和认知，他们感到了工作的意义并充满活力，这是一种愉快的情感经历，这些积极愉快的情感经历会直接溢出到家庭领域，促进家庭角色的表现。工作投入表征了工作角色中的高绩效和积极的情感状态，工作投入的积极情绪不仅可以在工作领域扩散，还可在家庭领域传递，因此本书假设：

H2a：工作投入越高，工作对家庭的增益越强

H2b：工作投入越高，家庭对工作的增益越强

根据双路径模型，引起工作—家庭增益的是工作/家庭角色资源，影响途径有直接和间接两种。Grzywacz 和 Marks（2000）发现，工作控制感与积极的工作家庭溢出相关。Frone（2003）基于此，预测社会支持是工作对家庭增益的重要前因变量。家庭支持在理论上与家庭对工作的增益相关。Lu 等（2009）的研究结果基本支持了社会支持与工作—家庭增益相关这一观点。不仅如此，研究还发现，在社会支持上，重要的不是支持的是什么，而是谁去支持，来自于配偶的支持较好地预测了家庭对工作的增益，来自于主管和同事的支持较好地预测了工作对家庭的增益。另外，一些工作资源被发现与跨角色领域的家庭对工作的增益相关（Grzywacz & Marks，2000）。这些研究结论支持了角色资源可以直接影响工作—家庭增益，因此，本书提出如下假设：

H3a：工作支持越显著，工作对家庭的增益越强

H3b：工作控制感越高，工作对家庭的增益越强

H3c：家庭支持越显著，家庭对工作的增益越强

H3d：工作控制感越高，家庭对工作的增益越强

在间接影响途径中，工作投入扮演重要的中介作用。已有研究中关于工作家庭角色互动的前因变量，不少也是工作投入的前因变量。在选择适合的角色资源变量时，结合工作投入的已有研究成果，本书选择了工作相关的角色资源变量，分别是工作支持、工作控制感。在检验工作—家庭增益发生过程中，O'Driscoll、Brough 和 Kalliat（2006）发现导致工作—家庭增益的主要变量可以转化为工作相关的资源，当一个角色中的资源是可挖掘并可以运用到另一个角色时，工作—家庭增益更容易发生。与 Greenhaus 和 Powell 提出的理论模型一致，本书认为，来自于工作和家庭的资源并不一定直接导致工作—家庭增益，而有可能是工作和家庭的角色资源被运用到工作投入中，通过工作投入促进工作—家庭增益。也就是说，角色资源通过工作投入对工作—家庭增益产生影响。基于此，提出以下假设：

H4a：工作投入是工作支持和工作对家庭的增益之间的中介变量

H4b：工作投入是工作控制感和工作对家庭的增益之间的中介变量

H4c：工作投入是工作支持和家庭对工作的增益之间的中介变量

H4d：工作投入是工作控制感和家庭对工作的增益之间的中介变量

Grzywacz 等（2002）的研究显示，已婚夫妇比未婚者经历更多的工作—家庭增益，没有子女的个体比有子女的个体经历更多的工作—家庭增益，个体随着年龄的增加，工作—家庭增益也增加。实证研究也证明了个体的人口统计学因素对工作投入有影响。和工作投入相关的文献指出家庭友好型的组织政策，促进了工作—家庭增益和工作投入。家庭友好型的组织政策具体指，灵活的工作时间安排、儿童看护方面的福利政策等，这些政策会给员工带来时间安排的自主性，促进工作表现，对有家庭的员工来说给予照顾家庭的弹性，对于现阶段没有家庭的员工来说，传递一种关怀型的组织文化。明斯特大学（University of Münster）及柏林斯泰恩拜斯大学（Steinbeis University）的家庭友好型人力资源政策研究中心以 1001 家公司为代表进行了调查。研究及调查结果明确显示：家庭友好型公司员工的工作效率及工作积极性较非家庭友好型高出 17%，可节约 14% 的重组成本；家庭友好型公司员工的缺勤率较非家庭友好型低 16%，患病率也低 11%。

因此，本书假设：

H5a：个体的人口统计学因素对工作—家庭增益有影响

H5b：组织因素对工作—家庭增益产生影响

（二）研究模型

根据以上假设，本书提出了以下研究模型：

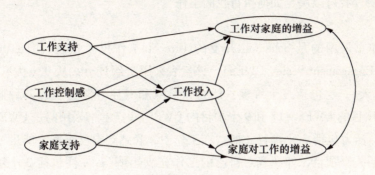

图7-7　研究模型

（三）研究对象

本书以知识型女性员工为研究对象，一方面，因为越来越多的女性员工进入职场，发挥着重要的作用；另一方面，传统观念中女性对家庭的责任往往大于男性，因此，研究女性的工作投入与工作—家庭增益之间的关系更加有意义。根据西方相关研究理论和我国本土研究成果，本书将女性知识型员工界定为：拥有一定的学历和收入，具备专业的知识或技能，并用智慧、知识为所在组织提供增值价值的人群。从工作性质上说，她们大多从事脑力劳动，所从事的工作具有较高的知识含量。从职业性质上说，她们一般是管理咨询人员、金融投资分析人员、法律事务人员、产品研发人员、科研教育人员、工程技术人员等。

（四）研究工具

本书的问卷填写对象是女性知识型员工，问卷分为角色资源量表、工作投入量表、工作—家庭增益量表等。

1. 角色资源量表

本书的角色资源分别是"工作的控制感"，工作角色中得到的支持包括主管支持和同事支持，简称"工作支持"，和家庭角色中得到的支持，简称"家庭支持"。工作支持和家庭支持采用 O'Driscoll、Brough 和 Kalliath（2004）开发的量表，该量表一致性信度均大于0.8。一共12个项目，如"是否重视和主管/同事/家人之间的关系"，"是否能在需要时得到来自于主管/同事/家人的帮助",采用 5 级计分,1 代表"非常不同意",5 代表"非常同意"。工作控制感采用的是 Hackman 和 Oldham(1975)开发的工作控制感量表,一致信度为 0.71,采用 5 级计分,一共三个项目,题项如"我可以决定如何执行我的工作"。

2. 工作投入量表

本书采用的是 Schaufeli 开发的 Utrecht 工作投入量表(The Utrecht Work Engagement Scale, UWES)。该量表采用 7 级计分,从 0(从不)到 6(每天),也包括三个维度:活力、奉献和专注。该量表有两种版本,17 个项目的 UWES – 17 和 9 个项目的 UWES – 9。本书采用的是 UWES – 9 量表。活力包括 3 个项目,如"在工作中,我感到自己迸发出能量";奉献包括 3 个项目,如"我对自己的工作充满热情";专注包括 3 个项目,如"虽然有时工作紧张,但我感到身心快乐"等。研究表明,UWES 三维度的内部一致性信度均大于 0.80,再测信度在 0.65 和 0.70 之间。

3. 工作—家庭增益量表

本书采用的是 Calson(2006)开发的工作—家庭增益的量表。该量表包括两个方向六个不同的维度,每个维度由三个项目构成,共 18 个项目,三个维度测量工作对家庭的增益,包括发展、情感和资本。另外三个维度测量家庭对工作的增益,包括发展、情感和效率。该量表具有良好的结构效度和关联效度;工作—家庭增益的 α 系数为 0.92,家庭—工作增益的 α 系数为 0.86,总的工作—家庭增益的 α 系数为 0.92。但需要注意的是,该问卷在国内并没有得到实证研究的支持,因此本书先通过小样本对这一量表进行预测。

预测时,本书先选取了 50 个样本,对这一量表的信度效度做了检测。预测显示,该量表的整体信度为 0.915,工作对家庭增益量表的信度是 0.884,家庭对工作增益量表的信度是 0.830。KMO 和 Bartlett 球体检验的结果显示 KMO 值为 0.810,球体检验为 0.000,可以进行因子分析。因子分析的结果显示按照最大方差法,抽取的主因子为 4 个,这虽然与 Calson(2006)的量表的维度不同,但是与我国学者唐汉瑛、马红宇等(2009)编制的工作—家庭增益问卷的因子构成颇为一致,命名为"工作—家庭工具性增益、工作—家庭情感性增益、家庭—工作工具性增益、家庭—工作情感性增益"。同时,笔者希望得出的是基于工作投入的工作—家庭增益发生的机制,因此工作—家庭增益维度的差异也不会影响本书的结果。

（五）数据分析方法

根据本次研究的目的和架构，对收集来的资料需要做如下的统计分析。首先作描述性统计分析和因子分析，并根据分析得出的结果检验问卷的信度和效度，然后做方差分析以及结构方程分析。采用 SPSS19.0 软件做相关分析等，用 LISREL8.7 软件做结构方程分析。

1. 信度效度分析

对每一个研究变量所包含的测量项目，用 Cronbach 进行内部一致性分析，以检测问卷的信度。效度分析，通过 KMO 和 Bartlett 特球体检验。同时，对问卷中的 39 个观测值进行因子分析，考察测量项目是否较好地分布于预先设想的 6 个潜在因子上，并根据分析结果对各维度再进行信度的检验。

2. 相关分析

用 SPSS 19.0 软件的 Correlate – Bivariate 对工作控制感、工作支持、家庭支持、工作投入、工作对家庭的增益和家庭对工作的增益进行相关分析，根据 Pearson 相关系数和显著性水平来衡量整体变量之间的关系。通过分析关键变量内部维度之间的关系，以便更为明确地得到各变量之间的相关关系，为结构方程做铺垫。

3. 结构方程分析

结构方程模型（SEM）是一种综合运用多元回归分析、路径分析和验证性因子分析形成的一种统计数据分析工具，可以解释一个或多个自变量与因变量间的相互关系。SEM 主要具有验证性功能，使研究者通过一定的统计手段对复杂的理论模型加以处理，并根据模型与数据关系的一致性程度对理论模式做出适当评价，从而证实或证伪研究者事先假设的理论模型。由于本书所涉及的变量主观性较强，并且相互关系比较复杂，在统计分析时采用传统的回归分析，效率低，效果也不理想。因此，本次研究采用结构方程分析探讨角色资源如何通过中介变量—工作投入，对工作—家庭增益产生影响。

4. 人口统计变量和组织变量的差异性分析

在这一项分析中，采用独立样本 t 检验和单因素方差分析法对所有变量进行人口统计因素和组织因素的差异性分析。用 SPSS19.0 软件的独立样本 t 检验，One – Way ANOVA 分析方法、LSD（Least – significant Difference），即最小显著差值法进行显著性检验，以验证 H5、H6 的各个研究假设。

二 统计分析

(一) 样本构成

本书的样本主要来自上海地区企事业单位的女性知识型员工，为了使被试人群更为广泛，被试的公司性质包括国有、民营、外资、合资、政府机构等不同性质的组织，分布在 IT 电子、房地产、交通运输、金融服务业、生产制造业、行政单位等不同的行业，被试从事的工作种类有研发、营销、管理、教育等不同的岗位。本次共发放调研问卷 260 份，回收 232 份（剔除男性样本），问卷回收率为 89.2%，剔除部分问题漏答的问卷后，有效问卷为 203 份，有效问卷回收率约为 87.5%。问卷发放和回收主要采取 E - mail、在线问卷等方式。被试基本情况如表 7 - 2 所示。

表 7 - 2　　　　　　　　被试分布情况统计　　　　　　单位：人，%

类别	项目	人数	百分比
年龄	22—30 岁	136	67.0
	31—40 岁	56	27.6
	40 岁及以上	11	5.4
	合计	203	100.0
工作年限	0—3 年	66	32.5
	3—5 年	33	16.3
	5—10 年	61	30.0
	10 年及以上	43	21.2
	合计	203	100.0
教育程度	专科及以下	8	3.9
	本科	153	75.4
	硕士	37	18.2
	硕士以上	5	2.5
	合计	203	100.0
婚姻状况	未婚	99	48.8
	已婚	104	51.2
	合计	203	100.0

续表

类别	项目	人数	百分比
有无子女	有子女	63	31.0
	无子女	140	69.0
	合计	203	100.0
是否和长辈 一起居住	和长辈一起居住	103	50.7
	不和长辈一起居住	100	49.3
	合计	203	100.0
公司类别	国有企业	50	24.6
	民营企业	26	12.8
	外商独资企业	76	37.4
	合资企业	27	13.3
	政府机构/事业单位	24	11.8
	合计	203	100.0
行业类别	IT电子	24	11.8
	房地产	16	7.9
	航空航天	16	7.9
	建筑设计	19	9.4
	交通运输	25	12.3
	金融服务业	39	19.2
	快速消费品	10	4.9
	能源原材料	11	5.4
	生产制造业	21	10.3
	文化教育	15	7.4
	医疗	7	3.4
	合计	203	100.0
职位	普通员工	100	49.3
	组长/主管	73	36.0
	部门经理	25	12.3
	总监/总经理/总裁	5	2.5
	合计	203	100.0
工作类型	研发人员	73	36.0
	管理人员	73	36.0
	营销人员	23	11.3

类别	项目	人数	百分比
工作类型	专业技术人员	30	14.8
	教师	4	1.9
	合计	203	100.0
弹性工作制	是	87	42.9
	否	116	57.1
	合计	203	100.0
儿童看护方面的福利	不提供	115	56.7
	提供	88	43.3
	合计	203	100.0

从上表中可以看出，被试的知识层次较高，96%以上的被试都拥有本科及以上的学历，样本符合了知识型员工的特点；本书通过工作投入探究工作—家庭增益产生的机理，样本的家庭情况会影响研究的结论，203个样本中涵盖了未婚、已婚，有子女和无子女的不同情况，可知这次调查的取样具有一定的代表性；同时，本书还希望考察工作制度以及儿童看护福利等家庭友好型的公司政策对工作—家庭增益的影响，样本涵盖了不同的情况，分布比较合理。

（二）量表的信度、效度分析

1. 角色资源量表信度效度分析

利用 SPSS19.0 统计软件，对角色资源量表 12 个题项进行整体信度分析，分析处理结果显示量表的整体 Cronba α 系数值为 0.751（大于 0.7），表明该量表一致性信度较好。

然后，我们对该量表进行了 KMO 测度和 Bartlett 球体检验。表 7 - 3 显示 KMO 值为 0.737（KMO > 0.6 就适合做因子分析），处于可接受范围

表 7 - 3　　　角色资源量表 KMO 测度和 Bartlett 球体检验结果

Kaiser - Meyer - Olkin 度量		0.737
Bartlett 球体检验	近似卡方	906.362
	df	66
	Sig.	0.000

之内，Bartlett 球体检验结果 Sig. = 0.000（小于 0.01），表明该量表的数据适合用来做因子分析。

在验证了整体量表信度、KMO 测度和 Bartlett 球体检验后，对角色资源量表进行探索性因子分析，采用了主成分分析法对 12 个题项进行主因子抽取，按照特征值 > 1 来确定主因子个数，并按最大方差法进行转轴，结果如表 7 - 4 所示。

一共抽取了三个主成分，累积贡献率 63.051%，与设计一致，分别命名为"工作的控制感"、"工作支持"和"家庭支持"。

表 7 - 4　　　　　　　　　　角色资源量表旋转成分矩阵

	成分		
	1	2	3
把握工作进度	0.909	- 0.021	0.069
决定工作方式	0.825	0.044	- 0.015
调配工作时间	0.788	0.045	0.136
与同事相处愉快	0.139	0.726	0.121
可以向同事求助	0.098	0.692	0.075
可以和同事一起奋斗	0.290	0.684	- 0.057
可以向主管求助	0.316	0.623	- 0.060
重视和主管关系	0.285	0.571	0.436
与主管相处融洽	0.514	0.517	0.102
和家人相处融洽	0.026	0.044	0.890
得到家人支持	0.035	0.003	0.885
重视家庭关系	0.099	0.211	0.732

注：提取方法：主成分。旋转法：具有 Kaiser 标准化的正交旋转法。旋转在 4 次迭代后收敛。

再计算三个因子的 Cronbach α 内部一致性系数，分别为"工作的控制感" Cronbach α 内部一致性系数为 0.846，"工作支持" Cronbach α 内部一致性系数为 0.728，"家庭支持" Cronbach α 内部一致性系数为 0.806，均在 0.7 以上，这说明测量的一致性程度较高并且内部结构良好。

2. 工作投入量表信度效度分析

利用 SPSS19.0 统计软件对工作投入 9 个题项进行可靠性分析，分析处理结果显示工作投入量表的整体 Cronbach α 系数值为 0.936（大于 0.9），表明该量表信度非常好。

然后，对工作投入量表进行了 KMO 测度和 Bartlett 球体检验。表 7 – 5 显示 KMO 值为 0.906（km > 0.9，非常适合做因子分析），Bartlett 球体检验结果 Sig. = 0.000（小于 0.01），表明该量表适合用来做因子分析。

表 7 – 5　　工作投入量表 KMO 测度和 Bartlett 球体检验结果

Kaiser – Meyer – Olkin 度量		0.906
Bartlett 球体检验	近似卡方	2339.747
	df	136
	Sig.	0.000

在验证了整体量表信度、KMO 测度和 Bartlett 球体检验后，对工作投入量表进行探索性因子分析，采用了主成分分析法对 9 个题项进行主因子抽取，按照特征值 > 1 来确定因子个数并按最大方差法进行转轴，结果如表 7 – 6 所示。

表 7 – 6　　　　　　工作投入量表旋转成分矩阵

	成分		
	1	2	3
为从事的工作感到自豪	0.833	0.199	0.169
对工作富有热情	0.778	0.097	0.394
工作激发了灵感	0.778	0.368	0.148
工作时忘我	0.146	0.726	0.077
即使工作紧张也感到快乐	0.298	0.667	0.157
享受专心工作	0.497	0.656	0.096
起床时乐意去上班	0.374	0.012	0.776
工作时迸发能量	-0.098	0.555	0.664
有能力胜任工作	0.586	0.024	0.588

注：提取方法：主成分。旋转法：具有 Kaiser 标准化的正交旋转法。旋转在 5 次迭代后收敛。

一共抽取了三个主成分，累积贡献率64.619%，与假设符合，分别命名为"奉献"、"专注"和"活力"。再计算三个因子的 Cronbach α 内部一致性系数，分别为"奉献"Cronbach α 内部一致性系数0.917，"专注"Cronbach α 内部一致性系数0.820，"活力"Cronbach α 内部一致性系数0.769，均在0.7以上，这说明测量的一致性程度较高并且内部结构良好。

3. 工作对家庭的增益量表信度效度分析

利用 SPSS19.0 统计软件对工作对家庭的增益量表9个题项进行可靠性分析，分析处理结果显示工作投入量表的整体 Cronbach α 系数值为0.872，表明该量表信度很好（大于0.8）。

然后，对工作对家庭的增益量表进行了 KMO 测度和 Bartlett 球体检验。表7-7显示 KMO 值为0.862（0.8—0.9，很适合做因子分析），Bartlett 球体检验结果 Sig.=0.000（小于0.01），表明该量表适合用来做因子分析。

表7-7 工作对家庭增益量表 KMO 测度和 Bartlett 球体检验结果

Kaiser–Meyer–Olkin 度量		0.862
Bartlett 球体检验	近似卡方	826.761
	df	36
	Sig.	0.000

在验证了整体量表信度、KMO 测度和 Bartlett 球体检验后，对量表进行探索性因子分析，采用了主成分分析法对9个题项进行主因子抽取，按照特征值>1来确定因子个数并按最大方差法进行转轴，结果如下：

一共抽取了两个因子，累积贡献率62.825%，分别命名为"工作对家庭的工具性增益"和"工作对家庭的情感性增益"。再计算两个因子的 Cronbach α 内部一致性系数，分别为"工作对家庭的工具性增益"Cronbach α 内部一致性系数为0.822，"工作对家庭的情感性增益"Cronbach α 内部一致性系数为0.771，均在0.7以上，这说明测量的一致性程度较高并且内部结构良好。

4. 家庭对工作的增益量表信度效度分析

利用 SPSS19.0 统计软件对家庭对工作的增益量表9个题项进行可靠

表 7 - 8　　　　　　　　工作对家庭的增益量表旋转成分矩阵

	成分	
	1	2
工作中获得的知识与家人分享	0.822	0.096
工作中获得的技能运用到家庭中	0.774	0.246
工作中学会倾听和理解，更好与家人相处	0.712	0.181
工作让生活充实，收入满足家庭物质需求	0.683	0.311
工作中获得的社会资源对家庭有帮助	0.565	0.547
工作中得到的欢乐与家人分享	0.013	0.832
工作中的好状态也会延续到家庭中	0.422	0.689
工作的灵活性让我有更多时间陪伴家人	0.240	0.673
工作让我积极看待问题，融入家庭生活	0.595	0.616

注：提取方法：主成分。旋转法：具有 Kaiser 标准化的正交旋转法。旋转在 3 次迭代后收敛。

性分析，分析处理结果显示工作投入量表的整体 Cronbach α 系数值为 0.865，表明该量表信度非常好（大于 0.8）。

　　然后，对家庭对工作的增益量表进行了 KMO 测度和 Bartlett 球体检验。表 7 - 9 显示 KMO 值为 0.846（0.8—0.9，很适合做因子分析），Bartlett 球体检验结果 Sig. = 0.000（小于 0.01），表明该量表适合用来做因子分析。

表 7 - 9　　　家庭对工作的增益 KMO 测度和 Bartlett 球体检验结果

Kaiser - Meyer - Olkin 度量		0.846
Bartlett 球体检验	近似卡方	808.640
	df	36
	Sig.	0.000

　　在验证了整体量表信度、KMO 测度和 Bartlett 球体检验后，对量表进行探索性因子分析，采用了主成分分析法对 9 个题项进行因子抽取，按照特征值 >1 来确定因子个数并按最大方差法进行转轴，结果如表 7 - 10 所示。

表7-10　　　　　　　　　　家庭对工作的增益旋转成分矩阵

	成分	
	1	2
出于满足家庭需求的目的，更加专注于工作，更容易晋升加薪	0.906	0.142
为更好地照顾家庭，尽量减少工作中的时间浪费，提高工作效率	0.831	0.259
为更好地享受家庭生活，被激励在工作时间内保持专注	0.824	0.207
与家人相处的过程中了解新信息，为工作提供新思路	0.604	0.348
家庭生活的幸福感使我有好的心情工作	0.134	0.805
家庭生活让我学会耐心和宽容，使我在工作中表现更好	0.253	0.731
家人的支持使我更积极地工作	0.144	0.683
在家庭中得到了休息，使我更好地投入工作	0.415	0.584
家人相处让我更懂得体谅别人，更好地处理工作问题	0.471	0.504

注：提取方法：主成分。旋转法：具有 Kaiser 标准化的正交旋转法。旋转在 3 次迭代后收敛。

一共抽取了两个因子，累积贡献率61.665%，分别命名为"家庭对工作的工具性增益"，"家庭对工作的情感性增益"。再计算两个因子的Cronbach α 内部一致性系数，分别为"家庭对工作的工具性增益"Cronbach α 内部一致性系数0.852，"家庭对工作的情感性增益"Cronbach α 内部一致性系数0.774，均在0.7以上，这说明测量的一致性程度较高并且内部结构良好。

问卷的信度小结如下，信度皆大于0.7，问卷的整体信度良好，每个维度的信度也达到一致性水平。

三　相关分析

相关分析可以说明各因素之间是否存在关系以及关系的紧密度与方向。本书的研究模型假设女性知识型员工的工作控制感、工作支持、家庭支持与工作投入正相关，家庭支持与家庭对工作的增益正相关，工作投入与工作对家庭的增益、家庭对工作的增益正相关，预测工作投入是工作角色资源影响工作对家庭的增益的中介变量，工作投入是工作的控制感影响工作对家庭的增益和家庭对工作的增益的中介变量，工作投入是家庭角色资源影响家庭对工作的投入的中介变量。在结构方程之前，本节将对这些假设进行验证和探讨。

表 7 –11 量表信度小结

变量名称	信度		项目数	
角色资源	工作的控制感	0.846	0.751	3
	工作支持	0.728		6
	家庭支持	0.806		3
工作投入	奉献	0.917	0.936	3
	专注	0.820		3
	投入	0.769		3
工作对家庭的增益	工作对家庭的情感性增益	0.771	0.782	4
	工作对家庭的工具性增益	0.822		5
家庭对工作的增益	家庭对工作的情感性增益	0.852	0.865	4
	家庭对工作的工具性增益	0.774		5

为了探讨女性知识型员工工作控制感、工作支持、家庭支持、工作投入、工作对家庭的增益、家庭对工作的增益之间的影响作用，本节首先将工作控制感、工作支持、家庭支持、工作投入、工作对家庭的增益、家庭对工作的增益各变量进行相关分析，结果如表 7 – 12 所示。

由表 7 – 12 我们发现，在 0.01 的显著性水平上，工作投入与工作控制感、工作支持、家庭支持、工作对家庭的增益、家庭对工作的增益正相关，验证了假设 H1a（工作支持越高，工作投入越高）、H1b（工作控制感越高，工作投入越高）和 H1c（家庭支持越高，工作投入越高）、H2a（工作投入越高，工作对家庭的增益越强）和 H2b（工作投入越高，家庭对工作的增益越强）中变量的相关关系。

在 0.01 的显著性水平上，工作控制感与工作对家庭的增益、家庭对工作的增益正相关，验证了假设 H3b（工作控制感越高，工作对家庭的增益越强）和 H3d（工作控制感越高，家庭对工作的增益越强）中变量的相关关系。在 0.01 的显著性水平上，家庭支持与家庭对工作的增益正相关，验证了假设 H3c（家庭支持越显著，家庭对工作的增益越强）变量之间的相关关系。

在对各个变量进行了相关分析之后，本节还对变量各个维度之间进行了相关分析，如表 7 – 13 所示。可以发现，工作控制感与工作投入、工作对家庭增益和家庭对工作的增益各维度显著相关，基本都达到了 0.01 的

显著性水平。家庭支持在 0.01 的显著水平上与家庭对工作的增益的两个
维度正相关。工作支持与工作投入各维度的相关性要大于工作投入与工作
对家庭的增益、家庭对工作的增益各维度的相关性，工作投入可能部分中
介了工作支持与工作对家庭的增益和家庭对工作的增益之间的关系。工作
投入三个维度与工作对家庭的增益两个维度、家庭对工作的增益两个维度
在 0.01 的显著性水平上相关。

我们验证了大部分假设中的变量之间的相关关系之后，下一步通过结
构方程来进一步指明变量之间关系的方向，说明变量之间是否存在因果关
系及其路径系数。

表 7－12 各变量之间的相关性分析

		工作控制感	工作支持	家庭支持	工作对家庭的增益	工作投入	家庭对工作的增益
工作控制感	Pearson 相关性	1					
	显著性（双侧）						
	N	203					
工作支持	Pearson 相关性	0.204**	1				
	显著性（双侧）	0.003					
	N	203	203				
家庭支持	Pearson 相关性	0.135	0.198**	1			
	显著性（双侧）	0.055	0.005				
	N	203	203	203			
工作对家庭的增益	Pearson 相关性	0.387**	0.137	0.132	1		
	显著性（双侧）	0.000	0.051	0.060			
	N	203	203	203	203		
工作投入	Pearson 相关性	0.336**	0.207**	0.211**	0.384**	1	
	显著性（双侧）	0.000	0.003	0.002	0.000		
	N	203	203	203	203	203	
家庭对工作的增益	Pearson 相关性	0.367**	0.167*	0.392**	0.705**	0.422**	1
	显著性（双侧）	0.000	0.017	0.000	0.000	0.000	
	N	203	203	203	203	203	203

注：*表示在 0.01 水平（双侧）上显著相关。**表示在 0.05 水平（双侧）上显著
相关。

表 7－13　　各维度之间的相关性分析

		工作控制感	工作支持	家庭支持	奉献	专注	活力	工作对家庭工具性增益	工作对家庭情感性增益	家庭对工作情感性增益	家庭对工作工具性增益
工作控制感	Pearson 相关性	1									
	显著性（双侧）										
	N	203									
工作支持	Pearson 相关性	0.204**	1								
	显著性（双侧）	0.003									
	N	203	203								
家庭支持	Pearson 相关性	0.135	0.198**	1							
	显著性（双侧）	0.055	0.005								
	N	203	203	203							
奉献	Pearson 相关性	0.354**	0.238**	0.180*	1						
	显著性（双侧）	0.000	0.001	0.010							
	N	203	203	203	203						
专注	Pearson 相关性	0.306**	0.088	0.222**	0.711**	1					
	显著性（双侧）	0.000	0.211	0.001	0.000						
	N	203	203	203	203	203					

续表

		工作控制感	工作支持	家庭支持	奉献	专注	活力	工作对家庭工具性增益	工作对家庭情感性增益	家庭对工作情感性增益	家庭对工作工具性增益
活力	Pearson 相关性	0.163*	0.185**	0.170*	0.703**	0.607**	1				
	显著性（双侧）	0.020	0.008	0.015	0.000	0.000					
	N	203	203	203	203	203	203				
工作对家庭工具性增益	Pearson 相关性	0.309**	0.070	0.136	0.334**	0.239**	0.290**	1			
	显著性（双侧）	0.000	0.320	0.053	0.000	0.001	0.000				
	N	203	203	203	203	203	203	203			
工作对家庭情感性增益	Pearson 相关性	0.407**	0.188**	0.106	0.406**	0.229**	0.347**	0.685**	1		
	显著性（双侧）	0.000	0.007	0.133	0.000	0.001	0.000	0.000			
	N	203	203	203	203	203	203	203	203		
家庭对工作情感性增益	Pearson 相关性	0.287**	0.114	0.391**	0.389**	0.273**	0.240**	0.583**	0.545**	1	
	显著性（双侧）	0.000	0.105	0.000	0.000	0.000	0.001	0.000	0.000		
	N	203	203	203	203	203	203	203	203	203	
家庭对工作工具性增益	Pearson 相关性	0.367**	0.182**	0.317**	0.402**	0.254**	0.373**	0.575**	0.619**	0.609**	1
	显著性（双侧）	0.000	0.009	0.000	0.000	0.000	0.000	0.000	0.000	0.000	
	N	203	203	203	203	203	203	203	203	203	203

注：* 表示在 0.05 水平（双侧）上显著相关。** 表示在 0.01 水平（双侧）上显著相关。

四 结构方程分析

（一）初始结构方程

根据要求，结构方程样本数在 100 以下不宜；样本量与题项数比例至少要在 5：1 以上，本书的样本量为 203，题项数 39，符合以上要求。基于量表的信度、效度分析，以及第三章的构思模型和上一节相关分析的部分验证结果，本节将理论模型中的所有变量放在一起，采取 LISREL8.7 软件来构建工作支持、工作控制感、家庭支持、工作投入、工作对家庭的增益和家庭对工作的增益之间关系的结构方程模型，探究各因子之间的因果关系。本书按照上文因子分析的结果，对外生潜变量工作支持、工作控制感、家庭支持和内生潜变量工作投入、工作对家庭的增益、家庭对工作的增益进行整体模型分析，以验证模型的拟合程度，并对初始方程模型进行修正，最终对各个假设进行检验和路径分析。

根据原来的概念模型和理论假设构建初始结构方程模型，三个外生潜变量"工作支持"、"工作控制感"和"家庭支持"对内生潜变量"工作投入"有直接的影响，"工作投入"对"工作对家庭的增益"和"家庭对工作的增益"有直接的影响，"工作支持"对"工作对家庭的增益"有直接影响，"工作控制感"对"工作对家庭的增益"和"家庭对工作的增益"有直接影响，"家庭支持"对"家庭对工作的增益"有直接影响，"工作支持"通过"工作投入"来影响"工作对家庭的增益"和"家庭对工作的增益"，"工作控制感"通过"工作投入"来影响"工作对家庭的增益"和"家庭对工作的增益"。

利用 LISREL 8.7 软件对初始结构方程模型进行估计与检验，结果如下：

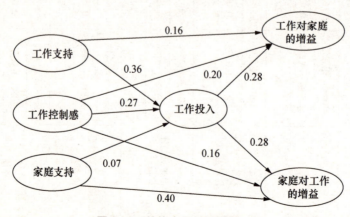

图 7 - 8 结构方程初始模型 M_1

各拟合指标分别为：$\chi^2/df = 2.91$，P – value = 0.00000，RMSEA = 0.097，CFI = 0.89，NNFI = 0.88。一般认为，对于结构方程模型分析方法而言，如果 RMSEA 在0.08以下（越小越好），NNFI、CFI 在0.9以上（越大越好），χ^2/df 在3.0以下，所拟合的模型是一个"好"模型（侯杰泰、温忠麟、成子娟，2004）。上面所有指标均表明初始模型拟合得较好，但还需要进一步对模型进行调整以更符合数据所反映的模型，结构方程初始模型 M_1 路径系数见表7 – 14。

表7 – 14　　　　　　　结构方程初始模型 M_1 路径系数

结构方程初始模型 M_1 路径	标准化系数	T 值	T 值检验（T > 1.96）
工作支持（工作对家庭的增益）	0.16	1.72	不符合，需删除
工作支持（工作投入）	0.36	3.94	符合
工作控制感（工作对家庭的增益）	0.2	2.45	符合
工作控制感（工作投入）	0.27	3.45	符合
工作控制感（家庭对工作的增益）	0.16	2.16	符合
家庭支持（家庭对工作的增益）	0.40	4.57	符合
家庭支持（工作投入）	0.07	1.01	不符合，需删除
工作投入（工作对家庭的增益）	0.28	3.02	符合
工作投入（家庭对工作的增益）	0.28	3.27	符合

（二）结构方程修正

根据 T 值 < 1.96，需要删除的路径有两条，家庭支持→工作投入，工作支持→工作对家庭的增益，按照路径系数小的先删除的原则，先删除 T 值为1.01的"家庭支持→工作投入"路径，运行程序，此时，"工作支持→工作对家庭的增益"路径 T 值为1.72，仍小于1.96，需删除此路径，运行程序，得到如下修正后的结构方程模型 M_2。

各拟合指标分别为：$\chi^2/df = 2.86$，P – value = 0.00000，RMSEA = 0.093，CFI = 0.91，NNFI = 0.90。M_2 与 M_1 相比，χ^2/df 下降了0.05，RMSEA 下降了0.004，CFI 增加了0.02，NNFI 增加了0.02，因而 M_2 比 M_1 能更好地拟合数据。因此得到最终的结构方程模型 M_2 如图7 – 9所示。

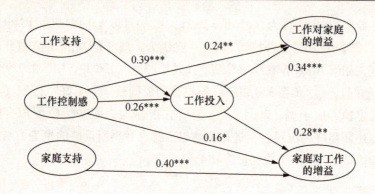

图7-9 结构方程模型 M₂

注：**表示在0.01水平（双侧）上显著相关。***表示在0.001水平（双侧）上显著相关。

表7-15 修正后的结构方程模型 M₂ 路径系数

修正后结构方程模型 M₂ 路径	标准化系数	T 值	T 值检验（T>1.96）
工作支持（工作投入）	0.39	4.51	符合
工作控制感（工作对家庭的增益）	0.24	3.00	符合
工作控制感（工作投入）	0.26	3.41	符合
工作控制感（家庭对工作的增益）	0.16	2.15	符合
家庭支持（家庭对工作的增益）	0.40	4.58	符合
工作投入（工作对家庭的增益）	0.34	3.95	符合
工作投入（家庭对工作的增益）	0.28	3.48	符合

（三）整体影响和间接影响分析

上文验证了变量之间的因果关系和路径系数，描述了变量之间的直接影响。还需验证变量之间的整体影响效果和间接影响效果。利用 LISREL 8.7 软件相关功能，得到外生潜变量与内生潜变量之间的整体影响效果如表7-16所示，外生潜变量与内生潜变量之间的间接影响效果如表7-17所示。

对比表7-16和表7-17，可以发现，"工作支持"对"家庭对工作的增益"的整体效果等于间接效果，说明"工作支持"对于"家庭对工作的增益"没有直接影响，"工作支持"是通过"工作投入"来影响"家庭对工作的增益"，影响的路径系数是0.11（显著水平0.05），即"工作投入"是"工作支持"影响"家庭对工作的增益"的中介变量。同理，"工作支持"对"工作对家庭的增益"的整体效果等于间接效果，说明

表 7 – 16 外生潜变量与内生潜变量之间的整体影响效果

		工作支持	工作控制感	家庭支持
家庭对工作的增益	整体影响	0.11**	0.24**	0.40***
	P 值	(0.04)	(0.08)	(0.09)
	T 值	2.82	3.09	4.58
工作对家庭的增益	整体影响	0.13**	0.34***	—
	P 值	(0.04)	(0.08)	
	T 值	3.11	4.05	
工作投入	整体影响	0.39***	0.26***	
	P 值	(0.09)	(0.08)	
	T 值	4.51	3.41	

注：**表示在 0.01 水平（双侧）上显著相关。***表示在 0.001 水平（双侧）上显著相关。

表 7 – 17 外生潜变量与内生潜变量之间的间接影响效果

		工作支持	工作控制感	家庭支持
家庭对工作的增益	整体影响	0.11**	0.07*	—
	P 值	(0.04)	(0.03)	
	T 值	2.82	2.48	
工作对家庭的增益	整体影响	0.13*	0.09**	—
	P 值	(0.04)	(0.03)	
	T 值	3.11	2.69	
工作投入	整体影响	—	—	—
	P 值			
	T 值			

注：**表示在 0.01 水平（双侧）上显著相关。***表示在 0.001 水平（双侧）上显著相关。

"工作支持"通过中介变量"工作投入"影响"工作对家庭的增益"，路径系数是 0.13（显著水平 0.05）。以上，验证了假设 H4a（工作投入是工作支持和工作对家庭的增益之间的中介变量）和 H4c（工作投入是工作支持和家庭对工作的增益之间的中介变量）。

还可以看出，"工作控制感"对"家庭对工作的增益"不仅有直接影响效果还有间接影响效果，其整体影响效果系数为 0.24，间接影响效果系数为 0.07，通过"工作投入"这个中介变量间接影响"家庭对工作的增益"。"工作控制感"对"工作对家庭的增益"的整体影响效果系数为0.34，包括直接影响和间接影响，间接影响通过"工作投入"来实现，影响系数为 0.09。验证了假设 H4b（工作投入是工作控制感和工作对家庭的增益之间的中介变量）和 H4d（工作投入是工作控制感和家庭对工作的增益之间的中介变量）。

最后，"家庭支持"对"家庭对工作的增益"的整体影响是直接影响，系数为 0.40。

五 假设检验

通过量表的信度效度分析、探索性因子分析及结构方程建模，至此，已经对变量之间关系的假设进行了探讨，表 7-18 对 H1，H2，H3，H4 的假设进行了检验，并列出了结构方程检验的路径系数。

表 7-18　　　　　　　结构方程模型路径的估计及检验值

研究假设	结构方程标准化系数	T值	检验结果
H1a：工作支持越高，工作投入越高	0.39 ***	4.51	通过
H1b：工作控制感越高，工作投入越高	0.26	3.41	通过
H1c：家庭支持越高，工作投入越高	0.07	1.01	未通过
H2a：工作投入越高，工作对家庭的增益越强	0.34 ***	3.95	通过
H2b：工作投入越高，家庭对工作的增益越强	0.28 ***	3.48	通过
H3a：工作支持越高，工作对家庭的增益越强	0.16	1.72	未通过
H3b：工作控制感越高，工作对家庭的增益越强	0.24 **	3.00	通过
H3c：家庭支持越高，家庭对工作的增益越强	0.40 ***	4.58	通过
H3d：工作控制感越高，家庭对工作的增益越强	0.16 *	2.15	通过
H4a：工作投入是工作支持和工作对家庭的增益之间的中介变量	0.13 **	3.11	通过
H4b：工作投入是工作控制感和工作对家庭的增益之间的中介变量	0.09 **	2.69	通过
H4c：工作投入是工作支持和家庭对工作的增益之间的中介变量	0.11 **	2.82	通过
H4d：工作投入是工作控制感和家庭对工作的增益之间的中介变量	0.07 *	2.48	通过

注：* 表示 $1.96 < T$ 值 < 2.58。** 表示 $2.58 < T$ 值 < 3.28。*** 表示 T 值 > 3.28。

大部分假设通过了检验，除了假设 H1c（家庭支持越显著，工作投入越高）和 H3a（工作支持越高，工作对家庭的增益越强）未通过检验。这其实也是可以理解的，说明家庭支持作为家庭角色的资源，对家庭对工作的增益直接产生影响，这也符合双路径模型的构念。工作支持不是直接对工作对家庭的增益产生影响，说明角色资源并不一定能对工作—家庭增益产生影响，只有那些影响了一个角色的表现（通过工作投入来达到工作角色的高绩效和积极情感）的角色资源才会对工作—家庭增益产生影响，产生工作—家庭增益，也符合了模型的假设。

需要说明的是，工作控制感不仅对工作—家庭增益产生直接影响，还通过工作投入对工作—家庭增益产生间接影响，工作控制感对工作对家庭增益的影响的整体效果为 0.34，对家庭对工作的增益的整体影响效果为 0.24。

六 人口统计学、组织因素差异性分析

在这一部分，我们主要采用 SPSS19.0 软件的独立样本 t 检验和单因素方差分析来检验不同变量人口统计学因素、组织因素上的差异。

（一）不同婚姻状况的女性员工工作—家庭增益的差异性分析

对不同婚姻状况的女性知识型员工在研究各变量的平均得分上进行独立样本 t 检验，具体结果见表 7-19。可以看出，婚姻状况在家庭支持维度上有显著差异（显著性水平 0.05），已婚女性得到更高的家庭支持。同时，婚姻状况在工作投入维度也存在显著差异（显著性水平 0.01），已婚女性的工作投入程度较高。婚姻状况在工作对家庭增益维度和家庭对工作增益维度皆存在显著差异，显著性水平达到了 0.001，已婚女性经历更高的工作对家庭的增益和家庭对工作的增益。

表 7-19　　　　　　　不同婚姻状况的差异检验

	婚姻状况	N	均值	标准差	t	df	Sig.（双侧）
工作控制感	0	99	3.8013	0.61522	-1.859	201	0.064
	1	104	3.9679	0.65938			
工作支持	0	99	3.9731	0.46150	-0.533	201	0.595
	1	104	4.0080	0.47276			
家庭支持	0	99	4.5185	0.50669	-2.182	201	0.030*
	1	104	4.6699	0.48158			
工作对家庭的增益	0	99	3.4209	0.50998	-3.685	201	0.000***
	1	104	3.7329	0.67976			

续表

	婚姻状况	N	均值	标准差	t	df	Sig.（双侧）
工作投入	0	99	3.3547	0.88879	-3.004	201	0.003**
	1	104	3.7262	0.87329			
家庭对工作的增益	0	99	3.7228	0.42662	-3.807	201	0.000***
	1	104	3.9808	0.53038			

注：0＝未婚，1＝已婚。*表示 P＜0.05，**表示 P＜0.01，***表示 P＜0.001。

（二）有无子女的女性员工工作—家庭增益的差异性分析

对有无子女的女性知识型员工在研究各变量的平均得分上进行独立样本 t 检验，结果见表 7-20。可以看出，在 0.05 的显著性水平上，有无子女在工作控制感维度和工作投入维度上有显著差异。无子女的女性有更高的工作控制感，有子女的有更高的工作投入。

表 7-20　　　　　　　　　有无子女的差异检验

	有无子女	N	均值	标准差	t	df	Sig.（双侧）
工作控制感	0	140	3.9548	0.64622	2.275	201	0.024*
	1	63	3.7354	0.61101			
工作支持	0	140	4.0167	0.47196	1.171	201	0.243
	1	63	3.9339	0.45253			
家庭支持	0	140	4.5976	0.48063	0.066	201	0.947
	1	63	4.5926	0.54029			
工作对家庭的增益	0	140	3.5389	0.62952	-1.434	201	0.153
	1	63	3.6737	0.59764			
工作投入	0	140	3.4613	0.87549	-1.994	201	0.047*
	1	63	3.7311	0.92688			
家庭对工作的增益	0	140	3.8381	0.50160	-0.717	201	0.474
	1	63	3.8924	0.49327			

注：0＝无子女，1＝有子女。*表示 P＜0.05，**表示 P＜0.01，***表示 P＜0.001。

（三）是否和长辈一起居住的女性员工工作—家庭增益的差异性分析

对是否和长辈一起居住的女性知识型员工在研究各变量的平均得分上进行独立样本 t 检验，具体结果见表 7 - 21。可以看出，在 0.05 的显著性水平上，是否和长辈一起居住对女性员工的家庭支持有显著差异，不和长辈一起居住的女性员工有更高的家庭支持。在 0.01 的显著性水平上，是否和长辈一起居住的女性知识型员工在工作支持上有显著差异，不与长辈一起居住的小辈有更高的工作支持。

表 7 - 21　　　　　　　　有无和长辈一起居住的差异检验

	有无和长辈一起居住	N	均值	标准差	t	df	Sig.（双侧）
工作控制感	0	100	3.8867	0.65515	-0.001	201	0.999
	1	103	3.8867	0.63238			
工作支持	0	100	4.0900	0.46143	3.041	201	0.003 **
	1	103	3.8948	0.45314			
家庭支持	0	100	4.6867	0.48506	2.587	201	0.010 *
	1	103	4.5081	0.49802			
工作对家庭的增益	0	100	3.6356	0.59071	1.240	201	0.216
	1	103	3.5275	0.64839			
工作投入	0	100	3.6259	0.83103	1.265	201	0.207
	1	103	3.4666	0.95645			
家庭对工作的增益	0	100	3.8744	0.51166	0.548	201	0.584
	1	103	3.8360	0.48702			

注：0 = 不和长辈一起居住，1 = 和长辈一起居住。* 表示 P < 0.05，** 表示 P < 0.01。

（四）不同年龄的女性员工工作—家庭增益的差异性分析

对不同年龄的女性知识型员工在各变量的平均得分上进行单因素方差分析，具体结果见表 7 - 22。可以看出，在 0.01 的显著性水平上，年龄在工作控制感维度上有显著差异。进一步的 LSD 多重比较表明，22—30 岁的女性员工比起 30—40 岁的员工有更多的工作控制感，但差异不大，30—40 岁的女性员工比 40 岁以上的女性员工有更多的工作控制感，差异相对较大，年龄与工作控制感负相关。

表 7 - 22   年龄对各变量显著性的单因素方差分析

		平方和	df	均方	F	显著性
工作控制感	组间	6.286	2	3.143	8.164	0.000***
	组内	76.997	200	0.385		
	总数	83.283	202			
工作支持	组间	0.654	2	0.327	1.511	0.223
	组内	43.301	200	0.217		
	总数	43.956	202			
家庭支持	组间	0.290	2	0.145	0.580	0.561
	组内	49.921	200	0.250		
	总数	50.210	202			
工作对家庭的增益	组间	1.118	2	0.559	1.454	0.236
	组内	76.901	200	0.385		
	总数	78.019	202			
工作投入	组间	0.397	2	0.199	0.244	0.784
	组内	162.571	200	0.813		
	总数	162.968	202			
家庭对工作的增益	组间	0.576	2	0.288	1.162	0.315
	组内	49.610	200	0.248		
	总数	50.186	202			

注：*** 表示 $P < 0.001$。年龄划分：22—30 岁，30—40 岁，40 岁及以上。

（五）不同学历的女性员工工作—家庭增益的差异性分析

对不同学历的女性知识型员工在各变量的平均得分上进行单因素方差分析，具体结果见表 7 - 23。可以看出，在 0.05 的显著性水平上，年龄在工作支持维度上有显著差异，进一步的 LSD 多重比较表明，学历越高，得到的工作支持越多。

（六）不同工作年限的女性员工工作—家庭增益的差异性分析

对不同工作年限的女性知识型员工在各变量的平均得分上进行单因素方差分析，具体结果见表 7 - 24。可以看出，在 0.01 显著性水平上，工作年限在工作控制感维度上有显著差异，进一步的 LSD 多重比较表明，5—10 年工作经历的女性有相对最高的工作控制感，其次是 3—5 年，接下来是 0—3 年，10 年以上工作经验的员工反而拥有最低的工作控制感。

表7-23 学历对各变量显著性的单因素方差分析

		平方和	df	均方	F	显著性
工作控制感	组间	0.909	3	0.303	0.732	0.534
	组内	82.374	199	0.414		
	总数	83.283	202			
工作支持	组间	1.832	3	0.611	2.885	0.037*
	组内	42.124	199	0.212		
	总数	43.956	202			
家庭支持	组间	0.749	3	0.250	1.004	0.392
	组内	49.462	199	0.249		
	总数	50.210	202			
工作对家庭的增益	组间	0.423	3	0.141	0.362	0.781
	组内	77.596	199	0.390		
	总数	78.019	202			
工作投入	组间	3.193	3	1.064	1.326	0.267
	组内	159.775	199	0.803		
	总数	162.968	202			
家庭对工作的增益	组间	1.190	3	0.397	1.611	0.188
	组内	48.996	199	0.246		
	总数	50.186	202			

注：*表示 P<0.05。学历划分：专科、本科、硕士、硕士及以上。

表7-24 工作年限对各变量显著性的单因素方差分析

		平方和	df	均方	F	显著性
工作控制感	组间	7.164	3	2.388	6.243	0.000***
	组内	76.119	199	0.383		
	总数	83.283	202			
工作支持	组间	0.755	3	0.252	1.160	0.326
	组内	43.200	199	0.217		
	总数	43.956	202			
家庭支持	组间	0.505	3	0.168	0.673	0.569
	组内	49.706	199	0.250		
	总数	50.210	202			

续表

		平方和	df	均方	F	显著性
工作对家庭的增益	组间	1. 295	3	0. 432	1. 120	0. 342
	组内	76. 724	199	0. 386		
	总数	78. 019	202			
工作投入	组间	5. 455	3	1. 818	2. 297	0. 079
	组内	157. 513	199	0. 792		
	总数	162. 968	202			
家庭对工作的增益	组间	0. 650	3	0. 217	0. 871	0. 457
	组内	49. 536	199	0. 249		
	总数	50. 186	202			

注：＊＊＊表示 $P < 0.001$。工作年限划分：0—3 年，3—5 年，5—10 年，10 年及以上。

（七）不同公司性质的女性员工工作—家庭增益的差异性分析

对不同公司性质的女性知识型员工在各变量的平均得分上进行单因素方差分析，具体结果见表 7 - 25。可以看出，在 0.001 的显著性水平上，公司性质在工作支持维度上有显著差异，进一步的 LSD 多重比较表明，合资企业的女性员工有相对最高的工作支持，其次是外资企业，接下来是国有企业，之后是民营企业。政府、事业单位的员工拥有最低的工作支持。0.05 的显著性水平上，公司性质在工作投入维度上有显著差异，进一步的 LSD 多重比较表明，外资企业的女性员工有相对最高的工作投入，其次是合资企业，接下来是国有企业，之后是民营企业。政府、事业单位的员工工作投入相对最低。

（八）不同职位的女性员工工作—家庭增益的差异性分析

对不同职位的女性知识型员工在各变量的平均得分上进行单因素方差分析，具体结果见表 7 - 26。可以看出，在 0.001 的显著性水平上，职位在工作对家庭的增益维度上有显著差异，进一步的 LSD 多重比较表明，职位越高的女性员工，工作对家庭的增益越高。0.05 的显著性水平上，职位在工作投入维度和家庭对工作的增益维度上有显著差异，进一步的 LSD 多重比较表明，职位越高的女性员工，工作投入越高，总监及以上职位的女性员工家庭对工作的增益相对最高，其次是部门经理，之后是部门主管级员工，然后是普通员工。

表 7 – 25　　　公司性质对各变量显著性的单因素方差分析

		平方和	df	均方	F	显著性
工作控制感	组间	1.145	4	0.286	0.690	0.600
	组内	82.138	198	0.415		
	总数	83.283	202			
工作支持	组间	4.017	4	1.004	4.978	0.001***
	组内	39.939	198	0.202		
	总数	43.956	202			
家庭支持	组间	2.035	4	0.509	2.091	0.083
	组内	48.175	198	0.243		
	总数	50.210	202			
工作对家庭的增益	组间	3.612	4	0.903	2.403	0.051
	组内	74.408	198	0.376		
	总数	78.019	202			
工作投入	组间	8.424	4	2.106	2.698	0.032*
	组内	154.544	198	0.781		
	总数	162.968	202			
家庭对工作的增益	组间	1.872	4	0.468	1.918	0.109
	组内	48.314	198	0.244		
	总数	50.186	202			

注：*表示 $P<0.05$，***表示 $P<0.001$。公司性质划分：国有企业、民营企业、外资企业、合资企业、政府及事业单位。

表 7 – 26　　　职位对各变量显著性的单因素方差分析

		平方和	df	均方	F	显著性
工作控制感	组间	2.228	3	0.743	1.823	0.144
	组内	81.055	199	0.407		
	总数	83.283	202			
工作支持	组间	0.167	3	0.056	0.253	0.859
	组内	43.789	199	0.220		
	总数	43.956	202			
家庭支持	组间	0.893	3	0.298	1.201	0.311
	组内	49.317	199	0.248		
	总数	50.210	202			

续表

		平方和	df	均方	F	显著性
工作对家庭的增益	组间	6.460	3	2.153	5.989	0.001***
	组内	71.559	199	0.360		
	总数	78.019	202			
工作投入	组间	6.495	3	2.165	2.753	0.044*
	组内	156.473	199	0.786		
	总数	162.968	202			
家庭对工作的增益	组间	2.414	3	0.805	3.352	0.020*
	组内	47.772	199	0.240		
	总数	50.186	202			

注：* 表示 $P<0.05$，** 表示 $P<0.01$，*** 表示 $P<0.001$。职位划分：普通员工、组长/主管、部门经理、总监及以上。

（九）不同工作制度的女性员工工作—家庭增益的差异性分析

对不同的工作制度在各变量的平均得分上进行独立样本 t 检验，具体结果见表 7-27。可以看出，在 0.05 的显著性水平上，固定工时和弹性工时在工作支持维度上有显著差异，弹性工时的员工享受更高的工作支持。一般认为，采用弹性工时的公司管理风格上较为灵活，同事主管之间的关系趋向于融洽型，因此弹性工时制的员工有较高的工作支持。在显著性 0.01 的水平上，弹性工时制的女性员工有更高的工作对家庭的增益；在显著性 0.05 的水平上，弹性工时制的员工有更高的家庭对工作的增益。

表 7-27　　　　　　工作制度的差异检验

	是否弹性	N	均值	标准差	t	df	Sig.（双侧）
工作控制感	0	116	3.8305	0.65275	-1.445	201	0.150
	1	87	3.9617	0.62345			
工作支持	0	116	3.9239	0.42642	-2.395	201	0.018*
	1	87	4.0805	0.50377			
家庭支持	0	116	4.5690	0.51267	-0.894	201	0.373
	1	87	4.6322	0.47965			

续表

	是否弹性	N	均值	标准差	t	df	Sig.（双侧）
工作对家庭的增益	0	116	3.4703	0.54578	-2.980	201	0.003**
	1	87	3.7280	0.68593			
工作投入	0	116	3.5152	0.80545	-0.546	201	0.586
	1	87	3.5849	1.01225			
家庭对工作的增益	0	116	3.7921	0.45507	-2.090	201	0.038*
	1	87	3.9387	0.54242			

注：0=固定工时工作制度，1=弹性工作制度。*表示 P<0.05，**表示 P<0.01，***表示 P<0.001。

（十）提供不同儿童福利制度的女性员工工作—家庭增益的差异性分析

对公司提供的不同的儿童福利制度在各变量的平均得分上进行独立样本 t 检验，具体结果见表 7-28。可以看出，在显著性 0.01 的水平上，提供儿童看护方面信息和福利的女性员工有更高的工作对家庭的增益；在显著性 0.05 的水平上，提供儿童看护方面信息和福利的女性员工有更高的家庭对工作的增益。

表 7-28　　　　　　　　　儿童福利制度的差异检验

	儿童看护	N	均值	标准差	t	df	Sig.（双侧）
工作控制感	0	115	3.8348	0.65244	-1.319	201	0.189
	1	88	3.9545	0.62551			
工作支持	0	115	3.9391	0.43334	-1.820	201	0.070
	1	88	4.0587	0.50098			
家庭支持	0	115	4.5739	0.51403	-0.723	201	0.471
	1	88	4.6250	0.47896			
工作对家庭的增益	0	115	3.4676	0.54918	-3.023	201	0.003**
	1	88	3.7285	0.68012			
工作投入	0	115	3.5294	0.81932	-0.283	201	0.777
	1	88	3.5655	0.99641			
家庭对工作的增益	0	115	3.7884	0.47209	-2.195	201	0.029*
	1	88	3.9419	0.52088			

注：0=不提供儿童看护方面的信息和福利，1=提供儿童看护方面的信息和福利。*表示 P<0.05，**表示 P<0.01，***表示 P<0.001。

七　人口统计学因素、组织因素对工作—家庭增益的影响

上节从人口统计学和组织层面通过 SPSS19.0 独立样本 t 检验和单因素方差分析对各个变量进行了显著性分析，表 7 - 29 列出了人口统计学和组织意义上显著性分析的结果。

表 7 - 29　　　　　　人口统计学因素、组织因素对各变量的显著性

	婚姻状况	子女情况	长辈居住	年龄	学历	工作年限	公司性质	职位	工作制度	儿童看护福利
工作控制感		显著		显著		显著				
工作支持			显著		显著			显著	显著	
家庭支持	显著		显著							
工作投入	显著	显著						显著	显著	
工作对家庭的增益	显著							显著	显著	显著
家庭对工作的增益	显著							显著	显著	显著

本节针对工作—家庭增益的两个方向——工作对家庭的增益和家庭对工作的增益有显著性影响的人口统计学因素和组织因素进行探讨。

人口统计学各因素中，婚姻状况对工作—家庭增益两个方向上的影响都是显著的，与 Grzywacz 等（2002）对已婚被试比未婚被试经历更多的工作—家庭增益的研究结果相一致。从其他变量的差异性影响来看，已婚女性得到更多的家庭支持，体验更丰富的家庭角色，其工作投入程度也越高，可能的原因是当女性成立家庭之后，更好地体验了家庭角色的丰富性，同时为了更好地为家庭提供各种资源而更加努力地进行工作，引起了更高的工作对家庭的增益和家庭对工作的增益。

个体的职位，对工作—家庭增益的两个方向：工作对家庭的增益和家庭对工作的增益有显著性影响。职位越高的女性员工，经历更多的工作对家庭的增益和家庭对工作的增益，在工作对家庭的增益这个维度上，显著性差异甚至达到了 0.001。这说明，女性在工作上的成就、取得的资源，对其家庭生活有积极有益的影响。反过来，如果女性在家庭生活中得到积极的情绪，得到资源的支持，对其工作的成就也是颇有帮助的。

工作制度和儿童看护福利也都对工作—家庭增益两个方向有显著影响。所在公司提供弹性工作方式和儿童看护方面福利的女性员工有更高的

工作—家庭增益体验。说明弹性工作制度提供给个体灵活性的资源，对工作—家庭增益有促进作用。儿童看护方面的福利制度减轻了女性员工工作时家庭方面的压力，对两个方向的增益都有显著影响。

第三节　工作投入对工作—家庭增益的影响

一　工作投入对工作—家庭增益的预测作用

本书旨在对 Greenhaus 和 Pwoell（2006）提出的工作—家庭增益的理论模型进行实证检验，通过引入工作投入来解释工作角色的高绩效和积极情感，从而有效预测工作—家庭增益的发生。同时，引入工作控制感、工作支持、家庭支持作为工作家庭角色产生的资源，验证角色产生的资源对工作—家庭增益的影响作用。理论研究已经证明男性员工的工作—家庭增益显著高于女性员工的工作—家庭增益，在这个意义上，我们如果能够验证女性员工的工作—家庭增益的产生，那么对于男性员工应该也是部分适用的。同时，相对男性而言，女性人才如何通过工作—家庭增益来达到工作角色和家庭角色的"双赢"更具有现实意义。因此本书以女性知识型人才为研究对象，在中国情境下运用工作—家庭增益理论模型，并得到了实证的支持。

研究首先对工作—家庭增益问卷进行了预测，利用探索性因子分析和可靠性分析对问卷进行了信度效度的检验，证明问卷适合在中国文化背景下对员工工作—家庭增益进行测量。在进行大样本的调研之后，通过SPSS 统计分析软件和结构方程 LISREL 分析软件进行问卷调研数据的分析，获取变量之间的相关性关系和因果关系，得出以下结论：

1. 工作投入有效预测了工作对家庭的增益和家庭对工作的增益这两个工作—家庭增益的不同方向，这说明高的工作投入是工作—家庭增益产生的重要因素，然而，在之前的理论研究中，关于这一点的研究探讨并不多。

2. 工作控制感和工作支持有效地预测了工作投入，这说明了工作相关的角色资源是工作投入的前因变量，验证了工作要求资源模型（Bakker & Demerouti, 2007）。

3. 工作支持通过工作投入对工作对家庭的增益产生影响。这说明，工作相关的角色资源未必能够导致工作—家庭增益的发生，只有当工作支持（工作相关的角色资源）加强了个体的工作角色经历，有利于提高工作角色的绩效，个体才会易于将工作角色获得的资源转换到家庭角色中，这与 Greenhuas 和 Powell（2006）提出的理论假设是一致的，也验证了工作—家庭增益的情感路径。

4. 工作控制感既直接对工作对家庭的增益产生影响，又通过工作投入的中介作用分别对工作对家庭的增益和家庭对工作的增益产生间接影响。高的工作控制感意味着在工作完成的进度安排和方式方面有更多的灵活性。一般而言，有高的工作控制感的员工掌握自己的工作安排，往往可以以创造性的方式来工作，灵活弹性的工作时间安排也利于员工更好地担当家庭角色，即工作角色中获得的资源（灵活性）直接影响了家庭角色的绩效和情感，这也验证了 Greenhuas 和 Powell 提出的工作—家庭增益的工具性途径。同时，工作控制感通过工作投入进一步加强个体工作角色的高绩效和积极情感，这与 Bakker 和 Geruts（2004）的研究结论是一致的，从而影响了家庭角色的高绩效和积极情感。

5. 家庭支持有效地预测了家庭对工作的增益。这说明，重视家庭关系在家庭角色中有高绩效和积极情感的个体，可以直接把家庭角色中的绩效和积极情感转换到工作角色中。这并不难理解，一个家庭关系和睦能够得到家庭支持的女性员工往往可以以积极饱满的状态投入到工作中，在工作中得到好的表现。

在此基础上，本书还进一步讨论了中国情境下人口统计学变量和组织变量对工作—家庭增益的影响，在工作—家庭增益方面得出以下结论：

1. 在人口统计学因素中，不同的婚姻状况在工作对家庭的增益和家庭对工作的增益上有显著差异。已婚的女性员工体验更高的工作对家庭的增益和家庭对工作的增益。

2. 在组织因素方面，职位、工作制度、儿童看护福利都在工作—家庭增益方面有显著差异。总监及以上职位的女性经历更高的工作对家庭的增益，更高的家庭对工作的增益。所在公司采用弹性工作制的女性员工有更高的工作—家庭增益。所在公司提供儿童看护方面相关的福利政策（信息、补贴）的女性员工体验更高的工作—家庭增益。

二　本书的学术贡献

本书以工作投入为中介变量，探讨了工作—家庭角色资源如何通过一个角色的高绩效和积极情感影响另一个角色的高绩效和积极情感。综观整个研究过程，本书主要有以下几个贡献：

第一，工作—家庭增益研究在西方受到了研究者的重视，出现了大量有关研究，但是在国内，关于工作—家庭增益的研究极少。本书不仅将国外研究成果中的工作—家庭增益的理论模型运用到中国情境下，还通过实证的方式对其进行了验证，丰富了这一领域的研究成果。

第二，本书以女性知识型人才为研究对象，以工作—家庭增益为切入点，说明女性员工以奉献、专注、投入的状态进行工作，并不会减弱她的家庭角色，相反还可以在一定程度上将工作中得到的技能资源运用到家庭生活中，丰富家庭生活。另外，重视家庭关系得到家人支持的女性员工会在工作上有更好的表现，女强人并不意味着一心扑在工作上，有坚实的家庭依靠才能在工作上有更好的发展。

三　对管理实践的建议

对于管理者而言，为了更好地管理女性员工，提高女性员工的工作积极性和效率，本书提出以下几方面的管理建议：

1. 给予女性员工更多工作上的自由度，例如让她们可以自己拟定工作的时间安排，按照工作进度进行合理的时间调配，自由地选择完成工作的方式。这些工作控制感的表现，有益于员工更有效地实现工作目标，在完成工作的过程中加入自己的思考和判断，培养自身的能力。同时，通过给予员工工作的控制感，有益于员工产生高的工作投入，这种灵活性的工作相关资源能使员工以更加饱满的精神状态投入到工作中，产生高的工作绩效，益于组织的整体绩效。除此之外，这种良好的状态还会维持到下班后带入到员工的家庭生活中，产生好的影响，形成积极的结果。

2. 鼓励主管与员工建立良好的关系，例如鼓励管理者采用参与式的领导风格，关心员工的工作生活，在员工工作面临问题时给予及时具体的指导和支持。鼓励互帮互助的工作氛围、营造融洽的同事关系，让员工意识到在工作中遇到问题时可以与同事一起解决。为达成这一目的，可以通过组织一系列员工活动，如举办员工活动俱乐部给员工创造彼此之间增进了解、建立友谊的渠道等。又例如，可以在公司内部进行一些以感恩为主题的活动，规定在某一天，让所有同事对曾给予自己帮助的另一位同事送上一份小礼物等，都会帮助营造企业员工之间互信互助的氛围。根据本书的研究，营造工作场所中的主管和同事支持，能够利于产生高的工作投入，而高的工作投入对于女性员工的工作对家庭的增益和家庭对工作的增益有促进作用，这能够使得企业在创造价值的同时丰富员工的家庭生活。

3. 以弹性工作制度替代固定工时工作制度。对于女性员工而言，往往承担着更多照顾家人的责任，在家人生病等突发状况发生时，往往需要他们的及时响应和陪同料理。如果公司采用弹性工作制度，由于信息科技的发展，很多工作不需要在办公室就能处理，女性员工在碰到这样的突发状况时，就可以更好地调配自己的时间，尽量在照顾家人的同时不耽误工作，在完成工作角色的同时更好地扮演好自己的家庭角色。

4. 多提供儿童看护方面的福利政策，如儿童看护方面的相关信息政策、儿童看护补贴、工作场所中的儿童看护等。对于女性员工而言，公司如果能够提供诸如此类家庭友好型的管理政策，对家庭角色起到有益影响，从而提升员工的工作角色的绩效和积极情感。

5. 组织家庭日等活动，丰富女性员工的家庭生活。通过工作—家庭增益理论，我们可以看到，企业希望员工在工作中有好的表现，除了通过给予员工工作相关的资源外，还可以通过丰富员工的家庭角色，因为她的家庭角色的显著性也会影响到其工作角色的表现。像家庭日这样的活动，可以拉近员工家属与公司之间的距离，让员工家属更加了解其工作内容、工作氛围，这样可以帮助员工获得家人更多的理解和支持，无疑可以帮助她取得更好的业绩和表现。这同时也告诉管理者，为了取得更好的管理绩效，需要关注的不仅仅是员工的工作生活，也需要关注员工的家庭生活。

尽管本书系统地探讨了女性知识型员工工作—家庭增益及其相关变量的关系，丰富了工作—家庭增益双路径理论模型并给予实证支持，但由于受到各方面条件的限制，本书仍然有一定的局限性：

1. 对于影响工作—家庭增益双路径理论模型的前因变量只是一种初探。本书将工作的控制感、工作支持、家庭支持作为工作—家庭角色资源，来研究工作—家庭角色资源是如何来影响工作—家庭增益的，但还不够全面，理论界关于工作—家庭角色资源的研究还有很多结论，希望后续研究可以通过更多的工作—家庭角色资源变量来测量角色资源变量对工作—家庭增益的影响机制。

2. 由于受到个人精力和时间的限制，在样本取样问题上仅限于上海地区的女性知识型员工。由于上海是发达地区，女性的地位较高，大部分女性都迈入职场并成为企业中重要的组成部分，同时她们也承担着和男性一样甚至比男性更多的家庭责任，以上海知识型女性为研究对象固然具有代表性，但是未能引入一定数量的男性样本作对比分析是本书的不足之处。同时，因为未能涵盖到二线城市甚至是中西部落后地区女性地位并未得到广泛认可的样本，本书的结论可能会因为地域的文化传统而存在差异性。

3. 由于受到时间与条件的限制，本书对于工作—家庭增益问卷的验证虽然在整体的信度上与前人的研究达成一致，但在具体维度上有所差异，其原因可能是由于研究对象选取的不同、文化的差异和样本量的规模。在数据提取的过程中，本书采用的是一次抽取样本的方法，但理想的状态是通过二次调研分批获得所有维度的数据，在以后的研究中有待改进。虽然工作—家庭增益的具体维度对于本书的最终成果没有太大的影响，但希望可以有更多的研究者对此研究，提供更全面的理论和现实意义上的指导与支持。

第八章 总结

由于女性角色的特殊性，在职业生涯发展中，相对于男性来说，职业女性面临各种问题与矛盾，比如角色定位带来的工作—家庭问题，性别特征带来的职业发展问题等，此外，组织和社会环境这一外部力量也会影响女性的职业生涯发展。

通过对家庭生命周期不同阶段对工作—家庭平衡的影响研究结果表明：（1）家庭生命周期的不同阶段对于工作—家庭增益存在显著差异。是否为主干家庭对工作—家庭增益有明显影响。孩子的成长过程对工作—家庭增益有显著影响。工作—家庭增益最明显的是孩子处于上学7—17岁。（2）家庭生命周期的不同阶段对于工作—家庭冲突存在显著差异。孩子的成长过程对工作—家庭冲突也有显著影响。工作—家庭冲突程度高的家庭生命周期阶段主要集中在中年时期且最小孩子还年幼的情况下。（3）传统的看法中认为女性的家庭对工作增益感知程度比男性更强烈，而男性的工作对家庭增益感知程度比女性强烈。有趣的是，从本书研究结果来看，却正好相反。通过工作对家庭的工具性和心理性增益的分析，推测与女主内的传统思想长期存在于女性的感知有关。职业女性面临更多的家庭需求，这种需求越强烈，感知到的工作对家庭增益便会越强烈。

通过对生育所带来的职业中断对女性职业发展的影响研究发现：职业女性因生育子女造成的职业生涯中断会对女性的薪酬和晋升带来影响。生育子女的女性雇员要经历一段时间的职业生涯中断，中断工作会导致雇员的知识、能力、人际关系等退化或过时，进而出现人力资本贬值的现象。研究表明，在性别对薪酬的调节作用中，女性比男性承担了更多职业中断带来的负面效应；而在性别对晋升的调节作用中，男性在晋升方面比女性承担了更多的职业中断带来的负面效应，其工作年限对职业的贡献低于女性。

通过对女性管理者晋升高层的轨迹进行深入探讨，从动因层、目标层、情景层、冲突层、行动层、结果层六个层次进行分析，并建立起女性高层晋升模型二维结构模型。研究表明：女性管理者在职业过渡期主要面临心理上的"玻璃天花板"；在孕期、生育期、哺乳期这"三期"中主要面临角色"玻璃天花板"；在职业建立期主要面临组织"玻璃天花板"。形成这些"玻璃天花板"的影响因素既有对自己个性特征和性别角色的认知、传统家庭责任分工的影响和男性择偶偏好的影响，又有由性别刻板印象、组织结构和社会文化等因素带来的影响。

通过前期对女性高层次人才的深度访谈发现，主动性人格是影响她们师徒关系质量的关键因素，为此结合相关文献综述提出主动性人格对职业成功的影响模型。分析表明，女性高层次人才的主动性程度越强，就越有助于其实现职业成功。主动性人格对师傅为徒弟提供的职业指导影响最大，其次是心理支持，最后是角色榜样；员工的主动性人格越强烈，她们所获得的师徒关系质量越高；主动性人格不仅能够直接影响职业成功，而且能够通过师徒关系对职业成功产生间接影响，师徒关系在主动性人格对职业成功的影响中起中介作用。

通过从工作投入的角度研究工作—家庭增益，得出女性员工以奉献、专注、投入的状态进行工作，并不会减弱她的家庭角色，相反还可以在一定程度上将工作中得到的技能资源运用到家庭生活中，丰富家庭生活。另外，重视家庭关系得到家人支持的女性员工会在工作上有更好的表现，女强人并不意味着一心扑在工作上，有坚实的家庭依靠才能在工作上有更好的发展。

参 考 文 献

[1] Allen, T. D., Herst, D. E., Bruck, C. S., & Sutton, M., Conse-
quences associated with work – to – family conflict: A review and agenda
for future research. *Journal of Occupational Health Psychology*, 2000, 5:
278 – 308.

[2] Allen, T. D., Poteet, M. L., Russ ell, J. E. A., and Dobb ins, GH1
A field study of factors related to supervisors willingness to mentor oth-
ers*Journal of Vocational Behavior*, 1997, 50 (1): 1 – 221.

[3] Armstrong, S. J., Allison, C. W., and Hayes, J1 Formal mentoring
systems: An examination of the effects of mentor/ protgcognitive styles on
the mentoring process. *Journal of Management Studies*, 2002, 39 (8):
1111 – 1371.

[4] Arthur, M. B., Khapova, S. N. and Wilderom, C. P. M., Career suc-
cess in a boundaryless career world. *Journal of Organizational Behavior*,
2005, Vol. 26, pp. 177 – 202.

[5] Audrey, L. and Manuelita, U. Early – Career Work Experience and Gender
Wage Differentials. *Journal of Labor Economics*, 1995, 1 (13): 121 – 154.

[6] Aryee S., Luk V., Leung A., et al., Role stressors, inter – role con-
flict, and well – being: The moderating influence of spousal support and
coping behaviors among employed parents in Hong Kong. *Journal of Voca-
tional Behavior*, 1999, 54 (2): 259 – 278.

[7] Aryee, S., Srinivas, E. S., & Tan, H. H. (2005). Rhythms of
life: Antecedents and outcomes of work – family balance in employed par-
ents. *Journal of Applied Psychology*, 90 (1): 132 – 146.

[8] Barnett R. C., Hyde J. S., Women, men, work, and family: An ex-
pansionist theory. *American Psychologist*, 2000, 56: 781 – 796.

[9] Bakker & Demerouti. The job demands – resources model: State of the art. *Journal of Managerial Psychology*, 2007 (22): 309 – 328.

[10] Britt, T. W. and P. D. Bliese. Testing the stress – buffering effects of self engagement among soldiers on a military operation *Journal of Personality*, 2003, 71 (2): 245 – 265.

[11] Bowler M. Halbesleben J. Paul Jeff. If you're close with the leader, you must be a brownnose: The role of leader – member relationships in follower, leader, and coworker attributions of organizational citizenship behavior motives. *Human Resources Management Review*, 2010, 20 (4): 309 – 316.

[12] Bakker Arnold B. The work – related flow inventory: Construction and initial validation of the Wolf. *Journal of Vocational Behavior*, 2008, 72 (3): 400 – 414.

[13] Bateman T. S., Crant J. M., The proactive component of organizational behavior: A measure and correlates. *Journal of Organizational Behavior*, 1993, 14 (2): 103 – 118.

[14] Buss D. M., Selection, evocation, and manipulation. *Journal of Personality and Social Psychology*, 1987, 53: 1214 – 1221.

[15] Becherer R. C., Maurer J. G., The proactive personality disposition and entrepreneurial behavior among small company presidents. *Journal of Small Business Management*, 1999, 38 (1): 28 – 36.

[16] Belle Rose Ragins. (1997). Diversified Mentoring Relationships in Organizations: A Power Perspective. *Academy of Management Review*, 22 (2): 482 – 521.

[17] Bulent M, et al., A test of a model of new salespeople's socialization and adjustment in a collective culture. *Journal of Personal Selling and Sales Management*, 2007, 27 (2): 149 – 167.

[18] Burke R. J., Mentors in organizations. *Group and Organization Studies*, 1984, 9 (3): 353 – 372.

[19] Bozionelos, N. (2004). Mentoring provided: Relation to mentor's career success, personality, and mentoring received. *Journal of Vocational Behavior*, 49: 309 – 323.

[20] Breland, J. B. , Treadway, D. C. , Duke, A. B. and Adams G. L. (2007) . The interactive effect of leader – member exchange and political skills on subjective career success. *Journal of Leadership and Organizational Studies*, 13: 1 – 14.

[21] Bird A. , Careers as Repositories of Know ledge: A New Perspective on Boundaryless Careers. *Journal of Organizational Behavior*, 1994, 15: 325 – 344.

[22] B. Law, F. Meijers, G. Wijers (2002) . New perspectives on career and identity in the contemporary world. *British Journal of Guidance & Counselling*, 30 (4): 431 – 449.

[23] Burke R. J. , McKeen C. A. , Training and Development Activities and Career Success of Managerial and Professional Women. *The Journal of Management Development*, 1994, 13 (5): 53 – 63.

[24] Byrne Z. S. , Dik B. J. , Chiaburu D. S. , Alternatives to Traditional Mentoring in Fostering Career Success. *Journal of Vocational Behavior*, 2008, 72 (3): 429 – 442.

[25] Branson,L. ,Reform of the bully broads. *The Boston Globe Magazine*,2002.

[26] Byron K. , A meta – analytic review of work – family conflict and its antecedents. *Journal of Vocational Behavior*, 2005, 67 (2): 169 – 198.

[27] Barnett, R. C. , & Hyde, J. S. (2001) . Women, men, work, and family. *American Psychologist*, 56: 781 – 796.

[28] Bateman, T. S. , & Crant, J. M. (1993) . The proactive component of organizational behavior. *Journal of Organizational Behavior*, 14: 103 – 118.

[29] Byron, K. A. , Met a – analytic review of work – family conflict and its antecedents. *Journal of Vocational Behavior*, 2005, 67 (2): 169 – 198.

[30] Bateman, G. K. , Crant, J. M. , The proactive component of organizational behavior. *Journal of Organizational Behavior*, 1993, 14 (2): 103.

[31] Carlson D. S. , Kacmar K. M. , Wayne J. H. , Measuring the positive side of the work – family interface: Development and validation of a work – family enrichment scale. *Journal of Vocational Behavior*, 2006, 1 (68): 131 – 164.

[32] Crouter A, C., Spillover from family to work: The neglected side of the work – family interface. *Human Relations*, 1984, 37: 425 – 442.

[33] Carlson J. R., Davis G. B., An Investigation of Media Selection Among Directors and Managers: From "Self" to "Other" Orientation. *MIS Quarterly*, 1998, 22 (3): 335 – 362.

[34] Campbell, D. J., The Proactive employee: Managing workplace initiative. *Academy of Management Excutive*, 2000, 14 (3): 52 – 66.

[35] Crant J. M., The proactive personality scale and objective job performance among real estate agents. *Journal of Applied Psychology*, 1995, 80 (4): 532 – 537.

[36] Crant J. M., The proactive personality scale as a predictor of entrepreneurial intentions. *Journal of Small Business Management*, 1996, 34 (3): 42 – 49.

[37] Chan D., Interactive effects of situational judgment effectiveness and proactive personality on work perceptions and work outcomes. *Journal of Applied Psychology*, 2006, 91 (2): 475 – 481.

[38] Chao G. T., Walz P. M., & Gardner P. D. (1992). Formal and informal meniorships: A comparison of menioring functions and contrast with nonmeniored eounterparts. *Personnel Psychology*, 45: 619 – 636.

[39] Christine Silva, Nancy M. Carter, Good Intentions, Imperfect Execution? Women Get Fewer of the Hot Jobs Needed to Advance. Catalyst, 2012.

[40] Cejka, M., & Eagly, A. H., Gender – stereotypic images fo occupations correspond to the sex segregation of employment. *Personality and Social Psychology Bulletin*, 1999.

[41] C. Gallois, V. J. Callan. The influence of applicant communication style and interviewer characteristics on hiring decisions. *Journal of Applied Social Psychology*, 1992, 22 (13): 1041 – 1060.

[42] Cardy, R. L., Dobbins, G. H., Affect and appraisal accuracy: Liking as an integral dimension in evaluating performance. *Journal of Applied Psychology*, 1986, 71 (4): 672 – 678.

[43] Carter B. L., McGoldrick M., Whitbourne S. K., The Expanded Fami-

ly Life Cycle: Individual. *Family and Social Perspective* (Paramus, NJ: Prentice Hall, 1998), mp, 2008.

[44] Carlson, D. S., Kacmar, K. M., Wayne, J. H., and Grzywacz, J., G1 Measuring the positive side of the work – family interface: Development and validation of a work – family enrichment scale *Journal of Vocational Behavior*, 2006, 68 (1): 131 – 1641.

[45] Carlson, D. S. (1999). Personality and role variables as predictors of three forms of work – family conflict. *Journal of Vocational Behavior*, 55: 236 – 153.

[46] Carlson, D. S., & Perrewe, P. L. (1999). The role of social support in the stressor – strain relationship: An examination of work – family conflict. *Journal of Management*, 25: 513 – 540.

[47] Clark, S. C. (2001). Work cultures and work/family balance. *Journal of Vocational Behavior*, 58: 348 – 365.

[48] Despooina Xanthopoulou, Bakker Arnold B, Evangelia Demerouti. Reciprocal relationships between job resources, personal resources, and work engagement *Journal of Vocational Behavior*, 2009, 3 (74): 235 – 244.

[49] Demerouti, E., A. B. Bakker, F. Nachreiner and W. B. Schaufeli. The job demands – resources model of burnout. *Journal of Applied Psychology*, 2001, 86 (3): 499 – 512.

[50] Duran, A., N. Extremera and L. Rey. Self – reported emotional intelligence, burnout and engagement among staff in services for people with intellectual disabilities *Psychological Reports*, 2004, 95 (2): 386 – 390.

[51] Demerouti E., Ana Isabel S., Work – family balance and energy: A day – level study on recovery conditions. 2010, 76 (1): 118 – 130.

[52] Demerouti E., Bakker Arnolad. Need for recovery, home – work interference and performance: Is lack of concentration the link? . *Journal of Vocational Behavior*, 2007, 71 (2): 204 – 220.

[53] Day, R., & Allen, T. D., 2004. The relationship between career motivation and self – efficacy with protégé career success. *Journal of Vocational Behavior*, 64: 72 – 91.

[54] Donald D., Bowen and Robert D., Hisrich: The Female Entrepre-

neurs: A career development prospective. *Academy of Management Review*, Iss: 11, 1986: 390 – 399.

[55] Dana L. Haggard, Thomas W. Dougherty, Daniel B., Turban ect. 2011. Who is a mentor? A review of evolving definitions and implications for research. *Journal of Management*, 37 (1): 280 – 304.

[56] Dreher, G. F., & Chargois, J. A., 1998. Gender, mentoring experiences, and salary attainment among graduates of an historically black university. *Journal of Vocational Behavior*, 53: 401 – 416.

[57] Dreher, G. F., & Cox, T. H., Jr. 1996. Race, gender and opportunity: A study of compensation attainment and the establishment of mentoring relationships. *Journal of Applied Psychology*, 81: 297 – 308.

[58] Dougherty, T. W., Turban, D. B. & Wilbanks, J. E., 2011. "Who Is a Mentor: A Review of Evolving Definitions and Implications for Research". *Journal of Management*, Vol. 37 (1), pp. 1280 – 1304.

[59] Dobrow S. R. and Higgins M. C., Developmental networks and professional identity: A longitudinal study. *Career Development International*, 2005, 10 (6/7): 567 – 583 .

[60] DM Hunt, C. Michael (1983). Mentorship: A career training and development tool. *Academy of management Review*, 8 (3): 475 – 485.

[61] Diener, E., Emmons, R. A., Larsen, R. J., & Griffin, S. (1985). The satisfaction with life scale. *Journal of Personality Assessment*, 49: 71 – 75.

[62] Dreher, G. and Ash, R. (1990). A comparative study of mentoring among men and women in managerial, professional, and technical positions. *Journal of Applied Psychology*, Vol. 75, pp. 539 – 546.

[63] Debra A. Major, Jonathan E. Turner, and Thomas D. Fletcher. Linking Proactive Personality and the Big Five to Motivation to Learn and Development Activity. *Journal of Applied Psychology*, 2006, 91 (4): 927 – 935.

[64] David M. Messick & Roderick M. Kramer. The Psychology of Leadership – New Perspectives and Research. 2010.

[65] Duvall E. M., *Family Development*. Philadelphia: J. B. Lippincott, 1957.

[66] Duvall E. M., Family developments first forty years. *Family Relations*,

1988, 37 (2): 127 - 34.

[67] Erdogan B., Bauer T. N., Enhancing career benefits of employee pro-active personality: The role of fit with jobs and organizations. *Personnel Psychology*, 2005, 58: 859 - 891.

[68] Ensher E. A. and Murphy S. E., Power mentoring: How successful mentors and protégés get the most out of their relationships. *San Francisco: Jossey - Bass*, 2005: 1 - 66.

[69] Eby, L. T., Lockood, A. L., & Butts, M. (2006). perceived sup-port of rmentoring: A multiple Perspectives approach. *Journal of Voca-tional Behavoir*, 68 (2): 267 - 291.

[70] Eby, L. T., Casper, W. J., Lockwood, A., Bordeaux, C., & Brinley, A. (2005). Work and family reaearch in IO/OB: Content a-nalysis and review of the literature (1980 - 2002). *Journal of Vocation-al Behavior*, 66: 127 - 197.

[71] Edwards, J. R., & Rothbard, N. P. (2000). Mechanisms liking work and family: Specifying the relationships between work and family constructs. *Academy of Management Review*, 25: 178 - 199.

[72] Frone, M. R. (2003). Work - Family Balance. In: J. C. Quick & L. E. Tetrick (Eds.). Handbook of occupational health psychology (pp. 143 - 162). Washington, DC: American Psychological Associa-tion.

[73] Fredricksom, B. L., and Losada, M. F., Positive affect and the com-plex dynamics of human flourishing. *American Psychologist*, 2005, 60 (7): 678 - 686.

[74] Fagenson, E. A. 1989. The mentor advantage: Perceived career/job experiences of protégés versus non - protégés. *Journal of Organizational Behavior*, 10: 309 - 320.

[75] Frese, M., Fay, D. (2001). Personal initiative (PI): An activeper-formance concept for work in the 21st century. In B. M. Staw R. M. Sutton (Eds.), Research in Organizational Behavior, 23: 133 - 187.

[76] Forret, M., & de Janasz, S. C. 2005. Perceptions of an organization's culture for work and family: Do mentors make a difference? Career De-

velopment International, 10: 478 – 492.

[77] Feeney M. K. and Bozeman B. , Mentoring and network ties. *Human Relations*, 2008, 61 (12): 1651 – 1676.

[78] Fu C. K. , Shaffer M. A. , The tug of work and family: Direct and indirect domain – specific determinants of work – family conflict. *Personnel Review*, 2001, 30 (5): 502 – 522.

[79] Frone, M. R. , Russell, M. , & Cooper, M. L.. Antecedents and outcomes of work – family conflict: Testing a model of the work – family interface. *Journal of Applied Psychology*, 1992, 77: 65 – 78.

[80] Greenhaus J. H. , Powell G. N. , When work and family are allies: A theory of work – family enrichment. *Academy of Management Review*, 2006, 31: 72 – 92.

[81] Greenhaus, J. H. , & Beutell, N. J. : Sources of conflict between work and family roles. *Academy of Management Review*, 1985, 10: 76 – 88.

[82] Grzywacz J. G. , Work – family spillover and health during midlife: Is managing conflict everything? . *American Journal of Health Promotion*, 2000, 14: 236 – 243.

[83] Grzywacz, J. G. , Almeida, D. M. , & McDonald, D. A. , Work – family spillover and daily reports of work and family stress in the adult labor – force. *Family Relations*, 2002, 51: 28 – 36.

[84] Gattiker, U. E. , Larwood, L. , Subjective career success: A study of managers and support personnel. *Journal of Business and Psychology*, 1986, 1: 78 – 94.

[85] G. S. Benson, D. Finegold, SA Mohrman (2004) . You paid for the skills, now keep them: Tuition reimbursement and voluntary turnover. *Academy of Management Journal*, 47 (3): 315 – 331.

[86] Gary N. Powell, D. , Anthony Butterfield. Investigating The "Glass Ceiling" Phenomenon: An Empirical Study of Actual Promotions to Top Management. *Academy of Management Journal*, 1994, 37 (1): 68 – 86.

[87] Gronau. R. , Sex – related Wage Differentials and Women's Interrupted Labor Careers – the Chicken or the Egg. *Journal of Labor Economics*, 1988, 6 (3): 277 – 301.

[88] Grzywacz, J. G. , Toward a theory of work – family enrichment. Paper Presentation, 34th Annual Theory Construction and Research Methodology Workshop (November), Houston, TX, 2002.

[89] Grzywacz J. G. , Marks N. F. , Reconceptualizing the work – family interface: An ecological perspective on the correlates of positive and negative spillover between work and family. *Journal of Occupational Health Psychology*, 2000, 5 (1): 111.

[90] Glick P. C. The family cycle. *American Sociological Review*, 1947 (12): 164 – 74.

[91] Glick P. C. . Updating the life cycle of the family. *Journal of Marriage and the Family*, 1977: 5 – 13.

[92] Gilly M. C. , Enis B. M. , Recycling the Family Life Cycle: A Proposal for Redefinition. *Advances in Consumer Research*, 1982, 9 (1): 271 – 276.

[93] Greenhaus, J. H. & Beutell, N. , J. , Sources of conflict between work and family roles. *The Academy of Managemnet Review*, 1985, 10: 76 – 89.

[94] Greenhaus J. H. , Powell G. N. , When work and family are allies: A theory of work – family enrichment. *Academy of Management Review*, 2006, 31 (1): 72 – 92.

[95] Hobfoll, S. E. , The influence of culture, community, and the nested – self in the stress process: Advancing conservation of resources theory. *Applied Psychology*, 2001, 50 (3): 337 – 422.

[96] Hakanen, J. J. , A. B. Bakker and W. B. Schaufeli. Burnout and work engagement among teachers. *Journal of School Psychology*, 2006, 43: 495 – 513.

[97] Harter, J. K. , F. L. Schmidt and T. L. Hayes. Business – unit – level relationship between employee satisfaction, employee engagement, and business outcomes: a meta – analysis. *Journal of Applied Psychology*, 2002, 87 (2): 268 – 279.

[98] Hackman J. , Oldham Greg. Motivation through the design of work: test of a theory. *Organizational Behavior and Human Performance*, 1976, 16 (2): 250 – 279.

[99] Hackman J. , Oldham Greg. Work design as an approach to person – envi-

ronment fit. *Journal of Vocational Behavior*, 1987, 31 (3): 278 –296.

[100] Higgins M. C. , et al. , Constellations and careers: Toward understanding the effects of multiple developmental relationships. *Journal of Organizational Behavior*, 2001, 22 (3): 223 –247.

[101] Heslin, Peter A. , Conceptualizing and evaluating career success. *Journal of Organizational Behavior*, 2005, Vol. 26, 113 –136.

[102] Harvey S. , Blouin C. , Stout D. , Proactive personality as a moderator of outcomes for young worker sex periencing conflict at work. *Journal of Applied Psychology*, 1999, 84 (6): 925 –939.

[103] Higgins C. , Duxbury L. , Lee C. , Impact of life – cycle stage and gender on the ability to balance work and family responsibility. *Family Relations*, 1994, 43 (2): 144 –150.

[104] Hill, E. J. , Hawkins, A. J. , Ferris, M. & Weitzman, M. (2001). Finding an extra day a week: The positive influence of perceived job flexibility on work and family life balance. *Family Relations*, 50 (1): 49 – 58.

[105] J. A. Wilson, N. S. Elman (1990) . Organizational benefits of mentoring. *The Executive*, 1 (4): 88 –94.

[106] Jane Whitney Gibson (2000) . The Leader as Mentor. *Journal of Leadership & Organizational Studies*, 7 (3): 56 –67.

[107] Judge T. A. Higgins C. A. , Thoresen C. J. Barrick M. R. , The big five personality traits, general mental ability, and career success across the life span. *Personnel Psychology*, 1999, 52: 621 –652.

[108] John W. Lounsbury, J. M. L. , Eric D. , Sundstrom, Lucy W. Gibson, Adam W. Drost & Frances L. Hamrick, An investigation of personality traits in relation to career satisfaction. *Journal of Career Assessment*, 2003, 11: 287 –307.

[109] Jenny M. Hoobler, Sandy J. Wayne, Grace Lemmon. Bosses' Perceptions of Family – Work Conflict and Women's Promotability: Glass Ceiling Effects. *Academy of Management Journal*, 2009, 52 (5) .

[110] Joy A. Schneer and Frieda Rertman. Managerial Life Without a Wife: Family Structure and Managerial Career Success. *Journal of Business*

Ethics, 2002, 37: 25 - 38.

[111] Joseph G. Grzywacz and Nadine F. Marks. Family, work, work - family spillover and problem drinking during midlife. *Journal of marriage and the Family*, 2000, 5: 336 - 348.

[112] Jansen, N. W., H., Kant, I. J. van Amelsvoort, L. G. P. M., Kristensen, T. S., Swaen, G. M. H., & Nijhuis, F. J. N. (2006). Work - family conflict as a risk factor for sickness absence. *Journal of Occupational and Environmental Medicine*, 63: 488 - 494.

[113] Kahn W. A., Psychological conditions of personal engagement and disengagement at work. *Academy of Management Journal*, 1990, 33 (4): 692 - 724.

[114] Kirchm E. Yer C., Nonwork participation and work attitudes: A test of scarcity vs expansion models of personal Resources. *Human Relations*, 1992a, 45: 775 - 795.

[115] Kanunge R. N., Measurement of job and work involvement. *Journal of Applied Psychology*, 1982, 67 (3): 341 - 349.

[116] Kanter Rosabeth Moss: *Men and Women of the Corporation*. Publishers of New York, 1977: 245 - 266.

[117] Kirchmeyer, C., 1995. Demographic similarity to the work group: A longitudinal study of managers at the early career stage. *Journal of Organizational Behavior*, 16: 67 - 83.

[118] Kram K. E., Improving the Mentoring Process. *Training and Development Journal*, 1985, 39 (4): 40 - 43.

[119] Kotter J. P., The General Managers. New York: The Free Press, 1982.

[120] Keene, J. R., & Quadagno, J. (2004). Predictos of perceived work - family balance: Gender difference or gender similarity. *Sociological Perspectives*, 47 (1): 1 - 23.

[121] Kossek, E. E., & Ozeki, C. (1998). Work - family conflict policies and the job - life satisfaction relationship: A review and directions for future organizational behavior - human resources research. *Journal of Applied Psychology*, 83: 139 - 149.

[122] Little, L. M. , B. L. Simmons and D. L. , Nelson. Health among leaders: Positive and negative affect, engagement and burnout, forgiveness and revenge. *Journal of Management Studies*, 2007, 44 (2): 243 – 260.

[123] Luthans, F. , R. M. Hodgetts, & S. A. Rosenkrantz. *Real Managers*. Cambridge, MA: Ballinger, 1988.

[124] Lyness, K. S. & Kropf, M. B. (2005) . The relationships of national gender equality and organizational support with work – family balance: A study of European managers. *Human Relations*, 58 (1): 33 – 60.

[125] Marks. S. R. , Multiple Roles and Role strain: Some Notes on Human Energy, Time and Commitment. *American Sociological Review*, 1977, 42: 921 – 936.

[126] Maslach C. , Leiter M. P. , *The Truth about Burnout: How Organizations Cause Personal Stress and What to Do about It*. California: Jossey – Bass Inc. , 1997.

[127] May, D. R. , Gilson, R. L. and Harter, L. M. , The psychological conditions of meaningfulness, safety and availability and the engagement of the human spirit at work. *Journal of Occupational and Organizational Psychology*, 2004, Vol. 77, pp. 11 – 37.

[128] Marilyn Davidson. Women Managers in British: Issue for the 1990's. *Women in Management Review*, Vol. 6, No. 1, 1991: 5 – 10.

[129] Michael J. Karcher, Gabriel P. Kuperminc etc. (2006) . Mentoring programs: A framework to inform program development, research, and evaluation. *Journal of Community Psychology*, 34 (6): 709 – 725.

[130] Martins L. L. , Eddleston K. A. , Veiga J. F. , Moderators of the Relationship between Work – family Conflict and Career Satisfaction. *Academy of Management Journal*, 2002, 45 (2): 399 – 409.

[131] Michael K. J. and Karen S. L. , Left Behind? The Impact of leaves of absence on managers' career success. *Academy of Management Journal*, 1999, 6 (42): 641 – 651.

[132] M. Savage, A. Witz. Gender and bureaucracy. *Sociological Review Mongragh*, 1992 (39): 3 – 62.

[133] Michaelk Judiesch & Karens Lyness. Left behind? The impact of leaves of absence on managers' careersuccess. *Academy of Management Journal*, 1999, 42 (6): 641 – 651.

[134] Marks, S. R. , & MacDermid, S. M. (1996) . Multiple roles and the self: A theory of role balance. *Journal of Marriage and the Family*, 58: 417 – 432.

[135] Noe R. A. Women and Mentoring: A Review and Research Agenda. *Academy of Management Review*, 1988, 13 (1): 65 – 78.

[136] Nabi; Ghulam R. , aduate employment and underemployment: opportunity for skill use and career experiences amongst recent business graduates. *Journal Education and Training*, Vol. 45, No. 7, 2003: 371 – 380.

[137] Nigel Nicholson (2005) . Playing to win: Biological imperatives, self – regulation, and trade – offs in the game of career success. *Journal of Organizational Behavior*, 26 (2): 137 – 154.

[138] Netemeyer R. G. , Boles J. S. , McMurrian R. , Development and validation of work – family conflict and family – work conflict scales. *Journal of Applied Psychology*, 1996, 81: 400 – 410.

[139] O'Driscoll, M. P. , Pierce, J. L. and Coghlan, A. M. The psychology of possession: Work environment structure, organizational commitment and citizenship behavior. *Group & Organization Management*, 2006, 31 (3): 388 – 416.

[140] O'Driscoll, M. , Brough, P. , & Kalliath, T. , Work – family conflict, psychological well – being, satisfaction and social support: a longitudinal study in New Zealand. *Equal Opportunities International*, 2004, 23: 36 – 56.

[141] Powell, Gary N. , Greenhaus, Jeffrey H. Sex, Gender, And The Work – To – Family interface: Explore Negative and Positive Interderpendencies. *Academy of Management Journal*, 2010, 53 (3): 513 – 534.

[142] Powell G. N. , Greenhaus J. H. , Is the opposite of positive negative? The relationship between work – family enrichment and conflict. *Academy of Management Meeting*, New York, LA, 2004.

[143] Parker, Sharon K. (1998) . Enhancing Role Breadth Self – Efficacy: The Roles of Job Enrichment and Other Organizational Interventions. *Journal of Applied Psychology*, 83: 835 – 852.

[144] Payne S. C., Huffman A. H., A Longitudinal Examination of the Influence of Mentoring on Organizational Commitment and Turnover. *Academy of Management Journal*, 2005, 48 (1): 158 – 168.

[145] Pamela Mathews (2006) . The role of mentoring in promoting organizational competitiveness. *Competitiveness Review*, 16 (2): 158 – 169.

[146] Poole, M. E., Langan – Fox, J., & Omodei, M., Contrasting subjective and objective criteria as Determinants of perceived career success: a longitudinal study. *Journal of Occupational and Organizational Psychology*, 1993, 66: 39 – 54.

[147] Pfeffer J., Effects of an MBA and Socioeconomic Origins on Business School Graduates. Salaries. *Journal of Applied Psychology*, 1977, 62: 698 – 705.

[148] Podolny J. M., Baron J. N., Resources and Relationships: Social Networks and Mobility in the Workplace. *American Sociological Review*, 1997, 62: 673 – 693.

[149] Paul. C. Glick. The Family Life Cycle and Social Change. *Family Relations: National Council on Family Relations*, 1989: 123 – 129.

[150] Patrick E. Murphy & William A. Staples, "A Modernized Family Life Cycle" . *The Journal of Consumer Research*, Vol. 6, No. 1, 1979: 12 – 22.

[151] Rothbard, N. P., Enriching or depleting? The dynamics of engagement in work and family roles. *Administrative Science Quarterly*, 2001, 46 (4): 655 – 684.

[152] Ragins, B. R., and McFarlin, D. B., Perceptions of mentor roles in cross – gender mentoring relationships. *Journal of Vocational Behavior*, 1990, 37: 321 – 339.

[153] Ragins B. R., Cotton J. L., Miller J. S., Marginal Mentoring: The Effects of Type of Mentor, Quality of Relations, and Program Design on Work and Career Attitudes. *Academy of Management Journal*,

2000, 43 (6): 1177 – 1194.

[154] R. E. Viator. (2001) . The association of formal and informal public accounting mentoring with role stress and related job outcomes. *Accounting, Organizations and Society*, 26 (1): 73 – 93.

[155] R. L. Keele, M. DeLaMare – Schaefer (1984) . So What Do You Do Now That You Didn't Have a Mentor? *Journal of the National Association of Women Deans, Administrators, and Counselors*, 47 (3): 36 – 40.

[156] Rotondo D. M. , Carlson D. S. , Kincaid J. F. , Coping with multiple dimensions of work – family conflict. Personnel Review, 2003, 32 (3): 275 – 296.

[157] Rowntree B. S. , Poverty: A Study of Town Life. London: Macmillan, 1903.

[158] Rob W. Lawson. The Family Life Cycle: A Demographic Analysis. *Journal of Marketing Management*, 1988 (1): 13 – 32.

[159] Rhoades, L. , & Eisenberger, R. (2002) . Perceived organizational support: A review of the literature. *Journal of Applied Psychology*, 87: 698 – 714.

[160] Rothbard, N. P. (2001) . Enriching or depleting? The dynamics of engagement in work and family roles. *Administrative Science Quarterly*, 46: 655 – 684.

[161] Ruderman, M. N. , & Ohlott, P. J. , Panzer, K. , & King, S. N. (2002). Benefits of multiple roles for managerial women. *Academy of Management Journal*, 45: 369 – 386.

[162] Schaufeli W. B. , Salanova M. & Bakker A. B. , The measurement of engagement and burnout: a two sample confirmatory factor analytic approach. *Journal of Happiness Studies*, 2002, 3: 71 – 92.

[163] Schaufeli, W. B. , From burnout to engagement: Toward a true occupational health psychology, 26th International Congress of Applied Psychology. Athens, Greece, 2006.

[164] Spector P. , Cooper C. , Poelmans S. . A cross – national comparative study of work – family stressors, working hours, and well – being: Chi-

na and Latin America versus the anglo world. *Personnel Psychology*, 2004, 57: 119 – 142.

[165] Spector P. , Allen T. , Poelmans S.. Cross – national differences in relationships of work demands, job satisfaction, and turnover intentions with work – family conflict. *Personnel Psychology*, 2007, 60: 805 – 835.

[166] Sieber, S. D. , Toward a Theory of Role Accumulation. *American Sociological Review*, 1974, 39: 567 – 578.

[167] Schaufeli, W. B. and A. B. Bakker. Job demands, job resources, and their relationship with burnout and engagement: a multi – sample study. *Journal of Organizational Behavior*, 2004, 25 (3): 293 – 315.

[168] Scandura T. A. , Mentorship and Career Mobility: An Empirical Investigation. *Journal of Organizational Behavior*, 1992, 13 (2): 169 – 174.

[169] Seibert S. E. , Kraimer M. L. , Crant J. M. , What do proactive people do? a longitudinal model linking proactive personality and career success. *Personnel Psychology*, 2001, 54 (4): 845 – 874.

[170] Scott E. Seibert, J. Michael Grant, Maria L. Kraimer. Proactive Personality and Career Success. *Journal of Applied Psychology*, 1999, 84 (3): 416 – 427.

[171] Sharon K. P. , Helen M. W. , Nick T. , Modeling the Antecedents of Proactive Behavior at Work. *Journal of Applied Psychology*, 2006, 91 (3): 636 – 652.

[172] Scandura, T. A. , & Williams, E. A. (2001) . An investigation of the moderating effects of gender on the relationship between mentoring initiation and protégé perceptions of mentoring functions. *Journal of Vocational Behavior*, 59: 342 – 363.

[173] Scandura, T. A. , & Williams, E. A. (2004) . Mentoring and transformational leadership: The role of supervisory career mentoring. *Journal of Vocational Behavior*, 65: 448 – 468.

[174] S. J. Ashford, L. L. Cummings (1985) . Proactive feedback seeking: The instrumental use of the information environment. *Journal of Occupational Psychology*, 58 (1): 67 – 79.

[175] S. Aryee, Y. W. Chay, J. Chew (1996) . The Motivation to Mentor a-

mong Managerial Employees An Interactionist Approach. *Group & Organization Management*, 21 (3): 261 – 277.

[176] Seibert, S. E., Kraimer, M. L., The Five – factor model of personality and career success. *Journal of Vocational Behavior*, 2001, 58 (1): 1 – 21.

[177] Shin D. C., Johnson D. M., Avowed happiness as an overall assessment of the quality of life. *Social Indicator Research*, 1978, 6: 475 – 492.

[178] Schneer J. A., Reitman F.. Effects of Alternate Family Structures on Managerial Career Paths. *Academy of Management Journal*, 1993, 36: 830 – 845.

[179] Strauss, Anselm, Corbin, Juliet. Grounded Theory Methodology—An Overview. Handbook of Qualitative Research. Thousand Oaks, CA, US: Sage Publications, 1994.

[180] Schneer, J. A., and Reitman, F.. Effects of employment gaps on the careers of M. B. A.'s: More damaging for men than for women? *Academy of Management Journal*, 1990 (33): 391 – 406.

[181] Schneer, J. A., and Reitman, F., The interrupted managerial career path: A longitudinal study of MBAs. *Journal of Vocational Behavior*, 1997, 51: 411 – 434.

[182] Sieber, S. D., Toward a Theory of Role Accumulation. *American Sociological Review*, 1974, 39: 567 – 578.

[183] Staines, G., Spillover versus Compensation: A Review of the Literature of the Relationship Between Work and Nonwork. *Human Relations*, 1980, 33: 111 – 129.

[184] Schaninger C. M., Danko W. D., A Conceptual and Empirical Comparison of Alternative Household Life Cycle Models. *Journal of Consumer Research*, 1993, 19 (3): 580 – 594.

[185] Salzstein, A. L., Yuan Ting, & Salzstein. G. H. (2001). Work – family balance and job satisfaction: The impact of family – friendly policies on attitudes of federal government employees. *Public Administration Review*, 61: 452 – 467.

[186] Thompson J. A. , Proactive personality and job performance: A Social capital perspective. *Journal of Applied Psychology*, 2005, 90 (5): 1011 – 1017.

[187] T. A. Scandura, B. R. Ragins (1993) . The effects of sex and gender role orientation on mentorship in male – dominated occupations. *Journal of Vocational Behavior*, 43 (3): 251 – 265.

[188] T. D. Allen, K. E. O'Brien (2006) . Formal mentoring programs and organizational attraction. *Human Resource Development Quarterly*, 17 (1): 43 – 58.

[189] Thorndike E. L. , Predict ion of Vocational Success. New York: Oxford University Press, 1934.

[190] T. L. Hilton, W. R. Dill (1962) . Salary growth as a criterion of career progress. *Journal of Applied Psychology*, 46 (3): 153 – 158.

[191] Tharenou P. , Going up? Do Traits and In formal Social Processes Predict Advancing in Management? *Academy of Management Journal*, 2001, 44: 1005 – 1017.

[192] Thompson, C. A. , Beauvais, L. L. , & Lyness, K. S. (1999) . When work – family benefits are not enough: The influence of work – family culture on benefit utilization, organization attachment, and work – family conflict. *Journal of Vocational Behavior*, 54: 392 – 415.

[193] U. E. Gattiker, L. Larwood (1988) . Predictors for managers' career mobility, success, and satisfaction. *Human Relations*, 41 (8): 569 – 591.

[194] U. S. Glass Ceiling Commission. A solid investment: Making full use of the nation's human capital. *Federal Publications*, 1995: 1 – 11.

[195] Voydanoff, P. , Incorporating Community into Work and Family Research: A Review of Basic Relationship. *Human Relations*, 2001, 54: 1609 – 1637.

[196] Van Emmerik, H. , Baugh, S. G. , & Euwema, M. C. (2005) . Who wants to be a mentor? An examination of attitudinal, instrumental, and social motivational components. *Career Development International*, 10: 310 – 324.

[197] Van Emmerik, LJ. H. (2004) . "For better and for worse: adverse

working conditions and the beneficial effects of mentoring". *Career Development International*, Vol. 9, No. 4.

[198] Wayne, J. H. , Musisca, N. , & Fleeson, W.. Considering the role of personality in the work – family experience: Relationships of the big? ve to work – family con? ict and facilitation. *Journal of Vocational Behavior*, 2004, 64: 108 – 130.

[199] Voydanoff, P. . Implications of work and community demands and resources for work – to – family conflict and facilitation. *Journal of Occupat ional Health Psychology*, 2004, 9 (4): 275 – 285.

[200] Wayne, J. H. , Grzywacz, J. G. , Carlson, D. S. , and Kacmar, K. M. . Work family facilitation: A theoretical explanation and model of primary antecedent s and consequences. *Human Resource Management Review*, 2007, 17 (1): 63 – 76.

[201] Wa Yn E. J. H. , Mu Sisca N. , Fl Eeson W. Considering the role of personality in the work – family experience: Relationship s of the big five to work – family conflict and facilitation. *Journal of Vocational Behavior*, 2006, 64: 108 – 130.

[202] Watkins, C. E. , Jr. and R. M. Tipton. Role relevance and role engagement in contemporary school psychology. *Professional Psychology*: *Research and Practice*, 1991, 22 (4): 328 – 332.

[203] Wanberg C. R. , Welsh E. T. , Hezlett S. A. Mentoring Research: A Review and Dynamic Process Model//G. R. Ferris, J. J. Martocchio Eds. Research in Personnel and Human Resources Management. Oxford, England: Elsevier, 2003.

[204] Whitely, W. , Dougherty, T. W. , & Dreher, G. F. (1991) . Relationship of career mentoring and Socioeconomic origin to managers' and professionals' early career progress. *Academy of Managmeent Journal*, 34 (2): 331 – 351.

[205] Wallace, J. E. (2004) . The benefits of mentoring for female lawyers. *Journal of Vocational Behavior*, 58: 366 – 391.

[206] Wood, W. , & Karten, S. J. , Sex differences in interaction style as a product of perceived sex differences in competence. *Journal of Personal-*

ity and Social Psychology, 1986.

[207] Wells W. D., Gubar G., Life cycle concept in marketing research. *Journal of Marketing Research*, 1966 (3): 355 – 363.

[208] Yang, N., Chen, C. C., Choi, J., & Zou, Y., (2000). Sources of work – family conflict: A Sino – U. S. comparison of the effects of work and family demands. *Academy of Management Journal*, 43: 113 – 123.

[209] Yoon, J., & Thye, S. R. (2002). A dual process model of organizational commitment: Job satisfaction and organizational support. *Work and Occupations*, 29: 97 – 124.

[210] Zey M. G., *The Mentor Connection*. Homewood, IL: Dow Jones – Irwin, 1984.

[211] 2007 年全球妇女就业趋势, http://www. unmultimedia. org/radio/chinese/detail/118591. html。

[212] 蔡学军、丁向阳、韩继园:《我国高层次人才队伍建设现状、问题与对策》,《中国人才》2003 年第 10 期。

[213] 福布斯, http://www. forbeschina. com/review/201210/0020579. shtml。

[214] 樊景立、郑伯埙:《华人组织的家长式领导:一项文化观点的分析》,《本土心理学研究》2000 年第 13 期。

[215] 国家统计局人口和就业统计司:《中国 2010 年人口普查资料》,中国统计出版社 2012 年版。

[216] 黄逸群、范巍、符健春:《责任性、组织支持对工作家庭界面与绩效间关系的缓冲作用研究》,《应用心理学》2007 年第 1 期。

[217] 黄逸群、潘陆山:《工作和家庭关系研究的新思路——工作—家庭丰富研究综述》,《技术经济》2007 年第 23 期。

[218] 侯杰泰、温忠麟、成子娟:《结构方程模型及其应用》,教育科学出版社 2004 年版。

[219] 哈罗德·孔茨、海因茨·韦里克:《管理学》,郝国华等译,经济科学出版社 1993 年版。

[220] 哈佛商业评论网, http://www. ebusinessreview. cn/articledetail – 3497. html。

[221] 焦海涛、宋广文、潘孝富:《中学组织气氛与教师工作投入关系研

究》,《中国健康心理学杂志》2008 年第 16 期。

[222] 李锐、凌文栓:《工作投入研究的现状》,《心理科学进展》2007
年第 2 期。

[223] 李燕萍、郭玮:《我国女性高层次人才内涵、类型及其成长的影
响:基于文献研究》,《荆楚理工学院学报》2010 年第 12 期。

[224] 美通社:《光辉国际董事会发布性别多元化调查》,http://www.
prnasia. com/pr/2011/03/07/110194621. shtmlhttp://www. prna-
sia. com/pr/2011/03/07/110194621. shtml。

[225] 罗耀平、范会勇、张进辅:《工作—家庭冲突的前因、后果及干预
策略》,《心理科学进展》2007 年第 6 期。

[226] 李瑶:《中国城镇居民家庭生命周期阶段及其特征研究 》,武汉理
工大学出版社 2005 年版。

[227] 斯蒂芬·P. 罗宾斯:《组织行为学》,黄卫伟等译,中国人民大学
出版社 1997 年版。

[228] 商业评论网,http://www.ebusinessreview.cn/articledetail -2347. html。

[229] 唐汉瑛、马红宇、王斌:《工作—家庭界面研究的新视角:工作家
庭促进研究》,《心理科学进展》2007 年第 5 期。

[230] 吴岩:《领导心理学》,中央编译出版社 1996 年版。

[231] 王晓燕、刘娟:《首都高校高层次人才队伍建设的现状分析及对策
研究》,《高教发展研究》2007 年第 2 期。

[232] 吴谅谅、冯颖等:《职业女性工作—家庭冲突的压力源研究》,《应
用心理学》2003 年第 1 期。

[233] 温金峰、崔来意:《高科技公司女性专业人员工作—家庭冲突及工
作倦怠之研究:社会支持的效应》,《管理评论》2001 年第 4 期。

[234] 徐彩莲:《论女研究生人力资本投资》,《西南农业大学学报》(社
会科学版)2007 年第 5 期。

[235] 约翰·科特、詹姆斯·赫斯科特:《企业文化与经营业绩》,华夏
出版社 1997 年版。

[236] 于洪彦、刘艳彬:《中国家庭生命周期模型的构建及实证研究》,
《管理科学》2007 年第 6 期。

[237] 中国性别平等与妇女发展状况,http://news. xinhuanet. com/ne-
wscenter/2005 -08/24/content_ 3395409. htm。

［238］曾胜：《优秀女企业家国际论坛（2008）》，《中国产经》2008 年第 5 期。

［239］张莒：《试析中国女性职业发展中的"玻璃天花板效应"》，《女性与社会发展研究》2009 年第 3 期。

［240］周石：《"80 后"员工"职业观"分析》，《管理世界》2009 年第 4 期。